kompaktwissen

W0233941

GERHARD HINSCH

Sprech-Training

Atem –
Stimme – Aussprache –
Lautbildung –
Vorlesetechnik – freie Rede –
Sprechdenken

Wilhelm Heyne Verlag
München

HEYNE KOMPAKTWISSEN
Nr. 22/238

Herausgeber der Reihe »kompaktwissen«:
Dr. Uwe Schreiber

Genehmigte Taschenbuchausgabe
© 1979 I. H. Sauer-Verlag GmbH, Heidelberg
Printed in Germany 1989
Umschlaggestaltung: Atelier Ingrid Schütz, München
Satz: Schaber, Wels
Druck und Bindung: Ebner Ulm

ISBN 3-453-03354-X

Inhalt

A. Sprecherziehung

Längsschnitt durch den Kopf (Schema)

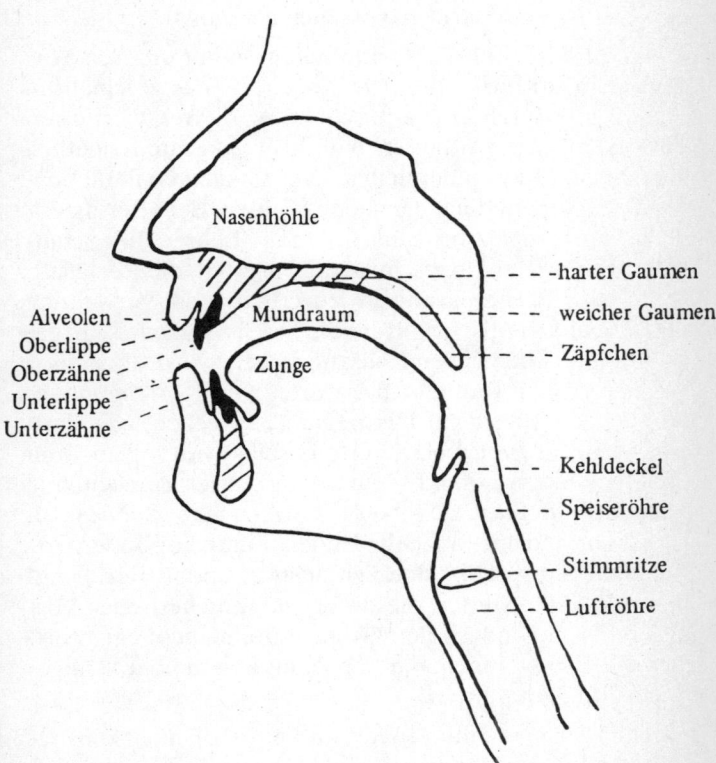

Nasenhöhle

harter Gaumen

Alveolen

Mundraum

weicher Gaumen

Oberlippe

Zäpfchen

Oberzähne

Zunge

Unterlippe

Unterzähne

Kehldeckel

Speiseröhre

Stimmritze

Luftröhre

Einleitung

Die Muttersprache auch noch *nach* der Schulzeit zu pflegen — das ist eine Aufgabe, die sich viele verdienstvolle Bücher gestellt haben. Doch zielt diese Pflege überwiegend auf das *geschriebene* Deutsch und seine grammatische und stilistische Richtigkeit. Dieses Buch wendet sich ganz dem *gesprochenen* Wort zu und richtet sich damit an alle, die in ihrem Beruf zu sprechen haben.

Wer sind das? Auf die Kommunikation mit unseren Mitmenschen sind wir *alle* angewiesen, und das geschieht in erster Linie durch das gesprochene Wort. Wer aber in seinem Beruf vorankommen will, muß klar und deutlich sprechen und formulieren und seine Gedanken in fließender Rede verständlich darstellen können. Bei »Berufsrednern« denkt man zwar zunächst an die Lehrer aller Schulgattungen bis zur Hochschule, die Pastoren, die Rechtsanwälte, an Führungskräfte in Wirtschaft und Verwaltung und an die politischen Redner. Die Fähigkeit, sich gewandt und überzeugend auszudrücken, wird aber auch von sehr vielen Kaufleuten erwartet: von Korrespondenten, die ihre Briefe auf Diktiergeräte sprechen, von Handelsvertretern, von Verkäufern, ja selbst von Ingenieuren und Technikern, sobald sie in ihrem Betrieb eine leitende oder ausbildende Aufgabe zu erfüllen haben. Nicht zu vergessen sind aber auch die Erzieher und die Kindergärtnerinnen mit ihrem stimmlich anstrengenden Beruf und besonders die Mütter, die durch ihr sprecherisches Vorbild in ihren Kindern den Grund für eine gepflegte Aussprache legen können, mit der sie im Leben überall angenehm auffallen werden.

Sie alle wirken mit ihrem Wort und wahrlich nicht zum geringsten Teil mit der *klanglichen* Gestalt ihrer Rede. Wer dazu noch *viel* oder *laut* zu sprechen hat, wird erst recht gegenüber Anweisungen zum zweckmäßigen Gebrauch der Sprechorgane ein offenes Ohr haben.

Dieses Buch ist aus langjähriger Erfahrung in der Erwachsenenbildung entstanden. In Betriebsschulungen und in der Förderung des Managements hat es sich als ebenso nützlich erwiesen wie in der Ausbildung der Studienreferendare und in der Volkshochschularbeit.

In den Volksbildungseinrichtungen kommen Hörer der verschiedensten Berufe und unterschiedlichen Alters zusammen. Doch alle sind sie erwachsen und über die Stufe der naiven Aneignung der Muttersprache längst hinaus. Die Methode unserer Arbeit kann sich darum nicht — wie gegenüber Kindern — im Vorsprechen und Nachsprechen erschöpfen — so unabdingbar, das sei schon hier gesagt, Ohr und Mund des Sprecherziehers sind. Unser Weg führt uns zunächst zum Bewußtmachen des Sprechvorgangs; denn nur so können wir als Erwachsene Einzelheiten erkennen und verbessern. Dann aber — wollen wir nicht bei einer gewollt »schönen« Sprechweise stehenbleiben — müssen wir zu einer *natürlichen* Sprechweise fortschreiten, der niemand mehr die Mühe ihrer Erarbeitung anmerkt.

Ja: Mühe, denn ohne Geduld und Ausdauer ist eine Änderung unserer lang geübten Sprechgewohnheiten nicht möglich. Freilich gibt es dabei nicht viel »auswendig zu lernen«, dafür aber viel praktisch an sich zu arbeiten. Nur wollen wir nicht an einzelnen Ecken und Kanten herumschleifen, sondern uns einer im ganzen neuen, nämlich gelockerten und darum mühelosen, aber präzisen Aussprachweise befleißigen. Mit dem Lernen von »Regeln« kämen wir nicht über eine seelenlose »Sprechtechnik« hinaus — wenn wir die Regeln nicht sogar gleich wieder vergäßen. Die Grundvoraussetzung zu einer erfolgreichen Arbeit ist darum die **seelische Aufgeschlossenheit** jedes Lehrgangsteilnehmers gegenüber der Sprecherziehung.

Das vorliegende Buch kann immer nur Hilfsdienste leisten. Es ist kein Lehrbuch; denn unser Fach entzieht sich letztlich der vollständigen schriftlichen Darstellung. Ergänzende und auf den Einzelfall gerichtete Ratschläge eines auf diesem Gebiet der Phonetik erfahrenen Leiters sind z.B. in den Abschnitten »Atmung« und »Stimme« unumgänglich notwendig. Die erläuternden Ausführungen in diesem Buch sind als Anregung gedacht, vor allem aber zur Wiederholung und als eine *ständig verfügbare Erinnerungsstütze,* wenn der Teilnehmer *nach* dem Lehrgang den Sprecherzieher nicht mehr um Rat fragen kann.

Das Vorbild des Sprecherziehers, der Richtig und Falsch immer wieder nebeneinander vorsprechen kann, ist durch kein »Lehrbuch« zu ersetzen. Dagegen können gelegentliche Selbstkontrollen durch **Tonbandaufnahmen** der eigenen Stimme dem Hörer die Arbeit an sich selbst erleichtern. Denn der Weg zur Abgewöhnung eines Sprechfehlers beginnt beim Hören, wenn ihn der Leiter, später ein anderer Teilnehmer vormacht. Dann erst hört der Betreffende ihn bei sich selbst. Die Angewöhnung des richtigen Lautes muß oft über Wort- und Satzübungen ganz allmählich erst zum Spontansprechen führen.

Zwar gehen wir in der Sprecherziehung, wie in der modernen funktionalen Grammatik, vom Sprachganzen aus und fragen nach der Leistung des Einzellautes im Sinnganzen. Dem dienen die Wortübungen mit Gegenüberstellungen ähnlicher Laute (z.B. *Ehre* und *Ähre, Rose* und *Rosse, Fink* und *fing, Lieder* und *Liter*). Solche Gegensatzpaare zwingen zum deutlichen Sprechen, weil der Sprecher andernfalls nicht verstanden würde. Doch werden sich bei Schwierigkeiten in der Lautbildung Übungen mit Einzelwörtern oder -sätzen nicht umgehen lassen, bevor der richtiggestellte Laut ins Redeganze eingefügt werden kann. Dabei sind wir uns dessen bewußt, daß Laute einzeln in der Sprache kaum vorkommen, sondern erst vor unser beobachtendes Bewußtsein treten, wenn wir den zusammengesetzten Klang eines Sinnträgers zerlegen.

Selbst **Bewegungsübungen** für unsere Sprechorgane haben als Vorbereitung zum geläufigen und mühelosen

Sprechen ihre Berechtigung, wenn wir sie wie die Fingerübungen eines Klavierspielers betrachten. Ohne sie wird es niemand zur Meisterschaft bringen. Es sollte uns über längere Zeit hin zur Gewohnheit werden, ihnen regelmäßig jeden Tag ein paar Minuten zu opfern.

Die bei der Beschreibung der Lautbildung benutzten Fachausdrücke für die Sprechorgane sind in einer **Schemazeichnung** am Beginn des Buches veranschaulicht.

Um den Übenden nicht durch die Fülle zu erschrecken und zu verwirren, habe ich in den **Lautbeschreibungen** auf manches verzichtet, was mir entbehrlich schien, und mich auf das beschränkt, was erfahrungsgemäß in Kursen an der Volkshochschule und ähnlichen Einrichtungen häufiger an Fehlern auftaucht und der Übung bedarf. Darin liegt auch der Grund für den verschiedenen Umfang der Wort- und Satzübungen für die einzelnen Laute. Aus ähnlichen Gründen habe ich die Fragen des Worttons und der Sprechmelodie beiseite gelassen.

Den Beispielen in den **Wortübungen** liegen stets die Ausspracheangaben SIEBS zugrunde, ebenso in den Absätzen »Hochlautung«. Doch sind hier nicht alle von SIEBS für den betreffenden Laut angeführten Beispiele wiedergegeben, um den Überblick nicht zu erschweren. Aus demselben Grunde habe ich auch bei der Behandlung der Explosivlaute von der Darstellung zweier einschränkender Finessen der hochsprachlichen Regelung abgesehen. Interessenten mögen im SIEBS oder im DUDEN (AUSSPRACHEWÖRTERBUCH), Kapitel »Deutsche Aussprachelehre«) nachschlagen.

Die Angaben im DUDEN (AUSSPRACHEWÖRTERBUCH) weichen nur in einzelnen Fällen vom SIEBS ab. Sie weisen allemal auf ein schwankendes Urteil der Sprachgemeinschaft hin; der Organismus der Sprache läßt gerade an ihnen seine Lebendigkeit und sein ständiges Wachstum erkennen. Über die grundsätzlichen Unterschiede in der Darstellung der gesprochenen Sprache der

Gegenwart ist im Abschnitt »Hochlautung« Näheres ausgeführt.

Weniger gebräuchliche Beispiele in den Wortübungen bieten dem Dozenten Gelegenheit zur Pflege und Erweiterung des Wortschatzes seiner Lehrgangsteilnehmer — eines Gebietes, dessen Bedeutung jeder Redner sehr bald erkennt, wenn er sich (und anderen) daraufhin einmal kritisch zuhört.

Die gelegentlichen Hinweise auf die lautlichen Verhältnisse in *Fremdsprachen* können bei Erwachsenen, die meist eine oder mehrere Fremdsprachen in der Schule oder durch ihren Beruf gelernt haben, gerade durch den Unterschied gegenüber der deutschen Hochlautung erhellend wirken.

Dasselbe gilt für die Erwähnung deutscher *Dialekte.* Neben der Hochsprache behalten sie natürlich als der lebendige Quell unserer Muttersprache ihr volles Recht. Nur bleiben sie auf ihren Kreis beschränkt. Auch die *Umgangssprache* — eine Sprachschicht, deren Aussprache zwar im großen und ganzen der hochdeutschen Lautgebung folgt, aber doch in manchen Einzelheiten von der strengen Hochlautung zugunsten landschaftlicher Gepflogenheiten abweicht — hat einen auf Familie, Kollegen- und Bekanntenkreis begrenzten Geltungsbereich. Sie ist gewissermaßen eine Sprache in Hausrock und Filzpantoffeln. Und wie wir uns in solchem Aufzug nicht in jeder Umgebung zeigen können, weil wir gewohnt sind, daß man uns auch sonst nach dem Grad unserer Gepflegtheit in Aufmachung und Haltung einschätzt, so können wir uns auch nicht überall ungeniert einer legeren und ein wenig nachlässigen Umgangssprache bedienen. Darum sollten wir bei der Verständigung mit Menschen aus anderen Dialektgebieten (oder gar mit Ausländern), ebenso bei jeder öffentlichen Rede Aussprachebesonderheiten unseres Dialekts vermeiden und uns der allgemeinen hochdeutschen Lautgebung, wie wir sie täglich von Rundfunksprechern vor Ohren haben, soweit wie nur irgend möglich annähern. Besonders unangemessen wirkt die Befangenheit in Mundarteigentümlichkeiten beim Sprechen hoher Dichtung.

Unter den **Satzübungen** finden sich immer zwei oder mehr Absätze: Bei den Übungen für die Vokale enthält der erste vorwiegend Sätze mit dem langen Vokal, der zweite mit dem kurzen. Entsprechendes gilt von den Konsonantenpaaren.

Die Satzübungen bestehen zum Teil aus Sprichwörtern (und Zitaten), zum Teil aber auch aus möglichst ungekünstelten Prosasätzen, wie sie im täglichen Leben vorkommen könnten. Spruchgut allein böte dem Leser eine kaum erträgliche Überfülle von Volksweisheit. Andererseits stehen Prosasätze, die eigens für Übungszwecke angefertigt werden, immer am Rande des Lächerlichen (wohin übrigens zuviel erhabene Weisheit beim Üben ebenfalls neigt!). Wenn sie sich aber nicht durch übertriebene Häufung selbst das Urteil sprechen (wie das berüchtigte *»Barbara saß nah am Abhang, sprach gar sangbar — zaghaft langsam ...«*), dann erzeugen sie durch ihren Inhalt nur eine gelöste Atmosphäre und damit jene gelockerte Sprechhaltung, die für das Gelingen des Sprechvorgangs so förderlich, ja geradezu unerläßlich ist, weil sie den Verspannungen des Körpers und der Seele entgegenwirkt.

Sätze bieten gegenüber bloßen Wortübungen neue Schwierigkeiten, die gemeistert werden müssen: Was beim einzelnen Wort richtig gesprochen wird, wird nicht immer gleich auch im Satzganzen beachtet. Andererseits helfen Sätze, die — wie in Fremdsprachen- oder in Kurzschriftlehrbüchern — für Übungen zusammengestellt sind, durch die Wiederholung desselben Lautes, die Aufmerksamkeit des Sprechers auf diese eine Schwierigkeit zu konzentrieren.

Bei der Arbeit mit diesem Buch wird sich herausstellen, daß nicht alle Abschnitte für einen bestimmten Teilnehmer — oder auch Teilnehmer**kreis** — von gleicher Bedeutung sind. Dann steht es dem Dozenten natürlich frei, besonders wichtige Kapitel vorzuziehen. Welche das sind, erfährt er am leichtesten, wenn er zu Beginn des Kursus von jedem Teilnehmer einen zusammenhängenden Text sprechen läßt und von den dabei gezeigten Mängeln ausgeht.

Erst wenn jeder Sprecher durch *intensives Üben* die ihn persönlich betreffenden Artikulationsungenauigkeiten überwunden hat, erst dann sollte er sich an die sprecherische Interpretation von Dichtung wagen. Dafür geeignete Texte werden in dem Abschnitt »**Leselehre**« geboten. An Dichtungen schon die sprecherischen Grundlagen erarbeiten zu wollen, wäre ein Mißbrauch der Dichtung, außerdem ein höchst unrationelles Verfahren. Die Gestaltungsversuche am Dichterwort bilden ein neues Kapitel im Rahmen der Sprecherziehung, zugleich aber eine wertvolle Ergänzung und Festigung des vorher Erarbeiteten. Sie leiten uns schließlich auf den Weg zu dem Ziel, das uns von Beginn unserer Arbeit an vor Augen steht: dem Einsatz unserer wohlgeübten Stimme und Sprache im mündlichen Verkehr mit unseren Mitmenschen, sei es in Gesprächen und Diskussionen, sei es in Vorträgen und Reden.

Lautschrift

Das lateinische Alphabet und die uns gewohnte Orthographie reichen oft nicht aus, einen Laut eindeutig und ohne Umstände in der Schrift wiederzugeben. Will man das aber, so muß man sich der *»Lautschrift«* bedienen. Laute und Wörter in Lautschrift sind stets dadurch kenntlich, daß sie in eckigen Klammern stehen.

Das heute am weitesten verbreitete Lautschriftsystem, das auch im SIEBS und im DUDEN (AUSSPRACHEWÖRTERBUCH) verwandt wird, ist das der »Association Phonétique Internationale« (1928). Dieser *Internationalen Lautschrift* wollen wir uns in dem vorliegenden Buch anschließen. Folgende Lautschriftzeichen kommen darin vor:

Vokale

[ɑː]	langes, hinteres a: *Kahn*
[a]	kurzes, vorderes a: *Kanne*
[eː]	langes, geschlossenes e: *Beet*
[ɛ]	kurzes, offenes e: *Bett*
[ɛː]	langes, offenes e: *Käse*
[ə]	kurzes, unbetontes e: *getan, viele*
[iː]	langes, geschlossenes i: *bieten*
[ɪ]	kurzes, offenes i: *bitten*
[oː]	langes, geschlossenes o: *Ofen*
[ɔ]	kurzes, offenes o: *offen*
[uː]	langes, geschlossenes u: *Mut*
[ʊ]	kurzes, offenes u: *Mutter*
[øː]	langes, geschlossenes ö: *Öfen*
[œ]	kurzes, offenes ö: *öffnen*
[yː]	langes, geschlossenes ü: *Hüte*
[ʏ]	kurzes, offenes ü: *Hütte*
[ae]	Diphthong ei, ai: *mein, Main*
[ao]	Diphthong au: *Baum*
[ɔø]	Diphthong eu, äu: *heute, Häute*

Konsonanten

Nasale: [m]   stimmhaft, m in *Meer*
                   [n]   stimmhaft, n in *nie*
                   [ŋ]   stimmhaft, ng in *lang*

Liquide: [l]   stimmhaft, l in *Laut*
                   [r]   stimmhaft, Zungenspitzen-R ⎫
                   [R]   stimmhaft, Zäpfchen-R   ⎬ in *rot*

Reibelaute: [f]   stimmlos, f in *füllen,* v in *voll,*
                         ph in *Philosophie*
                   [v]   stimmhaft, w in *Welle,* v in *Vase*
                   [w]   stimmhaft, w in engl. *»well«* (im
                         Deutschen nicht hochsprachlich,
                         aber in manchen Mundarten für [v])
                   [s]   stimmlos, s in *dies,* ß in *Nuß*
                   [z]   stimmhaft, s in *Reise*
                   [ʃ]   stimmlos, sch in *schön*
                   [ʒ]   stimmhaft, nur in Fremdwörtern:
                         g in *Genie,* j in *Journal*
                   [ç]   stimmlos, ch in *ich*
                   [j]   stimmhaft, j in *ja*
                   [x]   stimmlos, ch in *ach*

Hauchlaut: [h]   stimmlos, h in *Haus*

Verschlußlaute: [p]   stimmlos, p in *Paar*
                   [b]   stimmhaft, b in *Bar*
                   [t]   stimmlos, t in *Tier*
                   [d]   stimmhaft, d in *dir*
                   [k]   stimmlos, k in *Kern*
                   [g]   stimmhaft, g in *gern*

Die *Betonung* wird durch einen Akzent ['] *vor* der Silbe angegeben.

Anwendungsbeispiel

als na'poːleɔn ɪm deˈtsɛmbər
ˈaxtseːnhʊndərtˈtsvœlf naːx ˈgrɔdnə
kaːm, ˈhatə er den ˈkleːklɪçən rɛst
ˈzaenəs gəˈʃlaːgənən ˈheːrəs zaet
drae ˈtaːgən fɛrˈlasən, ʊm zɪç,
ˈʊnbəkant ʊnt nuːr fɔn aen paːr
gəˈtrɔøən bəˈglaetət, aos dem
fɛrˈloːrənən ˈfɛlttsuːk ɪnˈrʊslant
naːx ˈfraŋkraeç tsu ˈrɛtən. ɪn
ˈdʊŋklər ˈfryːə ˈʃtʏrmtə er
mɪt ˈzaenəm ˈʃlɪtən aof di ˈfɛːrə
fɔn ˈgrɔdnə, ʊmˈyːbər diˈmeːməl
tsu ˈzɛtsən, di trɔts der
ˈgraozaːmən ˈkɛltə nɔx ˈɔfən vaːr.
zɪnt ʃoːn ˈfiːlə franˈtsøzɪʃə
dezɛrˈtørə hɪnˈyːbər? ˈfraːktə der
ˈkaezər aos ˈzaenəm ˈʃlɪtən
den ˈfɛːrman. deːr ˈkɔntə nɪçt
ˈaːnən, veːr, ɪn ˈpɛltsən fɛrˈmʊmt,
iːn zoː ˈfraːktə. naen, hɛr,
ɛntˈgeːknətə er, ziː zɪnt der ˈeːrstə.

21

Atmung

Zum Sprechen brauchen wir unsere Atmungsluft. Darum müssen wir uns klarmachen, was bei der Atmung vorgeht.

Wenn wir einen Schläfer beobachten, der tief und gleichmäßig atmet, werden wir feststellen, daß Einatmung und Ausatmung ungefähr gleich lang sind. Wäre das beim Sprechen ebenso, dann würde unsere Rede von langen Pausen unterbrochen werden, und der Hörer würde den Gedankenfaden immer wieder verlieren. Weil das aber nicht so ist, ergibt sich aus dieser Überlegung, daß beim Sprechen das Verhältnis zwischen Ein- und Ausatmung zugunsten einer sehr viel längeren *Aus*atmung verschoben sein muß. Ein Ziel unserer Arbeit wird es daher sein, zu lernen, wie man schnell (dabei aber geräuschlos) einatmet und mit dieser Luftmenge haushälterisch umgeht. Wir wollen für jeden Sinnschritt weder zuviel noch zuwenig einatmen, damit wir weder Luft verschwenden und unnötig aushauchen noch andererseits zu kurz kommen und an unpassender Stelle nachatmen müssen.

Bevor wir uns an einem Text versuchen, wollen wir uns das Atmungsgeschehen, das meistens unwillkürlich, d.h. ohne Einschaltung unseres Willens, abläuft, an einigen Vorübungen bewußt machen.

Atmungsarten

Unser Hauptatmungsmuskel ist das Zwerchfell. Es zieht sich quer durch unseren Körper und trennt den Brustraum mit Herz und Lungen vom Bauchraum mit Leber, Magen usw. Das Zwerchfell ist im Ruhezustand stark nach oben gewölbt und plattet sich bei der Einatmung ab. Dadurch drückt es die unter ihm liegenden Teile nach vorn heraus: Der Bauch wölbt sich bei der Einatmung vor und zieht sich bei der Ausatmung wieder zurück.

Diese Bewegung würde behindert, wenn wir gleichzeitig versuchen wollten, bei der Einatmung die Schultern zu heben. Der Schultergürtel bleibt vielmehr in Ruhe.

Die Zwerchfellatmung wird durch die sogenannte Flankenatmung wesentlich ergänzt. Bei dieser Atmungsart öffnen und spreizen sich die unteren Rippen, die nicht fest mit dem Brustbein verbunden sind.

Beide Atmungsarten bewirken eine Vergrößerung der Lungen. Die in ihnen (auch nach der tiefsten Ausatmung noch) befindliche Luft wird verdünnt, und der nun entstehende Unterdruck gegenüber der Außenluft gleicht sich dadurch aus, daß Luft von außen durch Nase, Luftröhre und Bronchien in die Lungenflügel einströmt. Dieses Geschehen, das »ganz von selbst«, d. h. reflektorisch, vor sich geht, nennen wir Einatmung.

Die Tätigkeit des Zwerchfells können wir am leichtesten beobachten, wenn wir unsere Hand zur Kontrolle auf die Bauchdecke legen und nun ganz kurz und kräftig durch die Nase »einschnüffeln«. Dann schlägt das Zwerchfell heftig nach unten, was wir an dem plötzlichen Vorschnellen der Bauchdecke spüren können. Auch die Gegenübung muß uns gelingen: Wir prellen einen Tennisball mit dem Ruf »hopp!« wiederholt auf den Boden vor uns. Mit diesem »Atemwurf« vom Zwerchfell aus springt die Bauchdecke *federnd* zurück und sorgt so automatisch für eine neue Einatmung.

Die Flankenatmung probieren wir, indem wir uns einen Hund vorstellen, der gelaufen ist, und sein Hecheln mit offenem Mund einen Augenblick lang nachmachen. Wenn wir die Hände an die kurzen Rippen legen, müssen wir die Bewegung deutlich fühlen.

Atemübungen

Bei der von uns angestrebten Voll- oder Tiefatmung wirken vor allem diese beiden Atmungsarten zusammen. Die ersten Übungen dazu gelingen uns am leichtesten im Liegen. Wir legen uns auf den Rücken und **entspannen** uns völlig; denn alle Verspannungen beeinträchtigen das Ergebnis unserer Atemübungen. Dann atmen wir zunächst einmal tief aus — das muß wie ein Seufzer der Erleichterung sein (aber, später im Stand, nicht mit Erschlaffen und Vornüberfallen des Oberkörpers!) — und warten nun einen Augenblick, bevor wir wieder einatmen. Diese Pause nach der Ausatmung behalten wir auch bei unseren weiteren Atemübungen bei, die wir allmählich nicht nur im Liegen, sondern auch im Stehen, im Sitzen und schließlich im Gehen beherrschen müssen.

Bei unseren Übungen atmen wir grundsätzlich nur durch die Nase ein und gleichmäßig durch den Mund aus, indem wir mit dem Luftstrom Laute formen, am besten [f], [s], [ʃ] oder [z].

Unterbrechen wir die Ausatmung (z.B. f // f // f), dann müssen auch die kontrollierenden Hände an den unteren Rippen fühlen, daß diese in ihrer Bewegung des Einfallens stehenbleiben. Sie müssen ihre augenblickliche Spannung behalten und dürfen während der Unterbrechung nicht etwa erschlaffen. Denn dann würde ihr Gewicht auf den noch teilweise gefüllten Lungen ruhen, und die Aufgabe, die Luft am weiteren Ausströmen zu hindern, käme dem Kehlkopf zu, der dadurch erheblich überlastet würde. Der Kehlkopf muß vielmehr während solcher Unterbrechung geöffnet bleiben.

Eine Kontrolle darüber, ob wir es richtig machen, besteht darin, daß wir ganz langsam auf h ausatmen, und zwar wieder in Abschnitten: h // h // h. Wenn beim Wiederansetzen des h kein »Knacklaut« zu hören ist, haben wir die Unterbrechung richtig ausgeführt, nämlich dadurch, daß wir die Rippen (und das Zwerchfell) angespannt gelassen haben.

Ein gleichmäßig starkes [f], [s] oder [z] müßten wir mindestens 20 Sekunden aushalten können. Nach einiger

Übung werden wir es vielleicht sogar bis auf die doppelte Zeit bringen. Wichtiger aber als die Dauer ist der haushälterische Umgang mit der Luft. Beim Sprechen eines Textes müssen wir ja auch die für einen Sinnschritt nötige Luft und ihre sinnvolle Verwendung im voraus bedenken.

Dafür ist es eine gute Vorübung, wenn wir ein [f] nicht gleichmäßig laut, sondern an- oder abschwellend *(crescendo* oder *decrescendo)* sprechen:

1. langsam anschwellen lassen,
2. kräftig einsetzen und langsam abschwellen lassen,
3. erst an-, dann wieder abschwellen lassen,
4. kräftig einsetzen, ab- und wieder anschwellen lassen, so daß Anfang und Ende gleich hohe Gipfel bilden.

Jede dieser Übungen sollte etwa 10 Sekunden dauern.

Um uns daran zu gewöhnen, unseren Atemvorrat nicht unnötig schnell und verschwenderisch herzugeben, bedienen wir uns bei den Übungen anfangs einer Hilfsvorstellung: Während wir ein [f] (oder einen andern Laut) sprechen — und das heißt ja: ausatmen —, denken wir an eine Tätigkeit, bei der wir einatmen müssen oder gar nicht atmen können, z.B., wenn wir an einer Blume riechen oder mit einem tiefen Zug unsern Durst stillen. Gegen die Ausatmungsmuskulatur stemmt sich dann eine durch den Gedanken erzeugte Gegenkraft, die als »Stütze« dient. Es ist so, wie wenn man Auto (oder Fahrrad) mit angezogener Handbremse fährt. Je lebhafter wir uns eine solche Tätigkeit vorstellen, desto langsamer werden unsere Rippen in ihre Ruhelage zurückkehren und uns dadurch zu einer längeren Atmungsdauer verhelfen. Statt des von den Sängern gebrauchten Ausdrucks »Tonstütze« verwendet Coblenzer im Anschluß an Rudolf Schilling die Bezeichnung »elastische Spannhalte«, die der Tätigkeit der Atemmuskulatur besser entspricht.

Atemübungen am Text

Sobald uns durch solche Vorübungen das Atmungsgeschehen bewußt geworden ist, ziehen wir kleine Texte zur Übung in der richtigen Atemeinteilung heran. Gut eignet sich das folgende kleine Gedicht:

> Im Atemholen sind zweierlei Gnaden:
> die Luft einziehn, sich ihrer entladen.
> Jenes bedrängt, dieses erfrischt;
> so wunderbar ist das Leben gemischt.
> Du danke Gott, wenn er dich preßt,
> und dank ihm, wenn er dich wieder entläßt.
>
> (Goethe: Westöstlicher Divan;
> Buch des Sängers)

Wenn wir bei diesem Gedicht jede Zeile mit einem neuen Atemzug beginnen, werden wir zweierlei beobachten: Wir zerreißen die Sinneinheit, die sich über je zwei Zeilen erstreckt. Außerdem empfinden wir es als unnatürlich, nur sowenig Luft einzuziehen. Wir werden dem Gedicht nur gerecht, wenn wir je zwei Zeilen auf einem Atemstrom sprechen, dabei aber einen deutlichen Einschnitt (eine »Staupause« oder »Zäsur«) am Ende der 1., 3. und 5. Zeile lassen, so daß der Hörer den Eindruck eines 6zeiligen Gedichtes behält.

An einer Zäsur dürfen wir keinesfalls neu atmen (auch nicht ausatmen); denn dann würde aus dem zur nächsten Zeile gespannten Bogen ein Absatz, eine kleine Ruhepause.

Nasen- und Mundatmung

Sprechen wir ein solches Gedicht oder ein kleines Prosastück *zur Übung,* so können wir noch mit der Nasenatmung auskommen. Im schnellen Alltagsgespräch, erst recht in lebhafter öffentlicher Rede wird uns das nicht mehr gelingen, weil sonst die Atempausen nicht mehr im rechten Verhältnis zum Redetempo ständen. Wir müssen dann die Mundatmung zu Hilfe nehmen. Nur dürfen wir nicht glauben, daß wir uns vor Beginn einer Sprecheinheit mit Luft »vollpumpen« müßten; das wäre überflüssig und sogar schädlich. Coblenzer spricht darum von der »Atemmittellage«, aus der das Sprechen zu beginnen hat.

Die Nase hat die Aufgabe, die Luft zu reinigen, zu erwärmen und zu befeuchten, damit nicht die staubige, kalte und trockene Luft auf die empfindlichen Schleimhäute des Kehlkopfes stößt. Außerdem ist die Nasenatmung unhörbar, während man bei ungeschulten Sprechern häufig das Einatmen durch den Mund als störendes Geräusch wahrnimmt. Dies ist aber nicht nur ästhetisch, sondern auch hygienisch von Nachteil: Das Einatmungsgeräusch wird noch dadurch verstärkt, daß die Stimmritze nicht weit geöffnet ist wie bei der Ruheatmung, sondern die Stimmlippen einander so nahe stehen wie beim Sprechen. Dann reibt sich die Luft hörbar an ihnen und trocknet sie aus.

Wie können wir die Vorteile der Nasenatmung mit dem einen, aber wichtigen Vorteil der Mundatmung (nämlich der schnelleren Einatmungsmöglichkeit) verbinden? Wir müssen uns allmählich daran gewöhnen, nicht mit weit geöffnetem Mund einzuatmen, also nicht in der Stellung, wie wir ein a sprechen, sondern mit nur leicht geöffnetem Kiefer, so wie wenn wir ein u sprechen wollten. Nur dürfen wir die Lippen nicht wie zum u vorstülpen, sondern müssen sie entspannt lassen. Dann ist die Einatmung nicht zu hören.

Die Zunge nimmt, wie der Kiefer, die für ein u nötige Lage ein. Dann wird nämlich die Luft in dem Teil des Mundes, der vor der Wölbung der Zunge liegt, wenigstens notdürftig erwärmt und befeuchtet. Die Ergänzung der Nasenatmung durch die Mundatmung bleibt zwar ein Ersatz, aber einer, ohne den wir beim Reden nicht auskommen und dessen Nachteile wir auf diese Weise weitgehend ausschalten können. Wenn wir die Fehler des übermäßigen und hörbaren Einatmens vermeiden, brauchen wir uns im übrigen um die Luftergänzung beim Reden keine weiteren Gedanken zu machen: Sie geschieht beim unverspannten Sprecher von selbst, wenn er sich nur »inspirieren läßt«.

Stimme

Wenn wir das [f] unserer Atemübung plötzlich in ein [v] übergehen lassen, merken wir zwar an der Mundstellung keine Änderung, dem bloßen Geräusch aber hat sich der Klang unserer Stimme beigesellt, aus dem »Geräuschlaut« ist ein »Klinger« geworden. Anders ausgedrückt: Der »stimmlose« Laut hat sich in einen »stimmhaften« verwandelt.

Die Beteiligung unserer Stimme an einem Laut können wir am besten *hören*, wenn wir uns die Ohren zuhalten und dann z.B. [f] und [v] hintereinander sprechen, zuerst allein und dann in den Wörtern »fein« und »Wein«. Wir können aber auch *fühlen*, ob wir einen stimmhaften Laut sprechen. Wenn wir nämlich mit den Fingerspitzen unseren »Adamsapfel« berühren, spüren wir deutlich ein Vibrieren, das sich bei manchen Lauten, z.B. bei [v] und [m], auch an vielen Stellen des Gesichts ertasten läßt.

Was ist denn nun vorgegangen, wenn aus dem [f] plötzlich ein [v] geworden ist? Der Ausatmungsstrom, der für die Bildung jedes Sprachlautes nötig ist, passiert am Ende der Luftröhre den Kehlkopf mit seinen beiden Stimmlippen, die den Durchgang freigeben, verengen oder sperren können, ähnlich wie die Lippen des Mundes dessen Ausgang.

Beim Atmen und beim Sprechen stimmloser Laute treten die Stimmlippen zurück. Bei stimmhaften Lauten aber nähern sich ihre Ränder einander so weit, daß sie in der zwischen ihnen vorbeistreichenden Luft zu schwingen beginnen. Dieses fortgesetzte Schließen und Öffnen der Stimm-

ritze bewirkt eine periodische Bewegung der Luft ober-
halb des Kehlkopfes, die wir als Ton wahrnehmen.

Indifferenzlage

Höhere Töne entstehen — ähnlich wie bei einer Geigen-
saite oder bei einem gespannten Gummiband — durch
wachsende Spannung der Stimmlippen. Nun wechseln wir
unsere Tonhöhe beim Sprechen zwar ständig — völlig monotones, unmoduliertes Sprechen wäre für den Hörer unerträglich —, wenn wir aber gewohnheitsmäßig eine zu *hohe* Tonlage als Ausgang für die Modulation beim Sprechen einnehmen, dann versetzen wir unsere Stimmlippen
in eine unnatürliche dauernde Überspannung. Geistige
Anspannung oder Aufregung beim Sprechen wirken sich
ebenfalls als zusätzliche Spannung für unseren Stimmap-
parat aus.

Wollen wir ausdauernd und mühelos sprechen, dann müssen wir bei aller Änderung unserer Sprechtonhöhe im einzelnen immer wieder zu *der* Lage zurückkehren, die uns
naturgegeben ist. Diese physiologische Normalsprechlage
nennen wir *»Indifferenzlage«*. Sie liegt etwa am Ende des
unteren Drittels unseres Stimmumfangs, und zwar ist sie
für die Frauenstimmen zwischen dem a unter dem Kammerton (Kammerton = a' = 440 Hz) und dem darüberlie-
genden e der eingestrichenen Oktave (e') zu suchen, für
die Männerstimmen eine Oktave tiefer (zwischen a und e).

An welcher Stelle innerhalb dieser Quint der »Naturton«
jedes einzelnen liegt, muß er bei sich selbst ausprobieren.
Am sichersten ermitteln wir unsere Indifferenzlage, indem
wir mit dem Gefühl der Entspannung und Erleichterung
tief seufzen. Der Ton, der dabei entsteht und der nicht die
Färbung eines bestimmten Vokals haben soll, ist unser
»Normalton«, zu dem wir beim Sprechen immer wieder
zurückfinden müssen und von dem wir uns nicht ohne
Schaden für unsere Stimme dauernd entfernen können.

Stellen wir bei diesem Versuch fest, daß wir unsere Indifferenzlage — besonders bei seelischer Erregung oder auch bei lautem Sprechen — als Grundlage und Ausgangspunkt aufzugeben pflegen, so müssen wir uns bemühen, zu der uns angemessenen tieferen Tonhöhe zurückzukehren. (Ein gewohnheitsmäßiges *Unter*schreiten der Indifferenzlage kommt übrigens seltener vor, weil die Stimme dann bald an ihre untere Grenze stößt und nicht mehr modulationsfähig bleibt.) Eine Situation, die uns zu einer tieferen, beruhigenden Tonhöhe zwingt, ist es z.B., wenn wir ein kleines Kind trösten wollen, das weint, weil es hingefallen ist. Wenn wir uns diese Aufgabe lebhaft vorstellen, treffen wir am ehesten die für uns richtige Sprechtonhöhe.

Die feste Gewöhnung an das Sprechen in der Indifferenzlage, das für ein beschwerdefreies Reden — vor allem bei stärkerer stimmlicher Belastung — unerläßliche Voraussetzung ist, bedarf wiederholter systematischer Selbstbeobachtung, die durch gelegentliche **Tonbandaufnahmen** hervorragend unterstützt werden kann.

Artikulation

Hochlautung

Jeder, der eine Fremdsprache lernt, weiß, daß er sich um eine möglichst gute Aussprache zu bemühen hat, damit er ohne Schwierigkeiten verstanden wird. Lehrer und Schüler verwenden viel Sorgfalt darauf, die Laute der fremden Sprache so korrekt auszusprechen, wie es in jenem Land als vorbildlich angesehen wird.

Müßte diese Selbstverständlichkeit beim Erlernen einer fremden Sprache nicht mindestens ebenso gegenüber unserer Muttersprache gelten? Auch für die Aussprache des Deutschen gibt es »Regeln«, die man kennen muß und anwenden sollte. Auch im Deutschen gibt es eine Form der Aussprache, die wir als mustergültig empfinden und als vorbildlich anerkennen, auch wenn wir uns dessen nicht immer bewußt sind. Es ist dies die »Hochlautung«, eine Form, die nicht die Aussspracheweise einer Provinz oder einer Stadt zum Muster für das ganze deutsche Sprachgebiet erhoben hat, sondern die das Ergebnis einer ausgleichenden Regelung zwischen den verschiedenen deutschen Sprachlandschaften ist. Die Hochlautung steht also über den Dialekten und auch über der Umgangssprache. Sie ist die Aussprache der Ansager und Nachrichtensprecher im Rundfunk und im Fernsehen und die der Schauspieler im ernsten Drama; aller öffentlichen Rede dient sie als Richtpunkt, auch wenn sie nicht von jedem Redner und in jeder Sprechsituation vollkommen gemeistert wird.

Der Gedanke einer Einigung in der deutschen Aussprache — von einzelnen, wenigstens für die Bühne, schon früh gefordert — erhielt mit der politischen Einigung von 1871 mächtigen Auftrieb. Dasselbe traf übrigens damals auch für vergleichbare Gebiete zu, etwa für die Rechtschreibung und für die Kurzschrift. Ein erstes Ergebnis im Bereich der Orthographie (nämlich das sogenannte Preußische Regelbuch von 1880) diente sogar als Grundlage für das erste deutsche Aussprachewörterbuch: »Die Aussprache des Schriftdeutschen« von Wilhelm Viëtor (1885). Derselbe Verfasser hat seinen Plan eines großen »Deutschen Aussprachewörterbuchs« 1912 verwirklicht.

Inzwischen hatte ein anderer Gelehrter dasselbe Ziel einer ausgleichenden Regelung der Aussprache — in erster Linie für die Bühne, dann aber auch für die öffentliche Rede überhaupt — ins Auge gefaßt. Das war der in Bremen geborene und in Greifswald und später in Breslau als Germanist wirkende Professor Dr. Theodor SIEBS (1862—1941), dessen Werk »Deutsche Bühnenaussprache« nach gründlichen Vorarbeiten auf Grund von Fragebogen und Verhandlungen 1898 zuerst herauskam. 1969 haben es seine Nachfolger in 19. Auflage unter dem Titel »Deutsche Aussprache — Reine und gemäßigte Hochlautung« herausgebracht.

Nach der Anzahl seiner Auflagen und mit seinem Ziel steht es dem DUDEN zur Seite: So wie dieser die Grundlage unserer Recht*schreibung* bildet, so der SIEBS und die in jüngster Zeit erschienenen Aussprachewörterbücher die Grundlage unserer »Recht*lautung*«.

Siebs, seine Mitarbeiter und seine Nachfolger haben ihre Entscheidung in der Regel danach getroffen, welche von zwei Ausspracheformen (z.B. mit kurzem oder mit langem Vokal) im größeren Teil des deutschen Sprachgebiets verbreitet ist. Einige dieser Wörter, deren Aussprache von Landschaft zu Landschaft schwankt, habe ich in den Abschnitten der betreffenden Vokale aufgeführt.

Seit 1962 steht uns neben dem SIEBS noch ein zweites, weit umfänglicheres Werk dieser Art zur Verfügung: der DUDEN (AUSSPRACHEWÖRTERBUCH), der 6. Band der im Dudenverlag in Mannheim erschienenen Reihe, bearbeitet von Prof. Dr. Max Mangold. Mit seinen 130 000 Stichwörtern übertrifft er den Umfang des SIEBS um das Vierfache. Seit seiner 2. Auflage von 1974 orientiert er sich nicht mehr an der von Siebs zugrunde gelegten Sprache der Bühnenkünstler, sondern an einer »allgemeineren Gebrauchsnorm«, die als »Standardaussprache« bezeichnet wird. Er folgt damit stärker der Ausspracheentwicklung im heutigen Deutsch. Als Grundsätze der Standardaussprache gelten nach wir vor: Sie ist überregional, einheitlich, schriftnah und deutlich.

Ein Kollektiv unter der Leitung des inzwischen verstorbenen Professors Dr. Hans Krech an der Universität Halle hat 1964 ein »Wörterbuch der deutschen Aussprache« herausgebracht, dessen 4. Auflage 1974 erschienen ist. Es basiert in steigendem Maße auf Untersuchungen an Nachrichtensendungen im Rundfunk der DDR und deren statistischer Auswertung. Damit ist zum erstenmal die schmale Grundlage der Bühnenaussprache verlassen und von der Sprechwirklichkeit ausgegangen, wie sie sich bei geschulten Sprechern realisiert, wenn auch nur in einer Sprechsituation und damit stets in der gleichen Stilebene: dem Sprechen von Nachrichten.

Die modernen Untersuchungen zur gesprochenen Sprache der Gegenwart — und das meint nicht nur die Aussprache im einzelnen Wort, sondern auch im Zusammenhang der Rede — richten ihr Augenmerk besonders auf die folgenden fünf Punkte:

1. Die Verwirklichung des [ə] in den Nachsilben
2. Bildung und Stimmhaftigkeit des r
3. Die Stimmhaftigkeit des s
4. Die Behauchung von p, t, k
5. Die Stimmhaftigkeit von b, d, g

Die Einsicht, daß nicht von jedem Sprecher in jeder Lage alle Einzelheiten der Hochlautung realisiert werden müssen, ist freilich keineswegs neu. Schon Viëtor scheint 1912 »beim Verkehr von Mund zu Mund … eine gewisse Abmilderung … sicherlich am Platze« zu sein, und er führt als Beispiel die Abschwächung des [ə] in Wörtern wie »Adel, lieben« an.

Fragen der Lautassimilation im Redeganzen sowie der Satzintonation lassen künftiger Forschung noch ein weites Feld offen.

Vokal und Konsonant

Die in der Schule gewöhnlich als Definition angesehenen Bezeichnungen »Selbstlaut« und »Mitlaut« reichen zur Unterscheidung nicht aus. Sie treffen nur für die Buchstaben*namen*, nicht aber für die Laute zu. Die *Laute* [j, m] z. B. lassen sich sehr wohl ohne den vom Buchstabennamen her gewohnten Vokal sprechen; sie klingen also »selbst« und nicht nur »mit«. Der Unterschied zwischen Vokal und Konsonant liegt vielmehr darin, daß bei den Vokalen der abströmenden Luft im Mundraum weder eine geräuscherzeugende Hemmung entgegengesetzt noch ein Verschluß gebildet wird, der den Luftstrom unterbricht. Außerdem ist allen Vokalen gemeinsam, daß sie mit Stimmton gesprochen werden. Sie sind also alle »stimmhaft«, während die meisten Konsonanten im Deutschen sowohl stimmhaft (z. B. [v, b]) als auch stimmlos ([f, p]) vorkommen.

Vokale

Nasale Resonanz

Bei allen Vokalen strömt die Luft durch den Mund ab und nicht — wie bei den nasalen Konsonanten [m, n, ŋ] — ausschließlich durch die Nase. Das Gaumensegel ist demnach bei allen Vokalen gehoben und versperrt den Nasenweg. Freilich ist eine leichte Lockerung dieses Verschlusses sehr ratsam; denn die dadurch entstehende »*nasale Resonanz*« gibt der Stimme größere Fülle und Weichheit. Flachen, plärrigen und harten Stimmen gilt diese Empfehlung ganz besonders.

Die nasale Resonanz darf nicht etwa mit dem sogenannten *offenen Näseln* gleichgesetzt werden. Auch von den *Nasalvokalen* des Französischen oder des Portugiesischen ist sie weit entfernt. Am leichtesten können wir die verschiedenen Ausspracheweisen eines Vokals nach dem Klang voneinander unterscheiden. Der Sprecherzieher wird sie darum seinen Lehrgangsteilnehmern einmal zum Vergleich nebeneinander vorführen:

1. ein rein orales a (d.h. ein a, bei dem die Luft nur durch den Mund austritt, weil das Gaumensegel den Nasendurchgang gänzlich verlegt),
2. das von uns angestrebte a mit nasaler Resonanz,
3. ein nasaliertes a wie in französisch *Montblanc,*
4. ein genäseltes a, wie es als Sprechfehler gelegentlich vorkommt.

Wenn wir vom rein oralen a in ein a mit nasaler Resonanz übergehen, läßt sich die Bewegung des Gaumensegels sogar im Spiegel beobachten. Nun können wir uns darin üben, unseren Vokalen die richtige (sehr kleine!) Menge nasaler Resonanz beizugeben.

Vokalbildung

Um zu erfahren, ob wir einen bestimmten Vokal richtig bilden, müssen wir noch auf das Verhalten von drei Sprechwerkzeugen achten: Kiefer, Lippen und Zunge. Wir werden zu Beginn jedes der folgenden Abschnitte über die einzelnen Vokale stets die Tätigkeit dieser drei Organe zuerst beobachten.

Der *Kiefer* kann sich nur mehr oder weniger weit öffnen. Sein Öffnungsgrad ist am weitesten bei a, am geringsten bei i, u und ü.

Die *Lippen* liegen entweder den Zähnen an, oder sie sind gespreizt oder vorgestülpt. Lebhafte Lippenbewegungen fördern die Deutlichkeit der Aussprache ungemein.

Die *Zunge* berührt mit ihrer Spitze bei allen Vokalen die Innenseite der unteren Schneidezähne. Ihr Rücken liegt entweder flach im Mundboden, oder er ist gewölbt, und zwar entweder der vordere Teil (»Vorderzunge«) oder der hintere Teil (»Hinterzunge«).

Damit wir die Qualität eines Vokals richtig treffen, ist die korrekte Zungenlage zwar am wichtigsten, aber auch am schwierigsten zu beobachten. Schon lange hat man darum versucht, sie in einer Übersicht für alle Grundvokale schematisch darzustellen. Die neueste Form ist das »*Vokalviereck*«. In ihm sind die Punkte der höchsten Zungenerhebung bei den einzelnen Vokalen miteinander verbunden.

Diese Figur muß man sich im Mundraum eines Längsschnitts durch den Kopf vorstellen, der nach **links** gerichtet ist.

Vokalviereck

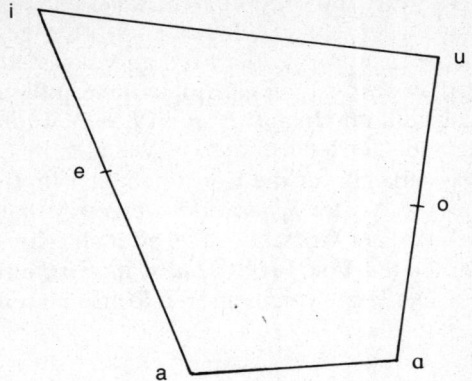

Vokale im Anlaut

Vorweg ein Wort zum Begriff »Anlaut«: Als »Anlaut« bezeichnet man den ersten Laut eines Wortes, gegebenenfalls auch die Lautgruppe, die vor dem Vokal steht, z. B. [h] in *hören*, [ʃ] in *schön*, [f] in *voll*, [o] in *ohne*, [pfl] in *Pflanze*. Der Vokal steht im »Inlaut« (z. B. in *Land*), wenn er nicht der erste oder der letzte Laut ist (wie z. B. in *Obst* oder *Knie*). Dasselbe gilt für die Konsonanten: r im Inlaut enthalten z. B. die Wörter *Schere* oder *Berge*. »Auslaut« nennt man den Vokal am Wortende *(See)* oder alle Konsonanten nach dem letzten Vokal (t in *Hut*, st in *Bast*, mpfst in *du schimpfst*). Der letzte von mehreren Konsonanten steht im »absoluten Auslaut«.

Stimmeinsätze

Der Ausruf »ah!« kann je nach seiner Veranlassung ganz verschieden klingen. Sieht jemand z. B. die bunten Kugeln eines Feuerwerks aufsteigen, so ruft er »ah!« voller Bewunderung und Freude. Seine Augen weiten sich, und sein Gesicht macht einen gelösten Eindruck. Sitzt der Betreffende aber auf dem Behandlungsstuhl des Zahnarztes und ruft beim Bohren vor Schmerz »ah!«, dann sind sein Gesicht und selbst seine Hände verkrampft. An diesem Wechsel der Spannung nehmen auch die Sprechwerkzeuge teil, und so wird die Stimme für das »ah!« im ersten Beispiel ganz anders eingesetzt als im zweiten.

Die verschiedenen *Stimmeinsätze* können wir aber nicht nur in besonders gefühlsbetonten Situationen beobachten, sondern auch dann, wenn wir die Behandlung anlautender Vokale in fremden Sprachen miteinander vergleichen. Im Englischunterricht lernen wir von vornherein, z. B. in *it is* den Auslaut des ersten Wortes zum nächsten hinüberzuziehen. Ebenso binden wir im Französischen: *il‿est*. Im Deutschen dagegen können wir nicht mit Bindung sagen: *»er‿ist«*, sondern wir müssen deutlich zwischen den Wörtern absetzen: *»er / ist«*.

Der Grund für diesen Unterschied ist darin zu suchen, daß die Stimme im Deutschen anders einsetzt als im Englischen oder im Französischen, wenn das Wort mit einem Vokal beginnt. Im Deutschen verschließen die Stimmlippen einen Augenblick lang die Stimmritze völlig, ehe sie zu schwingen beginnen. Wir nennen diese Art den *»festen Einsatz«*. Im Englischen dagegen (und in sehr vielen anderen Sprachen) fangen die Stimmlippen schon zu schwingen an, während sie sich noch aufeinander zu bewegen. Diese Art nennen wir den *»weichen Einsatz«*. Beim weichen Einsatz kann die Stimme vom stimmhaften Auslaut des einen Wortes zum vokalischen Anlaut des nächsten Wortes ohne Unterbrechung weiterschwingen. Dadurch ist die Voraussetzung für eine Bindung gegeben.

In unserer Sprache empfinden wir Bindungen als undeutsch. Wir können uns zwar auch des weichen Einsatzes bedienen, müssen uns aber davor hüten, zu binden. Nur in einzelnen Fällen sind solche Bindungen in der *Umgangssprache* fest geworden, z.B. in »Gut'n‿Abend« oder gar noch in der verstümmelten Form »n‿Abend«. Aber damit zeigt der Sprecher gerade, daß er sich einer bloßen *Formel* bedient und daß er an den Wunsch, dem Begrüßten möge ein »guter Abend« beschieden sein, gar nicht mehr denkt.

Knacklaut

Eine andere Gefahr liegt uns im Deutschen näher. Wenn wir beim festen Einsatz die Stimmlippen sich nicht nur eben berühren lassen, sondern sie zusammenpressen, dann entsteht der für die Gesundheit unserer Stimme so außerordentlich schädliche *»harte Einsatz«*. Er stellt sich besonders leicht beim lauten Sprechen ein. Darum empfiehlt es sich: Je lauter wir sprechen, um so vorsichtiger müssen wir den Vokal einsetzen.

Wie erreichen wir nun, etwa beim Rufen oder beim Kommandieren, den ungefährlichen weichen Einsatz für ein laut gesprochenes vokalisch anlautendes Wort? *Gutzmann,* ein Altmeister unseres Faches, hat dafür die *»Schwelltonübung«* in folgender Weise empfohlen: Wir wollen ein lautes a sprechen; aber wir beginnen mit einem ganz leisen, ja geflüsterten a und setzen vorsichtshalber noch einen kleinen Hauchlaut davor; dann erst lassen wir unsere Stimme anschwellen: ᵸ(a)ₐaaa. Nachdem wir den Laut so ein paarmal gesprochen haben, streichen wir in unserer Zeichnung von links her jedesmal einen Laut ab; d.h., wir setzen zuerst mit dem geflüsterten a ein, beim nächsten Versuch mit dem ganz leisen, dann mit dem etwas lauteren usw., bis wir das ganz laute a ohne vorherigen Schwellton mit weichem Einsatz sprechen können.

Ein andrer Weg, zum weichen Einsatz zu kommen, geht dahin, daß wir uns vor dem Sprechen des Vokals unseren Mund- und Rachenraum recht weit denken (wie beim Gähnen). Wenn wir daraufhin ein klein wenig Luft durch die Stimmritze ablassen — ohne ein h zu sprechen, sondern unhörbar, nur damit wir empfinden, daß die Stimmritze geöffnet ist! — und nun den Vokal gleichsam hineinfallen lassen, dann haben wir ihn ebenfalls weich eingesetzt.

Chorsänger lernen gewöhnlich von ihrem Leiter, sie müßten vor einem vokalisch anlautenden Wort »ein h denken«. Damit ist die eben beschriebene Übung gemeint. — Im *Gesang* ist stets der weiche Einsatz anzuwenden.

An diese Übung wollen wir gleich einen Versuch anschließen, um die Sprengung der Stimmlippen beim festen Einsatz zu *hören.* Wir lassen, wie eben, ein wenig Luft durch die Stimmritze ab. Dann schließen wir sie aber, indem wir zu einem leichten Hüsteln ansetzen. Die Stimmlippen dürfen in diesem Augenblick weder zuviel noch zuwenig gespannt sein. Der Kehlkopf steht tief (wie beim Gähnen mit geschlossenem Mund). Nun lassen wir eine winzige Menge Luft hinaus, gleichsam als wollten wir ein a sprechen, hören aber vor dem ersten Stimmton schon wieder auf. Damit haben wir den sogenannten »Knacklaut« isoliert gesprochen. Er tritt sonst — in gelinder Stärke! — vor jeden Vokal im Anlaut, der mit festem Einsatz gesprochen wird.

Deutlich zu hören ist der Knacklaut auch dann, wenn wir probehalber einen Satz wie diesen: »Es ist alles in Ordnung« langsam und Wort für Wort *flüstern*. Am eindeutigsten ist der Knacklaut festzustellen, wenn wir dem Sprecher ein Stethoskop an den Kehlkopf setzen, während er in der ihm gewohnten Weise vokalisch anlautende Wörter spricht.

Neueinsatz des Vokals verlangt im Deutschen jeder Vokal am Anfang nicht nur des Wortes, sondern auch des Stammes: *Arbeit, Hausarbeit, verarbeiten*. Nur wo wir die Zusammensetzung nicht mehr empfinden, verschwindet er zumeist: *voran, heraus, hinauf, worüber, darum, allein, vollends*. Andrerseits darf in Fremdwörtern nach dem sogenannten halbvokalischen i *nicht* neu eingesetzt werden, weil dies i nur ein Gleitlaut ist: *Indianer, Religion, Idiot, Spezial-, sozial*. Ähnliches gilt für das u in Fremdwörtern wie *aktuell, eventuell, Nuance, Etui*.

Übungen

1.
Anfang und Ende
immer und ewig
ab und an
ein und alles
Arm in Arm
und ob
als ich aber
auf Erden
es erarbeiten
auf einmal

2.
An- und Auslaut
ohne alles andere
innen und außen
Aug' in Auge
in Armut und Elend
an einen anderen
ein alter Esel
und ohne Absicht
in allen euren Taten
in uns ist alles

3.
etwas Eigenartiges
in einem Augenblick
unter euch allen
um acht Uhr
Achtung an alle
in unsere Arme
allein im Innern
es ist entartet
im alten Indien
alles in allem

4.
ein Ereignis
unter anderem
entweder oder
in einem Atem
auch einer
in aller Eile
aneinander
unabänderlich
erörtern
in Ordnung

5.
an Ort und Stelle
unter allen Umständen
unten und oben
ein offenes Ohr
an allen Ecken
ein- und ausatmen
erinnert ihr euch
auffallend ähnlich
oft auch ohne ihn
Ende gut alles gut

6.
zuallererst
am Eröffnungstage
am ersten Abend
er ahnt es
es ist alles eitel
er ist im Irrtum
im Jahre 1880
endlich allein
etwas erübrigen
er ist überall

7.
erst Ende August
in Osteuropa
arm aber ehrlich
Ochs' und Esel
als ein anderer
am Abend ankommen
Emma und Anna
in ihrem Eifer
ein alter Arzt
über irgend etwas

8.
andere Erfahrungen
irgendein altes Auto
eigene Ausarbeitungen
anders ausgedrückt
alte Erinnerungen
eine unendliche Ebene
ererbte Eigenschaften
eigenartige Ansichten
zwischen 8 und 11 Uhr
er ist überarbeitet

9.

in einer Ecke	um ein Urteil
etwas erobern	über uns allen
ehe er aufwacht	ob er es ahnt
immer um 1 Uhr	untereinander
als erste Aufgabe	es ist alles aus

a

Lautbildung

Der *Kiefer* ist etwa daumenbreit geöffnet (ungefähr 25 mm), das ist weiter als bei allen andern Vokalen. Übertrieben weite Öffnung verlangt unnötige Muskelarbeit und führt zum »Nußknackersprechen«. Zu geringe Öffnung läßt den Ton nicht frei erklingen und muß durch größeren Kraftaufwand der Stimme ausgeglichen werden. (Das gilt auch für alle übrigen Vokale.)

Die *Lippen* sind weder vorgestülpt noch gespreizt, vielmehr liegen sie den Zähnen an. Eine Vorstülpung verdumpft den Klang des langen a, durch ein Zurückziehen der Mundwinkel bekommt das kurze a einen plärrigen Klang.

Die *Zunge* liegt beinahe eben im Mundboden. Sie kann eine ganz flache Mulde bilden. Die Zungenspitze berührt die Innenseite der unteren Schneidezähne. Sinkt sie an den Fuß dieser Zähne oder tritt sogar noch von ihnen zurück, so klingt der Ton »geknödelt«, weil dann die Hinterzunge den Rachenraum verengt. Ein Anheben der Hinterzunge nähert den Klang dem des offenen o. — Der Unterschied in der Zungenstellung zwischen kurzem (vorderem) und langem (hinterem) a ist nicht so deutlich wie bei den übrigen Vokalen. Das kurze [a] klingt etwas heller, das lange [aː] etwas dunkler. (Wortübungen 1 und 2, 3 und 4, 5 und 6)

Übung der Sprechorgane

Die hier und in den folgenden Abschnitten empfohlenen Übungen dienen einerseits der Lockerung und Entspannung der Sprechwerkzeuge und anderseits ihrer Kräftigung. Sie müssen *täglich* mehrmals — nur wenige Minuten lang! — intensiv geübt werden. Dabei hat ständig ein **Spiegel** der Selbstkontrolle zu dienen.

1. Wir lassen den Unterkiefer locker herunterhängen, so daß der Mund weiter geöffnet ist als beim a. In dieser Stellung bewegen wir den Kiefer ohne Verkrampfung seitlich hin und her. Lippen und Zunge folgen dieser Bewegung, dürfen aber *keine eigenen* Bewegungen ausführen.
2. Den leicht geöffneten Unterkiefer bewegen wir locker vor und zurück.

Diese beiden Übungen führen uns zu freier Beweglichkeit des Unterkiefers beim Sprechen.

Hochlautung

In der Hochlautung gilt **langes a** in *nach* (wegen seiner Verwandtschaft mit *nahe, Gas, Glas, Gras, Grab, Rad, Bad, Trab* sowie vor -g: *Tag, Schlag, Verlag, Vortrag, ich mag, Jagd.* **Kurzes a** gilt in *Nachen, Walfisch* (trotz *Wal* mit Länge) und in der ersten Silbe von *Nachbar.*

Wortübungen

1. —	2.	3. —	4.
Saat	satt	Nase	naß
haben	hatten	Magd	Markt
Tag	Takt	Gas	Gasse
kam	Kammer	Bratsche	Glatze
Rad	Ratte	Trab	Tracht
Lage	lachte	Plan	Platte
Glas	glatt	Paar	Park
Fraß	Faß	Gemach	gemacht
Schar	Scharte	Nachtisch	Nachtigall
zart	zanken	Bart	Barren

5. —	6.	7.	8.
Kater	Katze	Ahnung	Anfang
Jagd	Jacke	Abend	ab
Sprache	Sache	Amor	Amsel
nach	Nachen	Aal	alle
klar	Karte	Atmung	Abt
schlagen	Schlacke	Art	am
Bad	Bast	artig	Artikel
Kahn	Kante	Adler	Achtung
Gras	Gramm	Arzt	Arznei
Grab	Gracht	Amen	Akt

9.	10.
Jahreszahl	Vaterland
Nachfrage	langsam
Ratschlag	glashart
Radfahrer	achtsam
Straßenbahn	Satan
Ratenzahlung	dankbar
Trabrennbahn	Nachbar
Hafenbar	Gasmann
Nachmittag	Grashalm
glasklar	Nachklang

Satzübungen

1. Sag die Wahrheit!
2. Habt ihr Angst, den jungen Damen guten Abend zu sagen?
3. Wer die Wahl hat, hat die Qual.
4. Gehabt euch wohl!
5. Zwischen Berg und tiefem Tal saßen einst zwei Hasen, fraßen ab das grüne Gras bis auf den Rasen.
6. Glück und Glas, wie leicht bricht das!

7. Dein Vater versprach, uns mit Rat und Tat zu helfen.
8. Tag für Tag fahren Wagen und Radfahrer auf dieser Straße nach Harburg.
9. Zum Nachtisch gab es zarte Mandarinen mit Schlagsahne.
10. Nachmittags kam der Arzt noch einmal.
11. Der Gasmann trägt einen schwarzen Bart.
12. 1878 wurde in Bad Tölz am Rande der Alpen der Arzt und Schriftsteller Hans Carossa geboren.
13. Die Glasharmonika, ein im 18. Jahrhundert erfundenes Musikinstrument, bestand aus einer Anzahl nebeneinander auf einer Achse angeordneter schalenförmiger Glasscheiben.
14. Die Glasscheiben waren chromatisch abgestimmt und wurden durch den angelegten Finger zum Klingen gebracht.
15. Das Goethe-Institut in Bad Aibling besaß schon Anfang der 60er Jahre ein Sprachlabor als Hilfe für die Arbeit an der deutschen Sprache mit Ausländern.
16. Der arme Mann sagt wahrscheinlich nur aus Angst zu allem ja und amen.
17. Bad Niederbreisig hat schon manchem Kranken durch sein Thermalbad geholfen.

18. Aller Anfang ist schwer.
19. Was hast du da gemacht?
20. Unser Nachbar hatte mit seinem Wagen eine Panne.
21. Wann beginnt die Sendung »Sang und Klang«?
22. Der alte Mann hat eine Glatze.
23. Hoffen und Harren macht manchen zum Narren.
24. Ganz langsam kam die Nacht heran.
25. Die Magd saß in ihrer kalten Kammer und dachte an nichts anderes als an ihre harte Arbeit.
26. Meine Tante hatte auch einen Garten.
27. Auf dem Dach des verfallenen Hauses saß eine Katze.
28. Hans lachte, denn er hatte keine Angst vor der Nachtwache.

29. In der Hafenbar spann der alte Matrose sein See-
    mannsgarn.
30. Es ist wahrhaftig schade, daß nicht alle guten Eigen-
    schaften in einem Menschen beisammen sein können.
31. Das sagenhafte Troja verdankt seine Wiederentdek-
    kung den Ausgrabungen des Kaufmanns und Alter-
    tumsforschers Heinrich Schliemann in den 70er Jah-
    ren des vorigen Jahrhunderts.
32. Hat er tatsächlich die Absicht, zu warten, bis seine
    Angebetete nach der langen Abwesenheit wieder da
    ist?
33. Allem Anschein nach hat Katharina ihren Plan, erst
    in Spanien und dann in Frankreich zu arbeiten, gegen
    jeden guten Ratschlag in die Tat umgesetzt.

e, ä

Lautbildung

Wir unterscheiden im Deutschen vier e-Laute: den langen
geschlossenen e-Laut *(ewig, er geht),* den kurzen offenen
(Brett), den langen offenen *(wir wären)* und den »Murmelvokal« der Nebensilben *(gelingen, bereitet, Handel).*

Der *Kiefer* ist weiter geöffnet als beim i, aber weniger als
beim a.

Die *Lippen* sind gespannt, die Mundwinkel leicht zurückgezogen, doch nicht so weit wie beim i.

Die *Zungen*spitze berührt die unteren Schneidezähne.
Der vordere Teil des Zungenrückens wird leicht gegen
den harten Gaumen gewölbt.

Die angegebenen Merkmale gelten für das lange geschlossene e in etwas stärkerem Maße als für das kurze offene e

und das lange offene ä. Der Zungenrücken ist also beim langen [e:] in *Beet* weiter in Richtung auf das Gaumendach gehoben als beim kurzen [ɛ] in *Bett.* Anders ausgedrückt: Die von Gaumen und Zunge gebildete Öffnung für die abströmende Luft ist beim [e:] etwas weiter geschlossen, beim [ɛ] etwas weiter offen. Darum bezeichnet man das lange [e:] als *»geschlossenes e«,* das kurze [ɛ] als *»offenes e«.* Dasselbe läßt sich auch bei den übrigen Vokalen beobachten (außer bei den a-Lauten): Der kurze Vokal ist stets offen, der lange geschlossen. Nur bei den e-Lauten gibt es zusätzlich noch einen *»langen offenen e-Laut«*: [ɛ:], z.B. in *Bär.*

Das **lange offene** [ɛ:] sprechen wir immer dann, wenn wir ein lang zu sprechendes ä schreiben. Die Aussprache richtet sich bei diesem Laut also nur nach der Rechtschreibung (und nicht nach der sprachgeschichtlichen Entwicklung). [ɛ] und [ɛ:], z.B. in *die Henne* und *die Hähne,* unterscheiden sich fast nicht durch ihre Organstellung, sondern lediglich durch ihre verschiedene Länge (Wortübung 6 bis 11). Das [ɛ:] in *mäßig* wird also ebenso gebildet wie das [ɛ] in *messen.* Wenn wir das [ɛ] in *messen* ein wenig dehnen (aber keinesfalls noch offener sprechen!), entsteht von selbst ie erste Silbe von *mä — ßig.*

Der unterschiedlichen Schreibung des **kurzen offenen** e-Lautes mit e oder ä in unserer Orthographie entspricht kein lautlicher Unterschied: Der Stammvokal in *älter* wird ebenso gesprochen wie in *Eltern.* (Wortübung 12 und 13)

Die Stellung von Kiefer, Lippen und Zunge sowie der Atemdruck müssen während der ganzen Lautdauer des **langen geschlossenen e** genau beibehalten werden. Sonst entsteht ein i-Nachklang, der Laut wird zum Diphthong, wie wir ihn vom Niederdeutschen und vom Englischen her kennen. Eine Hilfe bei der Abgewöhnung dieses Fehlers ist es, wenn man zur Übung den Laut kräftig spricht, lange anhält und dann plötzlich abbricht: *Seee!.* Folgt noch eine Silbe, so schließt man sie anfangs erst nach einer kleinen Pause an: *See — le.* Allmählich verkürzt man dann das übertrieben lange e wieder und schließt die Folgesilbe sofort an. (Wortübung 1 bis 4)

Der 4. e-Laut ist der häufigste Vokal unserer Sprache. Er bewirkt, daß der Buchstabe e fast so oft in dem von uns angewandten Wortschatz vorkommt wie alle andern Vokale zusammengenommen. Es ist das unbetonte **e in Nebensilben**:

Berichtest du gerade von einem der geretteten Vögel?

Dieser *»Murmelvokal«* darf in den Vorsilben be- und gesowie in den Schlußsilben -e, -el, -em, -en, -est und -et keinesfalls wie kurzes offenes e klingen. Weil der Laut stets unbetont ist, nimmt er leicht ein wenig von der Klangfarbe des betonten Nachbarvokals an (vgl. z.B. die Endung in *Liebe* und *Laube*), doch ist jede gewollte Färbung zu vermeiden. Vielmehr sind die Lippen bei diesem Laut völlig entspannt. Vor allem bei der Endung -e muß vor einer Spreizung der Lippen gewarnt werden. Das e in der sehr häufigen Endung -en wird in der Umgangssprache meist gänzlich unterdrückt. Beim lauten Sprechen sowie in gebundener Sprache sollte man dieser Entwicklung aber nur vorsichtig folgen. (Wortübung 14 bis 31)

Übung der Sprechorgane

3. Bei weit geöffnetem Mund strecken wir die Zunge *weit, spitz* und *gerade* heraus. Sie soll dabei weder die Lippen noch die Oberzähne berühren. — Diese Übung dient der Kräftigung unserer Zunge und der Beherrschung ihrer Muskeln.

Hochlautung

In der Hochlautung gilt **langes geschlossenes e** in *er, der*[1]), *wer, werden, Erde, Pferd, erst, Krebs* und *Mecklenburg.* **Langes offenes e** gilt in *Städte (Plur.), nämlich, Gebärde;* **kurzes offenes e** in *Rebhuhn, Vers, Verse (Plur.), Echo* und *Segment.*

Wortübungen

1. —	2.	3.	4.
Klee	kleben	geben	Esel
Weh	weben	Krebs	Brezel
Reh	Rede	geklebt	wer
je	jeder	Lehm	er
Fee	Feder	bequem	der
Zeh	zehn	nehmen	werden
See	Seele	ewig	Erde
Tee	Teelöffel	Gebet	Pferd
geh	gegen	Leder	erst
Schnee	Schneegans	steht	Besen

5. —	6.	7. —	8. —	9.
Henne	Hähne	denn	Dänen	dehnen
kenne	Kähne	stellen	stählen	stehlen
trennen	Tränen	Zettel	zäh	Zeh
treffen	träfen	Retter	Räder	Reeder
nett	Nähte	Vetter	Väter	Feder
Brett	brät	Stätte	Städte	stets
fertig	Fährte	selten	Säle	Seele
keß	Käse	erben	Ähre	Ehre
messen	mäßig	merken	Märchen	mehr
spreche	Gespräche	Bern	Bären	Beeren
		Sperre	spärlich	Speer

---

1) In der Regel stehen *er* und *der* vor einem sinnwichtigeren Wort und bleiben daher selbst unbetont. Dann verlieren sie (wie *dem* und *den*) zwar die Länge, nicht aber die geschlossene Qualität ihres Vokals.

10. —	11.	12. —	13.
wegen	wägen	Eltern	älter
wehren	währen	behende	Hände
Meer	Mär	eng	ängstlich
Seemann	Sämann	gerecht	gerächt
Segen	Sägen	echt	ächten
Wert	währt	Feld	fällt
lege	läge	Verse	Färse
gebe	gäbe	Pech	Pächter
je	jäh	Welle	Wälle
Fehden	Fäden	Held	hält
Grete	Gräte	Geste	Gäste

14.	15.	16.	17.
betragen	Beamter	gerade	Gemach
benehmen	begehren	gegeben	Gebet
bestätigen	befähigen	gefährdet	Gebärde
bedecken	beerben	gerettet	Gedeck
befinden	Beginn	Gebirge	geliehen
bekommen	befohlen	genommen	gehorsam
besuchen	Berufung	genug	geduldig
bevölkert	Behörde	gehört	Gelöbnis
berühmt	beglücken	geblüht	Gebühr
Beweis	beeindruckt	geweiht	gefeit
bedauern	Behauptung	gebraut	gebaut
bedeuten	befreundet	gescheut	Geräusch

18.	19.	20.	21.	22.
wandern	Tage	nahe	Name	schade
federn	Kehle	jede	Ehe	Lehre
schäkern	Hähne	täte	träge	Zähne
schlendern	Stärke	Hände	Menge	Geschenke
knistern	Linde	Stimme	Liebe	diese
donnern	Mode	Motte	Bote	lose
flunkern	Bube	Schule	Stunde	Schuhe
vergöttern	Löhne	öde	Höhe	Köpfe
füttern	Wüste	Blüte	Tücke	Mühe
weigern	Eile	Breite	keine	leise
dauern	Auge	Laube	Pause	Klaue
versteuern	Zeuge	heute	Beute	Bäume

23.	24.	25.	26.
Sage	Jahre	Gedanken	Namen
jede	mehrere	Versehen	begeben
Gespräche	Mähne	währen	Tränen
Ende	welche	bedenken	gegessen
Hilfe	viele	schicken	bieten
Sonne	Mole	drohen	Kohlen
Ruhe	Gruppe	drucken	rufen
Möwe	schwöre	Flöten	hören
müde	Gerüche	Mühlen	Küsten
meine	seine	teilen	meinen
Glaube	Taube	vertrauen	erbauen
neue	Leute	Freuden	läuten

27.	28.	29.	30.
Garten	wagen	haben	waren
entlegen	erheben	gehen	sehen
Bären	gewähren	Mädchen	sägen
erretten	verletzen	Menschen	vergessen
schwimmen	lieben	bitten	sieben
oben	loben	holen	verboten
Stunden	vermuten	Jungen	gefunden
zerstören	trösten	stören	betören
Lügen	prüfen	grüßen	müssen
beeilen	heilen	keinen	leimen
laufen	rauchen	brauchen	kaufen
Freunden	beugen	schäumen	leuchten

31. Die Wörter der 28. Übung mit der Endung -enden:
wagenden ...

Satzübungen

1. Eigener Herd ist Goldes wert.
2. Erst kommt das Pferd und dann der Reiter.
3. Segen der Erde. (Knut Hamsun)
4. Der Lehrer mußte den Jungen ins Gebet nehmen.
5. Geben ist seliger denn nehmen.
6. Während des Sommers lebt er gern an der See.
7. Schnee und Regen wehten dem Wanderer entgegen.
8. Welch ein elendes Leben!
9. In die Ecke, Besen! Besen! Seid's gewesen! (Goethe: Der Zauberlehrling)
10. Neue Besen kehren gut.
11. Er liebt ein bequemes Leben.
12. Jeder fege vor seiner Tür.
13. Wer kann ohne den andern leben?
14. Auf dem Tegernsee waren viele Segler zu sehen.
15. Beate wird den Gästen ein paar Verse vorlesen.
16. Die Herstellung einer leitenden Verbindung zwischen Elektrogeräten und der Erde nennt man Erdung.

17. Die häßliche Eva fegt den Schnee mit unserm besten Besen.
18. Der Regierungschef setzt alle Hebel in Bewegung, um der Revolution Herr zu werden.
19. Wer nicht frei reden kann, gäbe oft viel darum, diese Kunst wenigstens halbwegs zu beherrschen.
20. Gestern abend im Theater sang Mephisto das Flohlied nach einer anderen Melodie.
21. Den Lehrfähigkeiten des Referendars in den Fächern Chemie und Physik zollte selbst der strenge Direktor Respekt.
22. Porree und Knoblauch zählen zu den Liliengewächsen.

23. Erst sehr spät und ganz allmählich senkte sich die Nacht auf die Erde.
24. Der Jäger folgte den Fährten der beiden Rehe.
25. Die Erzählung des Seebären näherte sich dem Ende.
26. Es wäre besser, wenn Sie beim Vorlesen die Zähne voneinander lösten.
27. Der Nebel verwehrte uns den Blick auf die Städte in den Tälern.
28. Das ängstliche Mädchen erzählte dem Seemann unter Tränen sein Erlebnis mit dem Krebs.
29. Andre Städtchen, andre Mädchen.
30. Der Schäfer folgt gemächlich seiner Herde.
31. Der Pächter bestätigte, daß die Ähren der Gerste nur verhältnismäßig spärlich wüchsen.
32. Jäte das Unkraut in den Erdbeerbeeten!
33. Gestern hatte der Mond seine größte Erdnähe erreicht.
34. Der Gelehrte trank regelmäßig ein Glas Spätlese.
35. Friede ernährt, Unfriede verzehrt.
36. Alljährlich fährt der Sänger an die See.
37. Mit großer Geste wies der Jäger auf seine Trophäen.
38. Während der Rede des Kollegen gähnte der ältere Lehrer mehrmals.

39. Ehrlich währt am längsten.
40. Wer lange schläft, gäbe später gern manches für die verlorene Zeit.
41. Trotz der Länge der Predigt hat sich nur wenig zur Klärung des Textes ergeben: weniger wäre mehr gewesen.
42. Die Räder drehen sich auf der Stelle.
43. Der Märchenerzähler erzählte das Märchen von den beiden kleinen Mädchen und dem Bären.

i

Lautbildung

Beim i ist der *Kiefer* so weit geschlossen wie beim u, doch bleibt zwischen den Zahnreihen eine so breite Lücke, daß man den kleinen Finger dazwischenschieben kann (etwa 1 cm).

Das i verlangt (ähnlich wie das s) ein energisches Zurückziehen der Mundwinkel. Die *Lippen* sind gespannt und weiter gespreizt als beim e, so daß die Oberzähne sichtbar werden. Sonst entsteht leicht ein ü-ähnlicher Laut: Aus *Fisch* wird »*Füsch*«. (Wortübung 4 und 5)

Die *Zungen*spitze berührt die unteren Schneidezähne. Der vordere Teil des Zungenrückens wölbt sich stark gegen den harten Gaumen. Wird die Zunge zu stark gewölbt, klingt das lange i gequetscht.

Die angegebenen Merkmale gelten für das lange geschlossene i in etwas stärkerem Maße als für das kurze offene. Dieses darf weder zu offen gesprochen werden (wie z.B. im Hamburgischen), so daß aus *Schirm* »*Scheerm*« wird (Wortübung 6), noch zu sehr geschlossen (wie z.B. im Schwäbischen), so daß aus *Mitte* beinahe *Miete* wird. (Wortübung 1 bis 3)

Übung der Sprechorgane

4. Wir lassen bei weit geöffnetem Mund die Zungenspitze *ganz langsam und gleichmäßig* am Lippenrand kreisen. Dadurch lernen wir, die Muskulatur unserer Zunge zu beherrschen.

Hochlautung

In der Hochlautung gilt **langes i** in *vier, der vierte, die Nische* und in der ersten Silbe von *kritisch*.
Kurzes i gilt in *Viertel, vierzehn, vierzig, Kapitel* und *Distel*.

Wortübungen

1. —	2. —	3.
biete	bitte	bete
Liebe	Lippe	lebe
dienen	drinnen	dehnen
vierter	vierzig	Ferien
gibt	Gips	gebt
wir	wirf	wer
Stiel	still	stehlen
ihr	irr	ehrlich
wieder	Widder	weder
Wiesen	wissen	Wesen

4.	5.	6.
Tisch	schwimmen	Schirm
zischen	glimmen	Dirne
zwischen	Zimmer	Wirt
frisch	Schimmer	Kirche
wischen	Himmel	nirgends
Fisch	wimmeln	Birne
Schiff	immer	Geschirr
Gischt	Schimmel	Stirn
mischen	schimpfen	Kirsche
Lieschen (!)	schlimm	wirklich

56

Satzübungen

1. Ein Wiesel saß auf einem Kiesel inmitten Bachgeriesel. (Christian Morgenstern)
2. Wie du mir, so ich dir.
3. Jeder vierte Fischer ist Nichtschwimmer.
4. Wir müssen gute Miene zum bösen Spiel machen.
5. Diesem widerlichen Treiben werden wir einen Riegel vorschieben.
6. In diesem Jahr gibt es wieder viele Fliegenpilze.
7. Die Liederabende des Baritons Dietrich Fischer-Dieskau sind immer wieder ein Anziehungspunkt für viele Musikfreunde.
8. Was man nicht zu verlieren fürchtet, hat man zu besitzen nie geglaubt und nie gewünscht. (Lessing: Nathan der Weise)
9. Die Kompositionen Friedrichs II. (1740—1786) waren vom Stil seiner Zeitgenossen bestimmt.
10. Für viele ist das Klavierquintett opus 114, das sogenannte Forellenquintett, das beliebteste Stück Schubertscher Kammermusik.
11. Wer seine Geschäftsbriefe auf ein Diktiergerät spricht, gewinnt dadurch viel Zeit für seine Firma.
12. Unter dem Siegel tiefster Verschwiegenheit erfuhr die kluge Dienerin von den vielen Verführungskünsten ihrer Gebieterin.

13. Ich kann nirgends meinen Schirm finden.
14. Sie will künftig nicht mehr schimpfen.
15. Brigitte gibt ihrem Kind frische Kirschen und Birnen.
16. Der Wirt bringt inzwischen das Geschirr ins Zimmer.
17. Hier zwischen den Birken erblickte der Hirt ein Rudel von 14 Hirschen.
18. Es ist wirklich schlimm, daß der Schiffer nicht schwimmen kann.
19. Gib mir bitte noch mehr Himbeeren!
20. Irmgard will auch ein bißchen mitspielen.
21. Inzwischen hat der Wirt den Tisch abgewischt.

22. Möchten Sie zu diesem Fischgericht mit Pommes fri-
    tes ein Glas Liebfrauenmilch trinken?
23. Sie wird selber wissen, wessen Silber sie sich ausbit-
    ten kann.
24. Die griechische Kirchenmusik hat mich tief ergriffen.
25. Sie müssen nicht glauben, daß man dadurch, daß man
    Minister wird, sofort wesentlich klüger und einsichti-
    ger wird. (Bismarck)
26. Carl Spitzweg gibt uns in seinen Bildern einen humo-
    ristischen Einblick in die Welt des Biedermeiers.

o

Lautbildung

Der *Kiefer* ist weiter geöffnet als beim u, aber weniger weit
als beim a.

Die *Lippen* sind leicht vorgestülpt, doch nicht so weit wie
beim u.

Die *Zungen*spitze berührt die unteren Schneidezähne.
Der hintere Teil des Zungenrückens ist leicht gewölbt.

Die angegebenen Merkmale gelten für das lange geschlossene o in etwas stärkerem Maße als für das kurze offene o.

Die Warnung vor der Aussprache des langen geschlossenen e mit einem i-Nachklang (s. S. 48) muß, entsprechend
abgewandelt, hier wiederholt werden: Nach dem langen
geschlossenen o darf kein u-Nachklang zu hören sein wie
in engl. *boat* und in der niederdeutschen Aussprache von
Boot. Die auf S. 48 f. empfohlene Übung gilt auch hier:
Sooo/; Brooo — t; looo — ben. (Wortübung 1 und 2)

Einige Dialekte neigen bei *langem o vor r* zu einer offenen
Aussprache, einem Laut also, den es in der Hochlautung
gar nicht gibt, denn die langen Laute kommen im Deut-

schen (mit Ausnahme des e) nur geschlossen vor (Wortübung 10).

Übung der Sprechorgane

5. Wir öffnen den Kiefer weit und lassen die Zunge *ganz*
   langsam und gleichmäßig im Mundraum kreisen, erst
   rechtsherum, dann linksherum. Dabei achten wir darauf, daß der Unterkiefer völlig ruhig bleibt.
6. Bei dieser Übung kreist der *Unterkiefer,* während die
   Zunge ohne jede Eigenbewegung im Mundboden liegt.
   Die Zungenspitze berührt die unteren Schneidezähne.
   — Diese beiden Übungen fördern die voneinander un-
   abhängige Beweglichkeit von Zunge und Unterkiefer.

Hochlautung

In der Hochlautung gilt **langes o** in *Toast, Knoblauch,*
schon, grob, gehorsam; **kurzes o** in *Lorbeer, Vorteil* (trotz
vor mit Länge), aber mit Länge in *»Vor- und Nachteile«*;
Phosphor und *Doktor* (in beiden Silben Kürze); *Ost* und
Osten (trotz *Ostern*). Nur in der Seemannssprache und im
Wetterdienst haben sich *Ost* und *Osten* mit langem o erhalten wegen der deutlicheren Unterscheidung von *West*
und *Westen.*

Wortübungen

1- —	2.	3.	4.	5.
so	Sohn	Ton	tot	ob
wo	wohnen	ohne	Brot	offen
roh	rot	schon	Dose	Obdach
pro	Probe	Mond	Obst	oft
Zoo	Zone	Boden	Hose	Otto
Floh	Flomen	oder	Los	Osten
froh	Fron	Noten	bloß	Ort
oh	oben	Lotse	Kloster	Ordnung
Stroh	Strom	Knoten	Ofen	Onkel
Gros	groß	Gebot	hoch	Ocker

6. —	7.	8. —	9.	10.
Topf	toben	Most	Moos	vor
voll	Fohlen	Wonne	wohnen	Chor
hoffen	Hof	Bonn	Bohne	Rohr
Rotte	rot	von	Phon	Moor
Lotte	Lot	Bock	Bogen	hervor
Bottich	Boot	Hochzeit	hoch	Tor
Rosse	Rose	Lorbeer	Lore	gebohrt
Posse	Pose	Korb	Chor	empor
Gosse	groß	fort	vor	vergoren
schoß	Schoß	Dollar	Dohle	Vorort

Satzübungen

1. An jedem ersten Montag im Monat ist Chorprobe.
2. Der Bär sucht in hohlen Bäumen nach Honig.
3. Hole ein Mohnbrot und einen Kopf Rotkohl!
4. An der Donau blühen schon die roten Rosen.
5. Not kennt kein Gebot.
6. Der verlorene Sohn litt in der Fremde große Not.
7. Wo haben Sie gewohnt?
8. Im Osten zeigt sich schon das Morgenrot.
9. Der Vogel flog hoch über den Dom.
10. Vorgestern haben wir eine Komische Oper von Mozart gehört.
11. Auf der Donau treibt ein Floß.
12. Der Bote fordert seinen Lohn.
13. Horch, welch ein hoher Ton!
14. Wohnen deine Großeltern oben?

15. Hopfen und Malz, Gott erhalt's!
16. Wie gewonnen, so zerronnen.
17. Am Hochzeitsmorgen brachte die Post einen großen Koffer.
18. Hoffentlich kommt er vorteilhaft von Holland nach London.
19. Der Holzbock da vorn ist doppelt so hoch.

20. »Hochzeitstag auf Troldhaugen« heißt eines der Lyrischen Stücke des norwegischen Komponisten Edvard Grieg.
21. In seinen Kompositionen kommen oft Motive der Volksmusik Norwegens vor.
22. Worte, Worte, nichts als Worte! (Shakespeare)
23. Gottes ist der Orient, Gottes ist der Okzident. (Goethe, nach dem Koran)
24. »Vorwärts!« kommandierte der Vorgesetzte, und alle Polizisten folgten ihm sofort an den unheimlichen Ort.

u

Lautbildung

Beim u ist der *Kiefer* weniger weit geöffnet als bei allen anderen Vokalen. Doch sind die Zähne nicht etwa geschlossen.

Das u verlangt, ähnlich wie das sch (und im Gegensatz zu diesen beiden Lauten etwa im Englischen), eine deutliche Vorstülpung der *Lippen,* doch soll sie ohne krampfhafte Muskelspannung geschehen. Die Lippenöffnung ist klein, aber nicht so klein wie beim englischen w (z.B. in *well*).

Der hintere Teil des *Zungen*rückens ist gegen den Gaumen hin gewölbt, und zwar noch stärker als beim o. Die Zungenspitze berührt wie bei allen Vokalen die unteren Schneidezähne, mindestens aber bleibt sie auch beim u in ihrer unmittelbaren Nähe.

Die angegebenen Merkmale gelten für das lange geschlossene u in etwas stärkerem Maße als für das kurze offene u.

Übung der Sprechorgane

7. Wir bringen die Lippen (und den Kiefer) in die Stellung des u und ziehen sie dann so langsam wie möglich, aber nicht ruckweise, sondern ganz gleichmäßig zurück, bis sie die Stellung des i einnehmen. (»Vom Pfeifen zum Grinsen.«) Dann folgt die Bewegung in umgekehrter Richtung. An der Halsmuskulatur dürfen sich keine Verspannungen zeigen.

Mit dieser Übung lernen wir unsere Lippenmuskeln beherrschen und kräftigen sie zugleich. Eine kräftige Lippenbewegung beim Sprechen hat übrigens noch eine wichtige Nebenwirkung: Durch sie wird die Absonderung der oberen Speicheldrüsen angeregt und dadurch auf natürliche Weise das Gefühl der »Trockenheit« im Munde verhindert, unter dem manche beim Reden zu leiden haben.

Hochlautung

In der Hochlautung gilt **langes u** in *ruchlos, Geburt, Geburtstag* (aber *gebürtig* mit Kürze), *Ruß, nun, Schuster, Wuchs,* er *wusch* und der Vorsilbe *ur-* (Ausnahme: *Urteil* hat Kürze).

Kurzes u gilt in *Geruch,* der *Bruch* (von *brechen*) und *Urteil.*

Wortübungen

1. —	2.	3. —	4.
Schule	Schuld	Wucher	Wucht
Schute	Schutz	Wust	Wurst
Schuster	Schuß	schuf	Schuft
Mus	muß	grub	Gruft
Muße	Muschel	wusch	Wunsch
Geburt	Gurt	fuhr	Furt
nun	Nummer	schlug	schluchzen
Ruß	Rußland	suchen	Sucht
ruchlos	Geruch	wuchs	Wurzel
Urlaub	Urteil	Zug	zucken

5. —	6.
Mond	Mund
Bote	Butter
Bohle	Bulle
Sohn	Sund
zog	Zucker
Jod	Jutta
Rose	Russe
Rom	Rum
Chor	Kurt
Ohnmacht	Unmensch

Satzübungen

1. Die Uhr schlug sieben.
2. Unsere Kurse finden in der Schule statt.
3. Der Schuster besohlt Utas Schuhe.
4. Franz Schubert schuf nicht nur die Messe in C-Dur.
5. Auf dem Stuhl liegt ein Buch.
6. Kurt wusch sich die verrußten Hände.
7. Sei guten Muts!
8. Nun ist's genug.
9. Gudrun hat im Juni Geburtstag.
10. Die Jute wurde aus der Schute in den Güterzug verladen.
11. Nur Mut, du tust ein gutes Werk.
12. In Bochum wuchsen früher viele Buchen.
13. In dem Buch ist nur der Urtext abgedruckt.
14. Du bist ein kluger Junge.
15. Auf der Suche nach einem guten Seeweg nach Indien fuhr Kolumbus von Portugal aus nur nach Westen.
16. Solche pure Ichsucht geht mir über die Hutschnur.
17. Der Kurpfuscher sank von Stufe zu Stufe und mußte zuletzt am Hungertuche nagen.
18. Bist du's oder bist du's nicht?
19. Nur immer ruhig Blut!
20. Den Schuppen erfüllte ein dumpfer Geruch.

21. Nun wirk' es fort; Unheil, du bist im Zuge. (Shakespeare: Julius Cäsar)
22. Durch das Urteil wurde seine Unschuld bestätigt.
23. Die jungen Hunde sind gesund und munter.
24. Schluchzend und mit den Schultern zuckend saß der Junge auf seinem Stuhl.
25. Gunters Geburtstagswunsch ist ein runder Butterkuchen.
26. Wer stillt den Durst eines wißbegierigen jungen Herzens?
27. Kurz und gut: der Junge hat das Pulver nicht erfunden.
28. Kunst- und Kulturgeschichte sind oft die wunden Punkte im Wissen unserer Jugend.

ö

Lautbildung

Der *Kiefer* ist so weit wie beim e und beim o geöffnet.

Die *Lippen* sind so weit wie beim o vorgestülpt.

Die *Zungen*lage ist dieselbe wie beim e.

Ähnlich wie beim e und beim o ist auch hier darauf zu achten, daß sich nach langem ö kein Nachklang (ü oder i) einstellt. (Wortübung 1 bis 4)

Die angegebenen Merkmale gelten für das lange geschlossene ö in etwas stärkerem Maße als für das kurze offene ö.

Übung der Sprechorgane

8. Wir schließen den Kiefer fest und bewegen die Lippen (beide zusammen!) abwechselnd nach links und nach rechts. Nach jeder Bewegung entspannen wir die Lippen einen Augenblick lang. Bei den Bewegungen achten wir darauf, daß die Halsmuskulatur ruhig bleibt.

64

Hochlautung

In der Hochlautung gilt **langes ö** in *Behörde, Verlöbnis, Gehöft* und in gebräuchlichen Fremdwörtern mit der französischen Schlußsilbe *-eur,* wie *Monteur, Spediteur, Friseur* und *Likör.* Trotz der eindeutschenden Schreibung des letzten Wortes gibt SIEBS jetzt dafür (im Gegensatz zu seinen früheren Auflagen) nur [œ:] an, ebenso in *Amateur, Deserteur, Redakteur* und *Transporteur.* Eine solche Aussprache dürfte heute aber weithin als geziert empfunden werden. Selbst in *Ingenieur* (das freilich den fremden Konsonanten [ʒ] beibehält), führt SIEBS jetzt an erster Stelle offenes [œ:] an. Die Aussprache von Fremdwörtern ist zwar ständig im Fluß, doch kehrt sie nur recht selten zur fremden Lautung zurück, wenn sie schon einmal eingedeutscht war.

Kurzes ö gilt in *östlich,* das allerdings im Wetterdienst und in der Seemannssprache der Deutlichkeit halber langes geschlossenes ö bewahrt hat, wie es ja auch im sprachlich verwandten *Österreich* erhalten ist.

Wortübungen

1. —	2.	3.	4.
Höfe	Hefe	öffnen	Pöbel
böte	Beete	Mönch	Löwe
Söhne	Sehne	können	Gehöft
Löhne	Lehne	köstlich	öde
gewöhnen	wenig	Hölle	trösten
lösen	lesen	völlig	schön
böse	Besen	Wörter	dröhnen
höre	Heere	Mörser	Höhle
Chöre	Kehre	Blöcke	höchstens
Flöhe	flehe	möchte	Friseur

Satzübungen

1. Die Möwe segelte mit einer Bö über die Böschung zum Meer.

2. Der Schwerhörige hörte nichts von dem Getöse.
3. Der böse König zerstörte mit seinen Söldnern die Städte und Dörfer.
4. Röslein, Röslein, Röslein rot, Röslein auf der Heiden.
(Goethe)
5. Die Mönche wiesen den Störenfried gehörig zurecht.
6. Der Löwe lag vor seiner Höhle.
7. Zögernd wies uns der Förster den Weg zu dem zerstörten Gehöft.
8. In der Einöde der böhmischen Wälder begegnet man höchstens einem Köhler.
9. Die schönen Gesänge der Chöre zu hören ist tröstlich.
10. Möchten Sie sich nicht daran gewöhnen, beim Vorlesen die Zähne voneinander zu lösen?
11. Die Möbeltransporteure verlangten höhere Löhne.
12. Am nordöstlichen Ausgang der Kieler Förde liegt das Ostseebad Laboe.

13. Gemächlich öffnete der Mönch die hölzerne Pforte.
14. Das störrische Rößlein stürzte plötzlich die Böschung hinab.
15. Der römische Söldner hatte seinen Körper mit köstlichem Öl gesalbt.
16. Der Kölner Kellner hatte schon des öfteren höhnisch und spöttisch gelächelt.
17. Die Schwiegertöchter haben ihren Männern Hörner auf die Köpfe gesetzt.

ü

Lautbildung

Der *Kiefer* ist so weit geöffnet wie beim i und beim u.
Die *Lippen* sind kräftig vorgestülpt (ebenso wie beim u).

Die *Zungen*lage ist dieselbe wie beim i.

Die angegebenen Merkmale gelten für das lange geschlossene ü in etwas stärkerem Maße als für das kurze offene ü.

Übung der Sprechorgane

9. Zur Lockerung der Lippen blähen wir den Raum zwischen den Zähnen des leicht geöffneten Kiefers und den Lippen mit einem kleinen Atemstoß auf, also ähnlich, wie wenn wir ein p sprechen wollten. Wir sprengen dann den Lippenverschluß aber nicht, sondern nehmen den Atemschub zurück. Bei dieser Übung müssen wir die Lippen ganz locker lassen, die Wangen aber etwas anspannen, damit der Atemstoß nicht dahin ausweicht. Wollen wir nur *eine* Lippe aufblähen, dann müssen wir auch noch die andere Lippe leicht anspannen.

Hochlautung

In der Hochlautung gilt **langes ü** in *hüsteln, düster, Duisburg, Juist* und *mythisch*. **Kurzes ü** dagegen gilt in *Küche, Büste, Gelübde, gebürtig* (trotz *Geburt* mit langem u), *Satyr, Onyx* und *mystisch.*

Wortübungen

1.	2.	3. —	4.
Schüler	glücklich	Biene	Bühne
gemütlich	Gerüchte	sieden	Süden
Bücher	tüchtig	vier	für
kühn	Gelübde	Kiel	kühl
mythisch	mystisch	schielen	Schüler
Duisburg	bücken	Kien	kühn
düster	Sünde	liegen	lügen
süß	Küche	Riege	Rüge
Süden	gebürtig	Tier	Tür
Nüstern	verkünden	Grieß	Grüße

5. —	6.
berichtigt	berüchtigt
Bitte	Bütte
First	Fürst
Hirt	Hürde
Wirt	Würde
dick	drücken
Risse	Rüssel
Bickbeeren	bücken
sticken	Stück
binden	Bündel

Satzübungen

1. Hüte dich vor dem kühlen Abendwind!
2. Die Schüler führen ihre Berichtshefte.
3. Mühsam durchquerten die Pilger die Wüste im Süden der Halbinsel.
4. Siehst du da drüben die Hütte mit der grünen Tür?
5. Fünf Hirten führten das Vieh über diesen Hügel zu den üppigen Wiesen.
6. Nach der Schwüle des Tages spielen die Mücken dicht über dem Tümpel.
7. Es grünten und blühten Feld und Wald; auf Hügeln und Höh'n, in Büschen und Hecken übten ein fröhliches Lied die neuermunterten Vögel. (Goethe: Reinecke Fuchs)
8. Die Himmel rühmen des Ewigen Ehre. (Gellert)
9. Die Schüler bitten um die Vergünstigung, den Zyklus von vier lyrischen Gedichten auf der Bühne sprechen zu dürfen.
10. Hüte dich vor dem spitzbübischen Türhüter!
11. Der kühne Flieger fühlte sich überglücklich.
12. Das türkisfarbene Kostüm übertrifft alle übrigen Stücke in Schnitt und Güte des Stoffes.
13. Diese widerlichen Lügen irritieren die Gemüter unmündiger Kinder.

14. Die trübe Tischlampe wirft nur ein düsteres Licht auf die grünkarierten Küchengardinen.
15. Die Blüten des Ginsters haben einen eigentümlichen Geruch.
16. Innerhalb von vier Zügen wird der Spieler drüben verlieren oder zumindest seine Dame einbüßen.
17. Wie üblich führen die jüngeren Kinder auch in diesem Jahr für die Schulanfänger ein entzückendes Spiel auf der Bühne ihrer Schule auf.
18. Frühmorgens überrieselte ein feiner Sprühregen die immergrüne Wiese.
19. Sei glücklich, du gutes Kind!
20. Deine Wünsche sind schon erfüllt.
21. Der Fürst ließ dem Künstler Glückwünsche und Grüße entrichten.
22. Als Lohn für ihre Mühe hatte die gütige Frau nun Strümpfe in Hülle und Fülle.
23. Für die Gesundheit ist es nützlich, vor dem Frühstück ein Viertelstündchen tüchtig Gymnastik zu treiben.
24. Wer kein Glück im Spiel hat, hat Glück in der Liebe.
25. In der Kürze liegt die Würze.

ei, au, eu

Lautbildung

Wir unterscheiden im Deutschen drei Diphthonge: ei (geschrieben auch ai, ey, ay), au und eu (geschrieben auch äu und gelegentlich oi). Die abweichenden Schreibungen haben keinen Unterschied in der Aussprache zu bedeuten. Für den Diphthong ei, der in vielen Mundarten seiner sprachgeschichtlichen Herkunft nach zwei verschiedene Laute bezeichnet, kennt die Hochlautung nur **eine** Aussprachweise.

Bei den Diphthongen gleiten unsere Sprechwerkzeuge so schnell aus der Stellung des einen Vokals in die des andern, daß wir den Eindruck eines einheitlichen Lautes gewinnen. Im Deutschen trägt stets der *erste* Teil eines Diphthongs den Akzent. (Darum wird im Gesang ein Diphthong, wenn er auf eine lange Note zu singen ist, auf seinem ersten Vokal ausgehalten und der zweite Bestandteil erst zum Schluß angehängt.)

Die Sprechwerkzeuge gleiten beim **ei** vom kurzen (vorderen) a zu einem flüchtigen geschlossenen e; beim **au** vom

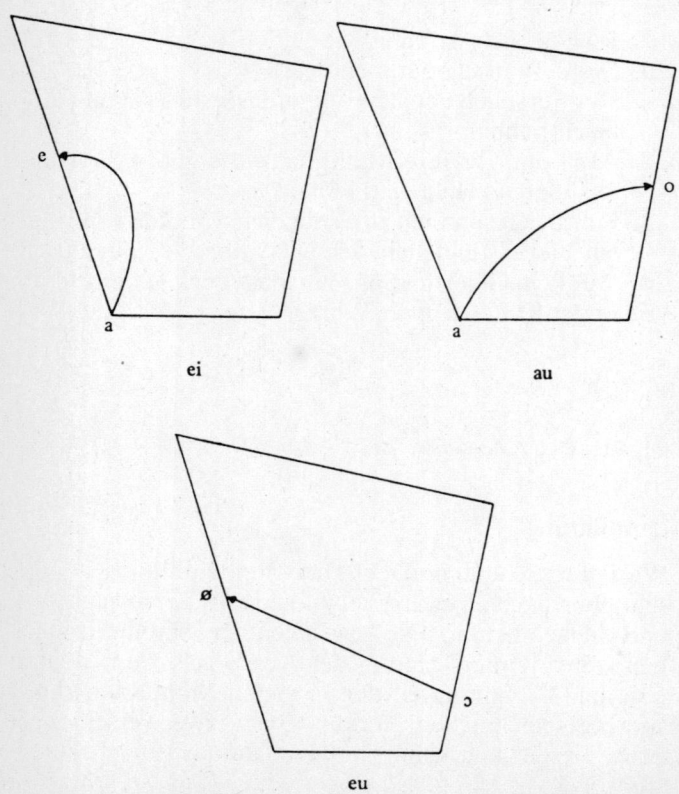

ei   au

eu

kurzen (vorderen) a zu einem flüchtigen geschlossenen o; beim **eu** vom kurzen (offenen) o zu einem flüchtigen geschlossenen ö. Sie erreichen also nicht ganz die Stellung des i und des u, die man nach dem Schriftbild erwarten sollte und die in einigen Mundarten (z.B. im Schwäbischen) zu hören sind.

Zur korrekten Aussprache von au und besonders von ei sei an das oben Gesagte erinnert: Beim kurzen (vorderen) a wird der Kiefer frei geöffnet, die Mundwinkel dürfen aber auf keinen Fall zurückgezogen werden, weil der Diphthong dann plärrig klänge.

Wortübungen

1.	2.	3.
bei	erscheinen	scheiden
Mai	Weide	weiter
Geschrei	weich	meinen
Ei	schreiten	Main
Kai	breit	einerlei
drei	Reiterei	geistreich
frei	eigen	gefreit
sei	Saite	Seide
entzwei	Kleinigkeit	leider
Brei	leicht	Einzelheit

4.	5.	6.
Tau	Schaum	laut
blau	Baum	Maul
Pfau	tausend	kaum
genau	auch	glauben
Ausschau	Auto	Aula
schlau	Mauer	Auge
rauh	Gaumen	Auslaut
Hausfrau	Saum	kauen
grau	Couch	Kaufhaus
Aufbau	Clown	Ausverkauf

7.	8.	9.
scheu	Scheune	Scheusal
neu	schäumen	Schläuche
Gebräu	heute	bedeuten
Heu	Häute	Träume
Efeu	Leute	erneuern
Allgäu	läuten	Europa
Abscheu	euch	äußerlich
getreu	Eule	heulen
Spreu	erfreulich	freundlich
ahoi	Boiler	Feuerzeug

Satzübungen

1. Eile mit Weile.
2. Ohne Fleiß kein Preis.
3. Dies scheint kein reiner Wein zu sein.
4. Er schwört Stein und Bein.
5. Die Sonne scheint heiß auf das kleine Steinhaus.
6. Die Preise für Schweinefleisch steigen.
7. Was ich nicht weiß, macht mich nicht heiß.
8. Eifersucht ist eine Leidenschaft, die mit Eifer sucht, was Leiden schafft. (Schleiermacher?)
9. Ich weiß kaum, wie er heißt.
10. Herr Meyer ist leider verreist.
11. Anscheinend bleiben seine beiden Freunde noch eine Zeitlang in Frankfurt am Main.
12. Nach meiner Reise durch Bayern will ich noch einen Teil der Zeit in Stein am Rhein verbringen.
13. Der Meister der Geige spielte die drei kleinen Stücke mit heiterer Leichtigkeit.
14. Bei der Einweihungsfeier des neuen Heimes scheinen sich die beiden Brüder entzweit zu haben.
15. Der Greis freut sich über die Feier im Kreise der Seinen.
16. Man erzählt, dem Meister sei einmal bei seinem Einsatz eine Saite gerissen.

17. An diesem Kai liegt nur ein einziger Dampfer mit einer Ladung Reis.
18. Mehr sein als scheinen.
19. Keiner meiner Vereinsfreunde hat bei den Einzelkämpfen einen Preis errungen.

20. Das Auto fuhr gegen eine Mauer.
21. Der Clown schlägt einen Purzelbaum.
22. Einem geschenkten Gaul schaut man nicht ins Maul.
23. Es war einmal ein Gartenzaun, mit Zwischenraum, hindurchzuschaun. (Christian Morgenstern)
24. Die Couch lädt zum Ausruhen ein.
25. Gut gekaut ist halb verdaut.
26. Im Kaufhaus ist Ausverkauf.
27. Der Traum ist aus.
28. Die Bauernfrau schüttelt den Pflaumenbaum.
29. Aus dem Auge, aus dem Sinn.
30. Ich glaube, die Trauben sind ihm zu sauer.
31. Der Zauberer erlaubt den Zuschauern, daß sie ihm die Augen verbinden.
32. Ein Staubsauger gehört auch in jedes Bauernhaus.
33. Der Saunaraum wird dauernd von außen geheizt.
34. Es ist kaum zu glauben: die blauen Trauben sind ausverkauft.
35. Kaum war der letzte Ton verklungen, als die Zuhörer auch schon in lauten Applaus ausbrachen.
36. Schau mal, Klaus: der Aufenthalt im Ausland braucht doch nicht so lange zu dauern.
37. Auch ein Bauchredner braucht zum Sprechen seinen Kehlkopf und nicht seinen Bauch.
38. Der Maulwurf wirft seine Erdhaufen nicht mit der Schnauze, sondern mit seinen schaufelförmigen Grabfüßen auf.
39. Gebranntes Kind scheut das Feuer.
40. Zwischen den Häusern sind neue Bäume gepflanzt.
41. In der Scheune hausen die Mäuse.
42. Geteilte Freude ist doppelte Freude.

43. Wollt ihr leugnen, daß euch nur die Neugier in die verräucherten Räume trieb?
44. Träume sind Schäume.
45. Die Räuber freuen sich über die reiche Beute.
46. Heute bereut er, daß er gestern neun Glas Heurigen getrunken hat.
47. Sie kauft sich häufig ein neues Feuerzeug.
48. Die jungen Leute läuten die Glocken.
49. Ich fürchte, seine überschäumende Freundlichkeit ist nur äußerlich.
50. Die Räuber trinken ein schäumendes Gebräu.
51. Morgen, morgen, nur nicht heute, sagen alle faulen Leute.
52. Treue Freunde bezeugten seine Unschuld.
53. Euer Leuchter hat eine Beule.
54. Neuhochdeutsch bedeutet *die* Form des Deutschen, die vom Beginn der Neuzeit bis heute gebräuchlich ist.
55. Freut ihr euch schon auf den Einzug ins neue Gebäude?
56. Zuviel Feuchtigkeit in Wohnräumen ist häufig die Ursache von Fäulniserregern auf dem Gemäuer.
57. Der Verkäufer steuerte das Gespräch mit dem Käufer auf eine neue Linie.

Konsonanten

Konsonantentafel

Ähnlich wie wir die Vokale in der Figur des »Vokalvierecks« in einem Bild zusammengestellt haben, können wir auch die Konsonanten in einer Übersicht anordnen. Sie ist nach der Bilde*stelle* und nach der Bilde*weise* jedes Konsonanten aufgebaut. Um den Blick auf die großen Zusammenhänge unter den Lautgruppen zu lenken, ist in der Konsonantentafel auf feinere Unterscheidungen verzichtet worden.

Bildeweise		Bildestelle		harter	weicher	
		Lippe	Zahn	Gaumen		Zäpfchen
Verschluß-laute	stimmhaft	[b]	[d]	[g][1]	[g][2]	
	stimmlos	[p]	[t]	[k][1]	[k][2]	
Reibelaute	stimmhaft	[v] [z]		[j]		
	stimmlos	[f] [s] [ʃ]		[ç]	[x]	
Nasale	stimmhaft	[m]	[n]	[ŋ][1]	[ŋ][2]	
Liquide: Zitterlaut	stimmhaft	[r]				[R]
Seiten-engelaut	stimmhaft		[l]			

1) vor hellem Vokal (e oder i)
2) vor dunklem Vokal (a, o oder u)

Der (stimmlose) Hauchlaut [h] steht außerhalb dieses Systems. Man könnte ihn nach seiner Bildestelle — ebenso wie den Knacklaut — als Stimmritzen- oder Kehlkopflaut bezeichnen.

m, n, ng

Lautbildung

Die Laute [m], [n] und [ŋ] bezeichnet man als *Nasale* oder Nasenlaute, weil es ihr gemeinsames Merkmal ist, daß die Luft bei ihrer Bildung nicht durch den Mund, sondern durch die Nase abströmt. Darum hängt bei diesen drei Lauten das Gaumensegel herunter, während es bei allen anderen gehoben ist und den Nasenraum mehr oder weniger fest abschließt. — Alle drei Nasale sind stimmhaft.

Beim [m] ist der Mund geschlossen, die Lippen liegen *locker* aufeinander. Der Kiefer ist nicht ganz geschlossen. Die Zunge liegt ungespannt im Mundboden, ihre Spitze berührt die unteren Schneidezähne.

Zur Selbstkontrolle der Zungenlage wird seit langem die »Glasrohrübung« empfohlen: Während man ein beiderseits offenes Röhrchen zwischen den Lippen hält, spricht man ein m. Hält man sich dabei die Nase zu, muß das m weiterklingen, weil bei ungespannter Zunge der Mund als Resonanzraum dient.

Beim [n] sind Kiefer und Lippen leicht geöffnet. Die Zungenspitze ist gehoben. Der vordere Zungenrand berührt die oberen Schneidezähne oder ihr Zahnfleisch. Die Lage der Zunge verhindert den Austritt der Luft durch den Mund.

Einem folgenden m darf das n nicht angeglichen werden *(Anmeldung > »Ammeldung«)* (Wortübung 14). Auch vor b oder f darf es nicht zu m werden *(unbedingt > »umbedingt«, fünf > »fümpf«)* (Wortübung 15 und 16).

Beim [ŋ] sind Kiefer und Lippen wie beim n leicht geöffnet. Der hintere Teil des Zungenrückens ist gegen den weichen Gaumen gehoben und verschließt dadurch den Mundraum. Die Zungenspitze berührt die unteren Schneidezähne. Die Berührungsstelle von Zunge und Gaumen darf nicht so weit nach hinten verlegt werden, daß die Zungenspitze den Kontakt mit den unteren Schneidezähnen verliert, weil das ŋ dann an Resonanz einbüßt und gequetscht klingt.

Das ŋ ist also ein einfacher, *nicht zusammengesetzter* Laut. Die Schreibung ng darf uns nicht dazu verführen, dem Laut ein [g] anzuhängen. Wie im Englischen auslautendes -ng (z.B. in *ring, song*) als bloßes ŋ gesprochen wird, so heißt es auch im Deutschen [rɪŋ], [zaŋ]. Während das Englische aber im Inlaut neben seltenem [ŋ] vorwiegend [ŋg] kennt (*singer* = [sɪŋə], aber *finger* = [fɪŋgə]), sprechen wir im Deutschen auch da nur [ŋ]: [zɛŋər, fɪŋər]. Die wenigen Ausnahmen von dieser Regel, bei denen in Wörtern fremder Herkunft (meist vor dunklem Vokal) [-ŋg-] gesprochen wird, sind in den Wortübungen 12 und 13 aufgeführt. Auch norddeutschen Sprechern gelingt die Aussprache des bloßen [-ŋ], also ohne zusätzliches [g], im Auslaut mühelos, wenn sie von der umgangssprachlichen Lautung von Fremdwörtern wie *Beton, Balkon* ausgehen.

Ein n wird wie [ŋ] gesprochen, wenn es vor k steht (z.B. *Bank* = [baŋk]). Dagegen bleibt die Aussprache n, wenn das k zu einem anderen Wortteil gehört (z.B. in *ankommen*; ebenso auch vor g: *Angabe*). (Wortübung 17)

Zusammentreffen gleicher Konsonanten

Trifft ein m (oder ein anderer Dauerlaut: n, l, r, f, w, s, sch, ch, j) am Ende eines Wortes mit demselben Laut (oder, bei stimm*losen* Lauten, mit dem ihm entsprechenden stimm*haften* Laut: -f mit w-, -ch mit j-) am Anfang des nächsten Wortes zusammen, so werden nicht beide m getrennt gesprochen, sondern sie werden zu einem m zusammengezogen, das aber die Lautdauer von beiden erhält. Liegt die Betonung auf der Silbe, die mit m *beginnt,* so nimmt die Lautstärke des verlängerten m zunächst ab, steigt dann aber vor dem betonten Vokal wieder an. (Wortübung 18 und 19) (Vergleiche die entsprechenden Übungen auch bei den übrigen Konsonanten!)

Übung der Sprechorgane

10. Wir öffnen den Mund sehr weit und legen die Zunge
    entspannt in den Mundboden. Wenn sie *ganz flach*
    liegt, können wir im Spiegel unser *Zäpfchen* herunter-
    hängen sehen. Denken wir nun ans Gähnen, so hebt
    sich das Zäpfchen (und mit ihm der weiche Gaumen),
    bis es nicht mehr zu sehen ist. Entspannen wir die
    Muskeln, so sinkt es wieder.

Resonanz

Die Übung der Nasale ist besonders wichtig zur Ausbildung einer resonanzreichen, warmen und wohlklingenden
Stimme und Sprechweise. Wir summen dafür zunächst in
recht behaglicher Stimmung und mit gelegentlichem lok-
kerem Kopfpendeln ein m in der zu Anfang dieses Ab-
schnittes beschriebenen Weise. Wenn wir dabei Kopf und
Hals mit den Händen abtasten, spüren wir am Hals, in allen Teilen des Gesichts und selbst am Kopf ein *Vibrieren*.

Um eine möglichst gute Resonanz zu erzielen, stellen wir
uns beim Sprechen unseren Mundraum recht groß und
weit vor. Sprechen wir ein m, so fühlen wir (mit dem Finger am »Adamsapfel«) beim Einsatz des Lautes, wie der
Kehlkopf etwas nach unten tritt und dadurch seinerseits
den Resonanzraum vergrößert. Die Abwärtsbewegung
des Kehlkopfes erreichen wir am leichtesten, wenn wir mit
geschlossenem Munde gähnen. Dafür brauchen wir nur
den Unterkiefer fallen zu lassen und gleichzeitig das Gaumensegel zu heben. Durch diese Gähnübung werden die
Muskeln gekräftigt, die den Kehlkopf herunterziehen.
Wenn wir aus dieser Einstellung heraus ein häufig wieder-
holtes m zunächst durch ein immer wieder dazwischenge-
schobenes [ə], anschließend durch [a], [ɑ] und endlich
durch [ɑː] unterbrechen, den vokalischen Anteil der
Übung also allmählich ausdehnen und dabei stets auf den
nasalen Beiklang des Vokals achten, gelangen wir nach

ausreichender Übungszeit zu einer resonanzreichen, den Raum füllenden Sprechweise.

Gelingt uns das m (und auch das n) in der richtigen Weise, so verbinden wir den Nasal mit anderen Vokalen:

momomom;   mana, …;
mumumum;   mamemimomum …;
nananan …;   mamemimomumämömüm …

Alle Übungen sprechen wir recht locker und mit weich einsetzendem Nasal, sooft unser Atemvorrat es zuläßt, und zwar erst langsam, schließlich etwas flotter, aber stets mit deutlicher Ausformung der Laute. Später können wir auch die andern stimmhaften Dauerkonsonanten [l, j, v, z] den Übungen hinzufügen.

Wortübungen

1.	2.	3.
murmeln	Mustermesse	Marmelade
mißmutig	Mindestmaß	Magermilch
Mangel	Mammon	menschenmöglich
Magier	Monogramm	Mähmaschine
Moment	manchmal	Maibaum
Mitmensch	Muttermal	Mammut
Maismehl	Mannheim	Magnometer

4.	5.	6. [-gn-]
Nachnahme	Nachbildung	Agnes
Niedergang	Unsummen	ignorieren
unmenschlich	Einnahmen	indigniert
niemand	neuerdings	Magnesium
Naturkunde	nennen	Magnet
national	Nichtsnutz	Magnolie
nunmehr	Ansinnen	resignieren
	nimmermehr	Signal
	neunzehn	Signatur
	Innenraum	signifikant

7.	8.	9.
Gong	langsam	lange
England	eng	enger
peng!	Ding	Inge
Hongkong	Anfang	befangen
Bangkok	entlang	gelangen
Gesang	klang	angeln
Schwung	Jüngling	Klingel
Achtung	Übung	Übungen
Zeitung	Ring	ringen
Lieferung	Landung	Bedingungen

10. —	11.	12. [-ŋg-]	13. [-ŋg-]
Fink	fing	Angelika	Känguruh
Schwank	schwang	Angina	Kongo
sinken	singen	Anglist	Kontingent
sank	sang	Angora	Languste
Enkel	Engel	Angostura	Mangan
Drank	drang	Dingi	Mongole
linksum	ringsum	Flamingo	Rangun
schlank	schlang	Inga	Tangente
krank	Gang	Ingo	Tango
blank	Fang	Ingrid	Ungarn

14.	15.	16.
Anmeldung	unbedingt	fünf
einmalig	einbeziehen	Ankunft
unmöglich	unbedeutend	Zukunft
inmitten	unbeteiligt	zünftig
einmachen	Anblick	Auskunft
unmanierlich	unbestimmt	sanft
Anmarschweg	unbefugt	künftig
unmodern	Augenblick	Herkunft
Anmerkung	unbefangen	Senf
einmischen	unbarmherzig	vernünftig

17. [-ng-] [-nk-]	18. [m — m]	19. [n — n]
Angabe	am Morgen	man nimmt
ungeheuer	um mich	wenn nötig
ungehörig	dem Mutigen	in nichts
Angewohnheit	zum mindesten	an niemand
ungefähr	am meisten	von neuem
ungestüm	beim Müller	mein Name
ankommen	im Meer	schon neulich
Ankunft	vom Meister	ein Narr
unklug	zum Mond	von nun an
Ankauf	er kam mit	auf ein neues

Satzübungen

1. Marianne möchte am nächsten Sonntag gern Muscheln essen.
2. Der Klang der Glocken vom nahen Kirchturm mahnt uns zum Heimgang.
3. Das Manometer an der Dampfmaschine funktioniert nicht.
4. Im Museum machten die Mumien am meisten Eindruck auf die Jungen.
5. Am Main kann man manchmal im März einen Mandelbaum blühen sehen.
6. Müde und matt mußten wir umkehren.
7. Monika schmunzelt, weil Emma meint, sie müsse sich mehrmals am Tage schminken.
8. Der Amtmann kam mit mißmutiger Miene zum Dorfschmied.
9. Magst du lieber Marmelade oder Pflaumenmus zum Morgenkaffee?
10. Morgenstunde hat Gold im Munde.
11. Der gemeine Lump wurde vom Zimmermann krumm und lahm geschlagen.
12. Warum mußt du mich mit deinen Wünschen immer beim Mittagsmahl stören?

13. Um mich kümmert sich niemand.
14. Vom Mai bis zum September achten Schwimmeister am Meeresstrand auf ihre badenden Mitmenschen.
15. Der Dampfer ist mit Mann und Maus im Meer versunken.

16. Niemand von uns hat Nebeneinnahmen von mehr als neunhundert Mark im Monat.
17. Susanne kann noch nicht einmal mit der Nähmaschine umgehen.
18. Mein Name ist Hase, ich weiß von nichts.
19. Solch einem unmenschlichen Ansinnen werde ich nun und nimmermehr nachgeben.
20. Schon neulich nannte er seinen Freund einen Nichtsnutz.
21. Im Innenraum der Bank weisen blanke Schilder den Eintretenden zu den neunzehn numerierten Schaltern.
22. Angelika und Ingrid sind außer Rand und Band geraten und von niemandem mehr zu bändigen.
23. Anfangs sah man die neumodischen Handtaschen nur dann und wann; nach und nach aber meinten auch manche sonst vernünftige junge Menschen, nicht mehr ohne diese närrischen Dinger auskommen zu können.
24. Freunde in der Not gehen hundert auf ein Lot.
25. Bei Nacht und Nebel fanden sich die Knechte am Brunnen zusammen.
26. Ein Narr kann mehr fragen, als zehn Weise beantworten können.
27. Ingo wünscht sich zum Abendessen am Sonntag Langusten.
28. Du kannst wenn nötig meinen Namen angeben.
29. Der Auskunftsbeamte auf dem Bahnhof scheint unendlich viele Bahnverbindungen zu kennen.
30. Man nehme zum Backen keine unnötig großen Formen.

31. Lang, lang ist's her.
32. Sonntags bringt der Rundfunk die Sendung »Sang und Klang«.
33. Der Mensch denkt, Gott lenkt.
34. Menschengunst und Lautenklang klinget wohl, doch währt nicht lang.
35. Beim Tango schlang Inge ihren schlanken Arm um Ingo.
36. Müßiggang ist aller Laster Anfang.
37. Agnes ist rank und schlank wie ein Engel.
38. Die ungarischen Flüchtlinge gingen nur ungern nach Tübingen.
39. Wenn sich englische Jungen langweilen, ziehen sie mit ihren Angeln zum Fischfang.
40. Der Funker signalisierte den Standpunkt des sinkenden Schiffes an die Küstenstation.
41. Bei ihrem Frühlingsspaziergang rings um den Tierpark war Inga lange in den Anblick der sich am Teiche drängenden Flamingos versunken.
42. Der Fink schwang sich auf einen schwankenden Zweig und fing an zu singen.
43. Im 5. Jahrhundert drängten junge Angeln nach Mittelengland hinüber.
44. Nach meiner Meinung werden dich die Sprungübungen langsam zu einer besseren Haltung bringen.
45. Wenn man die Anklageschrift liest, kann einem allerdings angst und bange werden.

46. Augenblicklich müssen die Ausgaben unbedingt in vernünftigen Grenzen gehalten werden.
47. Es wäre unklug, wenn Sie künftig wieder so verschimmelte Himbeeren einmachten.
48. Nach der Angabe des Auskunftsbeamten wird sich die Ankunft des Zuges um ungefähr fünf Minuten verzögern.
49. Diese ungestüme Geste ist eine ungehörige Angewohnheit.

50. Ungeheures Getöse verkündet das Herannahen der Sonne. (Goethe)
51. Über die Herkunft des Unglücklichen sind bisher nur unbestimmte Angaben bekannt geworden.
52. Unmittelbar nach dem Ankauf des Grundstücks werde ich Unbefugten das Betreten unmöglich machen.

l ▨▨▨▨▨▨▨▨▨▨▨▨▨▨▨▨▨▨▨▨▨▨▨▨▨▨▨▨▨▨▨▨▨▨

Lautbildung

Das l ist ein stimmhafter Seitenengelaut. Lippen und Kiefer sind leicht geöffnet. Die Zungenspitze ist (wie beim n) gehoben; der vordere Zungenrand legt sich ganz locker an oder gleich hinter die oberen Schneidezähne. Die Luft entweicht zwischen den seitlichen Zungenrändern und den Backenzähnen, und zwar zu *beiden* Seiten.

Ob die Luft wirklich an beiden Seiten abströmt, können wir leicht feststellen, wenn wir ein l sprechen und anschließend — ohne die Zungenstellung zu verändern — durch den Mund einatmen. Dann müssen die beiden Seiten der Zunge gleichmäßig kalt und trocken werden.

Die Zungenspitze darf nicht am Gaumen zurückgezogen und die Hinterzunge nicht zu einer Mulde angehoben werden, weil sonst ein »dunkles« l entsteht, wie wir es aus dem Englischen oder dem Russischen kennen.

Vor oder hinter l darf sich kein Gleitlaut einschieben (»P^{e}lan«, »Ö^{e}l«). (Wortübungen 2, 3 und 5)

Auch vor den Reibelauten [ç] und [f] muß das l deutlich zu hören sein. Am besten übt man vorher ein ähnliches Wort mit auslautendem l: *soll — solch*. (Wortübung 6 und 7)

Wortübungen

1.	2.	3.	4.	5.
Lage	Plan	platzen	Eule	Öl
leben	plötzlich	plump	Schule	Stuhl
Linde	blenden	bleich	Halle	Knall
Lob	blond	Blätter	Knolle	hohl
Lunge	kleinlich	klagen	erzählen	Gefühl
Läden	Kleister	klopfen	gelten	Bibel
löten	glauben	Glatze	halten	Pinsel
Lübeck	glühen	glücklich	vertilgen	gurgeln
Leitung	fliegen	Flamme	Gulden	vermitteln
laut	schlüpfrig	schlau	Bilder	lächeln
Leumund	Schlägerei	Schlingel	Filter	streicheln

6.	7.	8.	9. [l — l]	10. [l — l]
milde	Milch	Hilfe	viel Lärm	zahllos
Welle	welcher	elf	voll Lust	Stuhllehne
doll	Dolch	zwölf	wohl lieber	tadellos
Kelle	Kelch	geholfen	kühl lächeln	Schnelläufer
soll	solche	Schilf	er will laufen	wahllos
Elle	Elch	Wolfgang	sie soll leben	Stallaterne
Moll	Molch	Ralf	Vielliebchen	Teillieferung

Satzübungen

1. Wir wollen mit Lust und Liebe lernen.
2. Silber, Gold und Platin sind Edelmetalle.
3. Kleider machen Leute.
4. Glück und Glas, wie leicht bricht das!
5. Ich glaube, du willst Elke links liegen lassen.
6. Der schlaue Kerl hatte mit dem falschen Spiel gewaltigen Erfolg.
7. Wo viel Licht ist, da ist viel Schatten.
8. Auf der Stuhllehne liegt ein blauer Wollschal.
9. Laß den Holzfäller von der Alm zur Klinik ins Tal laufen, um Hilfe zu holen!
10. Zwischen Ilse und Holger blühte die Liebe auf den ersten Blick.

Lautbildung

Das r ist ein stimmhafter Zitterlaut. Es kann auf zweierlei Art gebildet werden. Beide Bildeweisen sind im Deutschen ganz gleichberechtigt: das *Zungenspitzen-[r]* und das *Zäpfchen-[R]*. Beide erfüllen die genannten Bedingungen: Ein Sprechorgan muß sich zitternd hin- und herbewegen, und bei diesem Vorgang müssen die Stimmlippen schwingen.

An einer Seite frei beweglich sind zwar außer Zunge und Zäpfchen auch die Lippen. Und in der Tat können wir mit ihnen einen r-artigen Laut erzeugen (das sogenannte »Kutscher-R«), aber als Sprachlaut kommt es nicht in Betracht.

Ein 4. Laut, der häufig für r gesprochen wird, ist das *Rachen-R*. Vor Konsonanten (besonders vor t, z.B. in *warten,* siehe Wortübung 15 und 16) dient es norddeutschen Sprechern oft als Ersatzlaut. Es wird zwar gelegentlich stimmhaft gesprochen, aber es entsteht kein Zittern, sondern nur eine Enge, ähnlich wie beim [x]. Der Laut trägt also nicht die Merkmale, die für ein deutsches r kennzeichnend sind. Da außerdem die Enge (ähnlich wie bei einem schlechten [x]) meist sehr weit hinten im Mundraum gebildet wird, muß vor dem Rachen-R aus stimmhygienischen Gründen ernstlich gewarnt werden.

Beim **Zungen-R** liegt die Zungenspitze an dem Wulst hinter den oberen Schneidezähnen, an den Alveolen (also nicht so weit zurück wie beim englischen r). Der Luftstrom, der über die Mitte der Zunge geleitet wird, bringt die Spitze zum Flattern. Beim heutigen deutschen r schlägt sie nicht mehr als 2- bis 3mal gegen den Gaumen. Ein zu stark gerolltes r (das sich beim Üben anfangs oft einstellt) empfinden wir heute als affektiert.

Für die Anerziehung des Zungen-R gibt es mehrere Methoden, doch erfordern sie alle viel Fleiß und Ausdauer, bis das Zungen-R den übrigen Lauten so eingegliedert ist, daß es nicht mehr als »neu« auffällt. Darum: Wo ein gutes Zäpfchen-R vorhanden ist oder durch Pflege erzielt werden kann, lasse man es getrost dabei.

Der *Gesang* allerdings verlangt ausschließlich das Zungen-R. Auch für viele Fremdsprachen — z.B. die romanischen (außer dem Französischen) und die slawischen — ist es unerläßlich. Schließlich darf auch nicht verkannt werden, daß das Zäpfchen viel empfindlicher ist als die Zunge. Bei sehr starker Beanspruchung im Sprechen wäre deswegen das Zungen-R vorzuziehen.

Will man sich das Zungenspitzen-R erarbeiten, so geht man am besten von Wörtern mit anlautendem br- oder dr- aus und ersetzt zunächst das r durch ein ganz leicht angesetztes d, z.B. *Braten* als [bədɑːtən], *Draht* als [dədɑːt]. (Wortübung 4 und 7) Wenn man so ein Wort häufig schnell hintereinander spricht, stellt sich schließlich das Zungenspitzen-R ein. Damit ist dann der *Anfang* der Angewöhnung des neuen R-Lautes geschafft.

Beim **Zäpfchen-R** bildet die Hinterzunge eine Rinne, in die sich das ungespannt herabhängende Zäpfchen legt, das durch den Luftstrom mehrmals angehoben wird. Damit das Zäpfchen frei schwingen kann, darf die Zunge nicht zu weit gehoben werden, weil sie sonst das Zäpfchen gegen den weichen Gaumen drückt. Wir verbinden beim Üben deswegen das r zunächst mit dem a: *arararar*.

Ein bewährtes Mittel, um das Zäpfchen zum Schwingen zu bringen, ist das *Gurgeln*. Wir gurgeln zuerst mit Wasser und anschließend »trocken«. Dabei wählen wir als Tonhöhe unsere Indifferenzlage. Weil bei hohen Tönen der weiche Gaumen (und mit ihm das Zäpfchen) gespannt wird, eignet sich das Zäpfchen-R nicht für den Gesang.

Besonders vor den dunklen Vokalen o und u kommt es vor, daß der Sprecher die Berührungsstelle zwischen Zunge und Zäpfchen zu weit nach hinten verlagert. Dadurch bekommt das r einen unschönen »halsigen« Klang. Dem ist zu begegnen, indem man das r so ansetzt, als ob ihm ein i folgte. Wollen wir *»Gruß«* sprechen, so denken wir beim Anlaut an *»Grieß«,* wodurch sich die Bildestelle des r weiter nach vorn im Mund schiebt.

Auf die Einhaltung der zweiten Bedingung für ein gutes deutsches r — die Stimmhaftigkeit — muß man besonders achten, wenn ein stimm*loser* Konsonant vorhergeht: tr, fr, pr, kr, schr (Wortübungen 3, 5, 6, 8 und 10).

r im Auslaut

Das r im absoluten Auslaut *(hier, Tor)* hat heute im Deutschen den Charakter des Zitterlautes verloren. Es würde geziert klingen, wollte man hier mit Zunge oder Zäpfchen »rollen«. Die Sprechwerkzeuge nehmen nur noch die für das r nötige Stellung ein, aber sie schwingen nicht, sondern begnügen sich mit *einem* Schlag. Dabei ist es außerordentlich wichtig, daß Lippen und Kiefer bis zum Ende des r in der Stellung des vorhergegangenen Vokals bleiben. Sonst würde nämlich aus dem -r ein a-ähnlicher Laut: *»hia, Toa.«* (Wortübung 11 bis 13, auch 14)

Diese Regel gilt auch für auslautendes Doppel-r *(Herr, Narr).* Folgt dagegen auf das r noch ein Konsonant, so muß es deutlich gerollt werden *(hart, warm).* (Wortübung 15 bis 18)

Vor -ch darf sich keinesfalls ein a-ähnlicher Laut einstellen, so daß aus *»furchtbar«* [fʊᵃxtbɑːr] würde. Hier hilft es, wenn man sich zwischen r und ch zunächst ein flüchtiges i denkt (»Furʲcht«), das man nach mehrfachem Sprechen wieder ausläßt. (Wortübung 18)

Wortübungen

1.	2.	3.	4.
Rabe	rattern	tragen	Draht
Regen	Regierungsrat	Treppe	drehen
Riemen	Riesenrad	Trick	dringen
Rose	rosenrot	trotz	Drohne
Rudel	rubinrot	Trumpf	drucken
Rätsel	Räderwerk	Träger	dränieren
rötlich	röhrenförmig	trösten	dröhnen
Rücken	rückwärts	trügerisch	drüben
reiten	Reisbrei	Treiber	dreißig
rauschen	Raumersparnis	Traube	draußen
räumen	Räuberei	träumen	dräuen

5.	6.	7.	8.
Frage	Pranke	Braten	krank
fremd	pressen	brennen	Kredit
Friede	Primaner	bringen	Krise
froh	Professor	Brot	Krone
Frucht	prusten	Bruder	Krug
fräsen	prägen	Brände	Krähe
fröhlich	Pröpste	Brötchen	Kröte
früh	Prüfung	Brücke	krümmen
frei	preisgekrönt	breit	Kreis
Frau	Praxis	Braut	Kraut
Fräulein	Preußen	Bräutigam	kräuseln

9.	10.	11.	12.	13.
Grab	Schramme	Tür	für	Kür
grell	Schreck	Tier	vier	wir
Grieche	Schritt	nur	Spur	Flur
Groschen	Schrot	Tor	Chor	Ohr
Grund	Schrubber	Gehör	Öhr	hervor
Gräser	schräg	Gebühr	natürlich	dir
größer	schröpfen	Bier	zierlich	hier
grüßen	Schründe	Kur	Schnur	Uhr
greifen	schreiten	Herr	sehr	er
grausam	Schraube	empor	Geschirr	Natur
gräulich	Schräubchen			

14.	15.	16.
Vater	Karte	Garten
Mutter	warten	hart
Feuer	Bart	Art
Fehler	Berta	fertig
Treffer	Herz	Wirt
Raucher	wird	dort
Retter	Wort	Ordnung
Fahrer	fort	wörtlich
wieder	wurde	Mörder
Hammer	stürzen	Geburt

17.	18.	19.	20. [r — r]
warm	durch	Ware	Verrat
Farbe	Furcht	Karre	zerreißen
Arm	Kirche	Nieren	erröten
Mark	Birke	zerren	unterrichten
gern	wirklich	neugierig	nur ruhig
Erde	Bürger	geboren	wer reitet
Wurm	scharf	Fuhre	vor Rom
Turm	Kordel	murren	sehr richtig
Durst	Korb	hören	mehr Rechte
Wurst	merken	rührend	zur Ruhe

90

Satzübungen

1. Wir wollen lernen, wirkungsvolle Reden und ansprechende Vorträge zu halten.
2. Der Vortrag macht des Redners Glück.
   (Goethe: Faust)
3. Auch bei einer Stegreifrede braucht man kein leeres Stroh zu dreschen.
4. Ein braver Reiter und ein rechter Regen kommen überall durch. (Goethe: Götz von Berlichingen)
5. In der Kürze liegt die Würze.
6. Borgen bringt Sorgen.
7. Probieren geht über Studieren.
8. Hoffen und Harren macht manchen zum Narren.
9. »Frisch, fromm, fröhlich, frei« lautet der Wahlspruch der Turner.
10. Braut und Bräutigam schritten Arm in Arm durch die Kirche zum Traualtar.
11. Ich fürchte, er hat die Rechnung ohne den Wirt gemacht.
12. Verschiebe nicht auf morgen, was du noch heute kannst besorgen.
13. Besser eigenes Brot als fremden Braten.
14. »Irrungen — Wirrungen« heißt ein Roman von Theodor Fontane.
15. Im Arbeitszimmer des Künstlers lagen Schreibgerät und Noten wie Kraut und Rüben durcheinander.
16. Die Sturm-und-Drang-Zeit trägt ihren Namen nach einem Drama von Friedrich Maximilian Klinger.
17. Nimm die Schere dort, und beschneide den Docht der kurzen Kerze.
18. Großmutter hat für Friede zum Geburtstag eine große Kirschtorte gebacken.
19. Artur und Berta erwarten ihren Bruder Kurt im Garten.
20. Ernst und Hartwig erwachen sofort beim Weckerrasseln um vier Uhr in der Frühe.

21. Der Herr zog das knurrende Tier an seiner Schnur unter dem Tisch hervor.
22. Wir erwarten dich wieder hier am Tor, wenn du um vier Uhr mit der Chorprobe fertig bist.
23. Im warmen Sommer bereitet die Hausfrau gern eine erfrischende Rhabarbergrütze.
24. Der Lyriker Rainer Maria Rilke wurde in Prag geboren.
25. Seine zahlreichen Reisen brachten Rilke mehrmals für kürzere oder längere Zeit nach Paris.
26. Die Romanfigur des Matrosen Robinson Crusoe erfreut seit mehr als zwei Jahrhunderten die Herzen aller richtigen Jungen.

h

Lautbildung

Das h ist ein Hauchlaut; es wird auch als »behauchter Vokaleinsatz« bezeichnet. Vom Vokal her gesehen ist es nämlich neben dem »festen« und dem »weichen« Vokaleinsatz eine dritte Möglichkeit.

Der Laut, auf den stets unmittelbar ein Vokal folgt, entsteht dadurch, daß etwas (nicht zu viel!) Luft ausströmt, während sich die Stimmlippen bis zu dem Punkt einander nähern, wo sie für den folgenden Vokal zu schwingen beginnen. Die Luft reibt sich an den Stimmlippen und im Mund- und Rachenraum, der aber dafür nicht verengt werden darf, so daß ein zu starkes Reibegeräusch entsteht. Derselbe Fehler tritt auch dann auf, wenn die Zunge zurückgezogen wird, ihre Spitze also nicht mehr an den unteren Schneidezähnen liegt.

Das h wird im Deutschen nur am Wort- oder Stammanfang gesprochen *(Herr, beherzigen),* in den Nachsilben

-haft und -heit sowie in einzelnen Wörtern, so z.B. in *aha, Ahorn, Uhu.* (Wortübung 4)

Sonst ist inlautendes -h, ebenso wie -h im Auslaut, stumm *(gehen, ehe; Schuh, früh)*. (Wortübung 5 bis 9) In diesen Fällen ist es nur noch ein orthographisches Zeichen, das seinen Lautwert entweder schon seit Jahrhunderten verloren *(Schuh, Schuhe)* oder nie einen besessen hat *(ehe, wehen)*. Wenn man es trotzdem gelegentlich hört, liegt hier ein Einfluß des Schriftbildes auf die Aussprache vor, vermutlich eine Nachwirkung des frühen Schreibunterrichts in der Schule.

Wortübungen

1.	2.	3.	4.
Hafen	aufhalten	Hofhund	aha
Herd	anheben	aufheben	ahoi
hier	verhindern	Haushalt	Uhu
Honig	abholen	Tischherr	Ahorn
Hut	gehungert	durchhalten	ehrenhaft
hämisch	hinterhältig	Hochhaus	Freiheit
höhnisch	herhören	Heißhunger	Rauheit
hüpfen	verhüten	Fischhandlung	vehement
heiß	erheitern	Kirchhof	Vehikel
Hauch	Behausung	hochheben	Alkohol
häufig	geheuchelt	Hausherr	Johannes

5.	6.	7.	8.	9.
sehen	geliehen	Höhe	ehe	ehern
gehen	erhöhen	Ruhe	eher	hohe
stehen	fliehen	Lohe	Nähe	Lehen
leihen	spähen	Flöhe	näher	Versehen
ziehen	weihen	Schuhe	Zehe	Ziehung
wehen	mähen	Ehe	zäher	Bedrohung
drohen	sahen	Reihe	Ruhe	Verzeihung
nähen	ruhen	Truhe	ruhig	Annäherung
flehen	krähen	Kühe	siehe	Einweihung
glühen	gedeihen	Mühe	früher	Erhöhung

Satzübungen

1. Gezwungene Ehe, des Herzens Wehe.
2. Der Hofhund hat seine Hütte nahe dem Hühnerhof.
3. Das Gehalt für eine Hausgehilfin ist heute zu hoch.
4. Die hohen Haushaltskosten stehen im Mißverhältnis zum Einkommen des Hausherrn.
5. Viele Hunde sind des Hasen Tod.
6. Die Schuhe stehen hier alle in einer Reihe.
7. Ich werde dich zum Näher steigern, ja, wenn du willst, zur Näherin. (Morgenstern: Die Nähe)
8. Die Hörer ziehen in hellen Haufen zur Einweihung des Schulhauses.
9. Auf den Höhen ist es nicht so glühend heiß wie hier.
10. Johannes kann die geliehene Truhe schon heute abholen.

f, v, w, qu, pf

Lautbildung

Das f ist ein stimmloser »Reibe-« oder »Engelaut«. Es entsteht dadurch, daß sich ein kräftiger Luftstrom beim Durchtritt zwischen den oberen Schneidezähnen und der Unterlippe reibt. Die oberen Vorderzähne liegen locker an der inneren Kante der Unterlippe, die in der Mitte einen schmalen Spalt freigibt. Die Oberlippe ist leicht gespannt, so daß der untere Rand der oberen Schneidezähne zu sehen ist.

Das w wird ebenso gebildet wie das f, nur ist es stimmhaft. Es wird also nicht (wie z.B. das englische w, etwa in *well*) mit beiden Lippen geformt, sondern wie das f (und das englische v, etwa in *very*) mit Zahn und Lippe. Manche Mundarten neigen stets zu dem mit beiden Lippen gebildeten w, Sprecher aus anderen Landschaften nur in den

Lautverbindungen zw-, schw- und qu- (= [kv]). In diesen
Verbindungen darf sich aber auch kein Übergangslaut einstellen, also nicht *zwar, schwer, Qual* wie [tsəvɑːr, ʃəveːr,
kəvɑːl] gesprochen werden. (Wortübung 12 bis 14)

Nur in sehr wenigen deutschen Wörtern steht -w- im Inlaut. (Wortübung 11)

In der Lautverbindung **pf** muß das p mit kräftigem Verschluß gebildet werden, damit pf (besonders im Anlaut)
nicht wie f klingt. (Wortübungen 1 und 2, 3 und 4)

Zur Aussprache des v

Das **v** ist ein Buchstabe, dem im Deutschen kein eigener
Laut entspricht. In deutschen Wörtern *(Vater, voll, Frevel)*
und in solchen Fremdwörtern, die schon früh übernommen sind und darum kaum noch als fremde Wörter empfunden werden *(Veilchen, Vogt, Vers)* (Wortübung 17),
sprechen wir es wie ein f, in den übrigen Fremdwörtern
wie ein deutsches w *(Vase, Violine, Villa, Klavier)*. (Wortübungen 15 und 16)

Das niederländische *van* vor Namen wird wie das
entsprechende deutsche »von« mit f gesprochen: [fan
ˈbeːthoːfən]. Deutsche Namen mit v werden im Anlaut
stets, im Inlaut meist mit f gesprochen. So gilt [f] in *Verden,
Villach; Hannover, Havel, Cuxhaven; Vischer; Voß*; [v] dagegen in *Trave, Dove* Elbe, *Evers*.

Ein merkwürdiger Wechsel zwischen [f] und [v] zeigt sich
bei einigen Wörtern und ihren Ableitungen: Steht das v
hinter der betonten Silbe *Hannover, Nerven, Pulver)*, wird
es [f] ausgesprochen, sonst [v] *(Hannoveraner, nervös, pul-
verisieren)*.

Wortübungen

1. —	2.	3. —	4.
Fund	Pfund	fade	Pfade
fand	Pfand	fährt	Pferd
Fahrer	Pfarrer	fahl	Pfahl
forte	Pforte	fühle	Pfühle
Feile	Pfeile	Fährte	Pferde
Flegel	pflegen	fänden	pfänden
flicht	Pflicht	falls	Pfalz
Flocke	Pflock	flügge	pflücke
Flug	Pflug	Foto	Pforte
Flaum	Pflaume	Fahne	Pfanne

5.	6.	7.
hüpfen	Knopf	häufig
Wipfel	Trumpf	rufen
Apfel	Napf	Taufe
Tropfen	Sumpf	greifen
Pfropfen	Zopf	Strophe
empfangen	verdampft	hoffen
empfinden	gekämpft	Schiffe
stampfen	stapft	Waffen
Dampfpfeife	hüpft	Hilfe
Sumpfpflanze	geknüpft	Nerven

8.	9.	10.	11.
wie	wissen	widerwillig	ewig
Wiese	Winter	Winterwetter	Löwe
Witz	gewesen	Wirrwarr	Möwe
wer	Wetter	windelweich	Witwe
wen	Wand	wissenswert	Witwer
wann	wagen	Weltwunder	Uwe
wo	gewöhnt	wetterwendisch	etwa
Wort	wollen	Wasserwerk	etwas
Wunder	wüst	Wohnwagen	Ewer
Wut	wünschen	Wohlwollen	Ingwer

12.	13.	14.	15. [-v-]
zwischen	schwimmen	Quickborn	Kaviar
zwingen	schwierig	Quittung	Klavier
Zwieback	schwingen	Quelle	Novelle
Zwilling	Schwan	quer	Sklave
Zweck	Schwarm	Qual	Aktivität
Zwerchfell	schwarz	Aquarell	Ouvertüre
zwei	schwören	Qualität	oval
zwanzig	Schwund	Äquator	Malve
zwar	Schwulst	Quadrat	bravo
zwölf	schwül	Quote	privat

16. [v-]	17. [f-]	18. [f – f]	19. [f – v]
Vokal	Vers	auffallend	aufwachen
Villa	Vogt	Stiefvater	Schlafwagen
Varieté	Veilchen	auffressen	Stoffwechsel
Ventil	Vesper	Schiffahrt	reif werden
Veteran	Vettel	Kaufvertrag	Briefwechsel
Viktor	Vlies		
Violine	Vizekanzler	auf Vorrat	auf Wiedersehen
violett	Eva[1])	ruf Felix	kauf Wolle
Vulkan	David[1])	er darf fahren	auf wen
Virchow	Verden	auf Fragen	lauf weg
Vasall	Villach	hilf fleißig	ruf Willi

Satzübungen

1. Frisch gewagt ist halb gewonnen.
2. Wer nicht wagt, der nicht gewinnt.
3. Wievielmal wird wohl die Feuerwehr Weihnachten zu Hilfe gerufen werden?
4. Im Wein ist Wahrheit.
5. Mein Schwager beendete den Wortschwall meiner wütenden Schwester durch ein ungewöhnlich wirkungsvolles Wort.
6. Wer weiß, wieviel 22 mal 12 ist?

---

1) Auch schon [-v-]

7. Zwischen zwei Zwetschenzweigen zwitscherten zwei Schwalben.

8. »Der Treppenwitz der Weltgeschichte« heißt eine bemerkenswerte Sammlung von geschichtlichen Irrtümern und Erfindungen.

9. Dieser pfiffige Fuchs ist mit allen Wassern gewaschen.

10. Wenn dem Weisen zu wohl ist, heiratet er. (Russisches Sprichwort)

11. Zwei schwarze Schwäne schwimmen majestätisch auf dem schmutzigen Wasser.

12. Uwe ist zwar etwas schwächlich und nervös, doch hat er sich zu unserer Verwunderung im vergangenen Winter freigeschwommen.

13. Sich zum Schweigen zu zwingen ist viel schwerer, als fortwährend zu schwatzen.

14. Delphine umschwammen das auf den Wogen schwankende Schiff.

15. Zu einem Streichquintett gehören gewöhnlich zwei Violen.

16. Der Schweizer Reformator Zwingli führte mit der kirchlichen auch eine Sozialreform in Zürich ein.

17. Eva bekam von ihrem Schwiegervater zwei Aquarelle zu Weihnachten.

18. Die Qualität des Quellwassers ist ausgezeichnet.

19. 1852 wurde mit dem »Quickborn« Klaus Groths das erste Werk der neuniederdeutschen Literatur geschaffen.

20. Die vier Spieler eines Streichquartetts sitzen gewöhnlich in der Form eines Quadrats.

21. Viktors Nerven sind vom windig-feuchten Winterwetter etwas angegriffen.

22. Die meisten Volkslieder bestehen aus Strophen zu je vier Versen.

23. Vier Pferde jagten über das frischgepflügte Feld.

24. Manche Sumpfpflanzen wie die Kalla gedeihen auch als Topfpflanzen.

25. Der Dampfer kämpfte sich stampfend eine Bahn gegen die Eisschollen.
26. Die Pfadfinder pflückten sich ein paar Pfund Pflaumen.
27. Zum Pfingstfest ließ der Pfarrer den Altarraum mit Pfirsichzweigen schmücken.
28. Dieser Pfälzer Wein ist sehr zu empfehlen.
29. Nach dem Kampfe band der tapfere Ritter sein Pferd an einen Pfahl und klopfte ihm den Hals.
30. Der Pfosten der Pforte steht schief.
31. Die frischgepflückten Äpfel kosten nur 50 Pfennig das Pfund.
32. Auch in schwierigen Lagen darfst du nicht den Kopf verlieren, sondern mußt unverändert deine Pflicht tun.

S, Z

Lautbildung des s

Das s ist ein Engelaut (Reibelaut), der im Deutschen stimmhaft und stimmlos vorkommt. Die Rechtschreibung gibt über die Aussprache keine eindeutige Auskunft. Sie hat zwar für stimmloses s die Zeichen ss und ß, doch dient einfaches s beiden Lauten als Zeichen.

In drei Stellungen wird s stimmhaft gesprochen:

1. am Wort- oder Stammanfang sowie in den Nachsilben -sal und -sam *(See, absenden, Trübsal),*
2. zwischen Vokalen *(Nase)* und
3. zwischen l, m, n oder r und Vokal *(Ilse, emsig, Pinsel, Ursula).*

Die wenigen Ausnahmen, in denen das nach deutschen Ausspracheregeln stimmhafte s in deutschen Fremdwörtern — noch! — stimmlos gesprochen wird, sind in den

Wortübungen 9 und 10 aufgeführt. Bei den Wörtern der nächsten (11.) Übung schwankt die Aussprache, so daß manchmal der fremden und manchmal der eindeutschenden Aussprache der Vorzug gegeben wird. — In den Fremdwörtern mit sk- darf niemals [ʃ] gesprochen werden. Auch italienisches sch (z.B. *Scherzo*) wird wie [sk] gesprochen. (Wortübung 12)

Das s entsteht dadurch, daß die Luft in einer schmalen Rinne über die Mitte des Zungenrückens geleitet wird und von einer bestimmten Stelle hinter den oberen Schneidezähnen auf die Beißkanten der unteren Schneidezähne herunterstößt. Mit durch dieses Auftreffen erhält das s jenes scharfe Geräusch, wie wir es ähnlich erzeugen können, wenn wir auf die Kante einer dünnen Pappe blasen. Die Zungenspitze darf darum nicht die Oberkante der unteren Schneidezähne berühren.

Die Zunge kann die Rinne auf zwei verschiedene Weisen bilden. Entweder schwebt die Zungenspitze frei dicht hinter den oberen Schneidezähnen, oder sie stützt sich leicht am unteren Innenrand der unteren Schneidezähne, während ihr Rücken die Rinne hinter den oberen Schneidezähnen bildet. Jedenfalls muß diese Enge schmal sein, und sie darf weder zu nahe an den Oberzähnen noch zu weit von ihnen zurückgezogen liegen. Ist die Zunge zu eng an die Oberzähne gepreßt (oder gar zwischen die Zahnreihen geschoben), so entsteht der Laut, der im Englischen mit th (bzw. der, der im Spanischen mit z oder mit c in bestimmten Stellungen) bezeichnet wird. Zieht man die Zungenspitze dagegen hinter die Alveolen zurück, verliert das s seinen spitzen Klang und wird »dick«.

Beide Bildeweisen — mit dem Zungenrücken oder mit der Zungenspitze — sind gleich gut; denn für das Ohr besteht kein Unterschied zwischen den Lauten. Das mit gesenkter Zungenspitze gebildete s ist weiter verbreitet. Um bei sich selber festzustellen, auf welche Art man das s bildet, sprechen wir ein s vor dem Spiegel. (Dabei können wir auch gleich prüfen, ob, wie es für das s nötig ist, die Lippen gespreizt sind und die Zahnreihen einen feinen Spalt offenstehen.) Nun öffnen wir den Kiefer, während wir das s weiter zu sprechen versuchen. Sehen wir dabei die Unterseite der Zunge, so bilden wir das s mit der Zungenspitze. Sehen wir dagegen die Oberseite der Zunge, so bilden wir es mit dem Zungenrücken.

Fehlerhafte S-Bildung

Aus der Beschreibung der Lautbildung geht hervor, daß das s ein besonders empfindlicher Laut ist, der schon auf geringe Abweichungen von der normalen Bildung durch eine auffallend andere Klangform reagiert. Es ist also nicht verwunderlich, wenn Fehler in der S-Bildung besonders häufig vorkommen.

Die Hauptfehler sind diese:

1. Die Zunge wird zu dicht an die oberen Schneidezähne gedrückt.
2. Die Zungenspitze liegt zwischen den Zahnreihen.
3. Die Zungenspitze läßt die Beißkanten der unteren Schneidezähne nicht frei.
4. Die Rinne für die ausströmende Luft ist zu breit. Oft ist dabei die Zunge zu wenig gespannt.
5. Die Engenbildung geschieht nicht an den Alveolen, sondern weiter zurück am harten Gaumen.
6. Die Luft strömt nicht über die Mitte des Zungenrückens, sondern entweicht an der Seite.

Die Aneignung des richtigen und die Abgewöhnung eines falschen S-Lautes erfordern außer einiger Geduld und genauer Selbstbeobachtung die Hilfe eines Lehrers, der im Einzelfall den Übungsweg bestimmt. Stets aber wird es für den Lernenden wichtig sein, sobald er den für ihn neuen S-Laut einmal richtig gebildet hat, seinem Gehör diesen Klang und seinem Muskelgedächtnis diese Zungenlage einzuprägen.

Lautbildung des z

Der Buchstabe z bezeichnet eine Verbindung von zwei Lauten, nämlich von t und stimmlosem s. Auch in schwierigen Lautverbindungen muß das t deutlich zu hören sein. (Wortübung 17 und 20) Bei Wörtern mit der Vorsilbe *ent-* und stammanlautendem s- darf dagegen kein z gesprochen werden, also nicht [ts], sondern [tz], weil das s im Anlaut stets stimmhaft ist. (Wortübung 23).

Übung der Sprechorgane

11. Um die Rinnenbildung der Zunge zu üben, heben wir die Ränder der Zunge an, bis sie sich berühren, und führen die Zunge so (gewissermaßen in der Längsrichtung »aufgerollt«) aus dem Munde heraus. Wem die Rinnenbildung schwerfällt, der schiebe anfangs einen Bleistift in den Mund und halte dadurch die Mitte der Zunge unten fest, während sich die Seiten aufbiegen.

Wortübungen

1.	2.	3.	4.
sagen	Sandsack	Hase	Amsel
sehen	Sommersemester	lesen	emsig
Sinn	Sehnsucht	Riese	Insel
Sommer	sozusagen	Hose	gehorsam
suchen	Susanne	Bluse	unser
Sämann	Sägereibesitzer	Gräser	Gänse
Söhne	Söldnergesindel	böse	Börse
Sünde	Südseite	düse	Hülse
seitlich	Seifensieder	heiser	einsam
Sau	saumselig	Brause	Paulsen
Seuche	säuseln	Mäuse	Verse

5. —	6.	7.	8.
rasen	Rasse	Glas	Ast
Besen	besser	es	Nest
Wiese	wissen	Grieß	ist
Rose	Rosse	los	Obst
Busen	Buße	Puls	Kunst
äsen	mäßig	Gefäß	er äst
lösen	Klöße	Gans	gelöst
Gemüse	müßig	süß	wüst
reisen	reißen	Eis	zumeist
hausen	außen	aus	zerzaust
Häuser	äußern	Zeus	scheuchst

9. [s-][1])	10. [s-][1])	11. [s-] oder [z-]	12. [sk-]
Saison	Siesta	Salon	Skala
Sanssouci	Samowar	Souper	Skandal
Serail	Sowjet	Sandwich	Skat
Service (das)	Sauna	Service (der)	Skelett
Souffleur	Helsinki	Sir	Sketch
Souvenir	Sibelius	Saga	Skizze
Souveränität	Safari		Sklave
Soutane	Suaheli		Skonto
Souterrain	Sudan		skrupellos
süperb	Sumatra		Skulptur
Salto	Hamsun		Scherzo

---

1) DUDEN (AUSSPRACHEWÖRTERBUCH) empfiehlt bei diesen Beispielen (außer beim letzten) überall (auch) schon die deutsche Aussprecheweise mit [z-].

13.	14.	15.	16. [s — z]
Zange	Katze	Satz	aussenden
zehn	setzen	Herz	weissagen
Zimmer	kitzeln	Witz	Fußsohle
Zorn	trotzen	Holz	Aussaat
zu	Funktion	Schutz	Kreissäge
zäh	Plätzchen	gänzlich	aus Sehnsucht
Zöpfe	Götze	Götz	es sei
Zügel	Grütze	Gewürz	was siehst du
zeigen	Heizung	Geiz	das Silber
zaubern	Auktion	Kauz	dies sitzt
Zeugnis	Kreuzung	Kreuz	das sättigt

17. [s — ts]	18. [s — ʃ]	19. [s — ʃ]
Handwerkszeug	ausscheiden	Handelsschule
Frühlingszauber	Schießscheibe	aussprechen
Namenszug	Aussprache	Weihnachtsstern
Eiszapfen	Verkehrsschild	Hausschuhe
großzügig	ausschließlich	Großstadt
das Zepter	es schneit	Ausstellung
als zweiter	das Schönste	losstürmen
aus Zell	es scheint so	Eisscholle
das Zeug	was stört dich	Ausschau
als Szene	das stimmt	großschnauzig
ins Zuchthaus		

20. [ts — ts]	21. [ts — z]
Satzzusammenhang	Münzsammlung
Witzzeitung	Schwarzseher
Weisheitszahn	blitzsauber
Schutzzoll	Holzsäge
Kreuzzug	Pilzsucher
herzzerreißend	Tanzsaal
Arbeitszimmer	Filzsohle
Geschichtszahl	nichtssagend
Arbeitszeit	Geschäftssitz
Glanzzeit	Ansichtssendung

22. [ts — ʃ]

Tanzschule	23.
Filzschuhe	entsinnen
Herzschlag	sittsam
Gewürzständer	entsetzlich
Einheitsstaat	Wildsau
Tanzschuhe	entsagen
Rechtsschutz	Festsaal
Holzspan	Entsafter
Kurzschrift	seltsam
Holzschuh	entseelt
	Wortsinn

Satzübungen

1. Jeder ist seines Glückes Schmied.
2. Was ich nicht weiß, macht mich nicht heiß.
3. »Mehr sein als scheinen« ist ein Ausspruch Schlieffens.
4. Sich selbst besiegen ist der schönste Sieg. (Friedrich v. Logau)
5. Sie will verreisen und sucht jetzt ihre Siebensachen zusammen.
6. Goethes Gedicht »Selige Sehnsucht« beginnt mit dem Satz: »Sag es niemand, nur den Weisen!«
7. Die Prinzessin und ihre sämtlichen Zofen waren in Samt und Seide gekleidet.
8. Erlaubt ist, was sich ziemt. (Goethe: Tasso)
9. Du mußt den Bratensaft zusammen mit der sauren Sahne in eine größere Soßenschüssel gießen.
10. Essen Sie die Reissuppe mit Gemüse und Pilzen am liebsten süßsauer?
11. An sonnigen Sonntagen segeln wir bis zur Südspitze der Insel Sylt.
12. Verkehrssünder müssen sonntags besondere Verkehrserziehungskurse besuchen.
13. Die sechsjährige Susanne zieht sich auf dem Sessel ihre rosa Söckchen aus.

14. Es soll sehr gesund sein, wenn man sich sommers und winters ganz regelmäßig in eine Sauna setzt und anschließend mit eisigem Wasser begießt.
15. Der persische Gesandte sammelt erlesene Silbersachen aus längst verflossenen Zeiten.
16. Der sonst so gewitzte Staatssekretär mußte die Zeche bezahlen.
17. Von Zeit zu Zeit sieht man den Alten gern. (Goethe: Faust)
18. Halsschmerzen sind meistens längst nicht so besorgniserregend wie Herzschmerzen.
19. Von nichts kommt nichts.
20. Der tagsüber leutselige Geschäftsführer seufzt zur Nachtzeit über seinen entzündeten Weisheitszahn.
21. Die Märzsonne wärmt dem Kätzchen auf dem Holzstoß seinen Pelz.
22. Mit Zittern und Zagen zahlte der Geizhals den Preis.
23. Kannst du die Satzzeichen in diesem Text richtig setzen?
24. Diese winzige Zeitdifferenz hat nichts zu sagen.
25. Der Illusionist und Zauberer zog zehn schwarz-weiße Holzwürfel aus seinem Zylinder und legte sie in ein Netz, wo sie vor unseren zweifelnden Augen in nichts zerflossen.
26. Wer zu unseren Lektionen stets zu spät kommt, reizt selbst die Nachsichtigsten zum Zorn.

sch

Das [ʃ] ist ein einheitlicher stimmloser Reibelaut (Engelaut). Der Laut entspricht nicht dem Lautwert seiner drei Buchstaben; denn das Lateinische, dessen Alphabet wir übernommen haben, besaß den Laut [ʃ] noch nicht. So mußten alle Sprachen, die sich des lateinischen Alphabets bedienten, von sich aus eine Schreibweise für diesen Laut festsetzen. Daher kommt es, daß das [ʃ] heute in den westeuropäischen Sprachen auf mehr als ein Dutzend verschiedene Weisen geschrieben wird.

Lautbildung

Der Kiefer ist, ähnlich wie beim s, kaum geöffnet. Die Lippen sind im Gegensatz zum s kräftig vorgestülpt. Die Zunge bildet hinter den Alveolen eine Rinne. Doch liegt die Engenbildung etwas weiter zurück als beim s, und die Rinne ist nicht ganz so schmal. Keinesfalls aber darf die Zunge zu weit zurückgezogen werden. Ob unser [ʃ] den richtigen *voll rauschenden Klang* hat, kontrollieren wir am sichersten mit dem Ohr, indem wir einmal die Zunge und zum anderen die Lippen ein wenig vor- und zurückziehen, bis sich der beste Klang einstellt. Wie das s, so kann auch das [ʃ] mit dem Zungenrücken oder mit der Zungenspitze gebildet werden. Die Bildung mit frei schwebender Zungenspitze ist beim [ʃ] allerdings häufiger anzutreffen.

Die stimmhafte Entsprechung des [ʃ] kommt im Deutschen nur in Fremdwörtern vor: *Genie, Garage, Regisseur, Journal.* Dieses [ʒ] wird ebenso gebildet wie das [ʃ], nur kommt noch die Stimme hinzu. (Wortübung 28 und 29) Fremdwörter aus dem Englischen haben fast immer noch einen d-Vorschlag vor dem [ʒ]: [dʒ], so in *Job, Gentleman,* aber nicht in *Television* (Wortübung 30).

Aussprache von st- und sp- am Wortanfang

In den Lautverbindungen st- und sp- im *An*laut deutscher Stämme *(stehen, sprechen, verspüren)* wird [ʃt-] und [ʃp-] gesprochen (Wortübung 9 und 10, aber 11 und 12). Die schon seit langem irreführende Schreibung mit s statt mit sch stammt aus der Zeit, als auch die heutigen Lautverbindungen [ʃl, ʃm, ʃn, ʃr, ʃv] z.B. in *schlagen, schmecken, Schnee, schreiben, schwimmen)* noch ihrer damaligen

Aussprache gemäß als sl-, sm-, sn-, sr-, sw- geschrieben wurden, so wie sich Schrift und Aussprache in verwandten Sprachen (z.B. dem Englischen oder auch dem Niederdeutschen) bis heute erhalten haben.

Am Wortanfang von *Fremdwörtern* sprechen wir [ʃt-, ʃp-], wenn das Wort schon eingedeutscht ist *(Streik, Sport)* (Wortübung 14, 15 und 19). Empfinden wir es dagegen als fremd oder selten gebraucht, lassen wir das [st-, sp-] der Ursprungssprache bestehen *(Stigma, Spektrum)* (Wortübung 13, 17 und 18). Oft werden wir persönlich die eine oder die andere Aussprache vorziehen (z.B. in *Stil, spezifisch)*. SIEBS führt jetzt in vielen Fällen beide Möglichkeiten auf (Wortübung 16, 20 und 21). DUDEN (AUSSPRACHEWÖRTERBUCH) gibt noch häufiger der eingedeutschten Aussprache ([ʃt-, ʃp-]) den Vorzug. Im Innern von Fremdwörtern dagegen bleibt [-st-, -sp-] erhalten *(Kristall, Korrespondenz)*. (Wortübung 22 und 23)

Wortübungen

1.	2.	3.	4.
Schule	Scham	waschen	rasch
Schummer	schenken	dreschen	fesch
Schuld	Schimmer	mischen	Tisch
Schund	schon	Groschen	Frosch
Schutt	Schutz	Tusche	wusch
Schuft	Schädigung	Wäsche	Gewäsch
Schuppen	schön	Böschung	lösch!
Schulter	schützen	Rüsche	Gebüsch
Schuh	Schein	kreischen	Gekreisch
Schuster	schauen	lauschen	Tausch
Schurke	Scheune	täuschen	Geräusch

5.	6.	7.	8.
falsch	du naschst	schlagen	Schrank
Mensch	wäschst	schlecht	Schreck
Kitsch	zischst	schlimm	schrill
morsch	erforschst	Schloß	schroff
Wunsch	rutschst	Schmutz	schrumpfen
Grätsche	grätschst	verschmähen	schräg
Lörsch[1])	löschst	Schmöker	schröpfen
hübsch	wünschst	schmücken	Schritt
feilschen	feilschst	Schneider	schreiben
Rausch	tauschst	schnauben	Schraube
deutsch	täuschst	schneuzen	Schräubchen

9. [ʃp-]	10. [ʃt-]	11. [-sp-]	12. [-st-]
Sprache	Stamm	Wespe	hastig
Spende	bestehen	lispeln	rüstig
Splitter	Stimme	verhaspeln	durstig
verspotten	abstoßen	knusprig	listig
Spule	verstummen	räuspern	belästigt
spärlich	stählern	wispern	Nüstern
spröde	stöhnen	raspeln	husten
versprühen	Stühle	Kaspar	Lasten
aufspeichern	ersteigen	Knospe	Posten
ersprießlich	Strauch	knuspern	lustig
Spreu	Steuern	Mispel	

---

1) Ortsname

13. [sp-]	14. [ʃp-]	15. [ʃp-]
Spasmen	Spagat	Spezial-
Spatium	Spalier	speziell
Speech[1])	Spaniel[2])	Spion
Spektabilität	Spanien	Spirale
Spektakel	Sparte	Spiritus
(Schauspiel)	spazieren	Spital
Spektrum	Spediteur	Sport
Spirant	Spektakel (Lärm)	Spurt[2])
Spiritismus	spekulieren	Spray[2])
Spleen[1])	Spesen	Spinett

16. [sp-] oder [ʃp-]	17. [st-]	18. [st-]
Spaghetti	Beefsteak	Stele
spezialisieren	staccato	Stereo[3])
Spezies	stagnieren	Steward[1])
spezifisch	Stalagmit	Stigma
spezifizieren	Stalaktit	Stilett
spinal	Starallüren	Store
Spirituosen	Starlet	stornieren
spontan	statisch	Stratosphäre
sporadisch	Status	Streß[3])
Sprinter		
Sprit [ɪ]		
Sputnik		

---

1) mit englischer Aussprache
2) oder mit englischer Aussprache
3) DUDEN (AUSSPRACHEWÖRTERBUCH): auch [ʃt-]

19. [ʃt-]
Stadion
Standard[1])
Station
Statur
Sterling[1])
Stipendium
Streik
Strophe
Student

20. [st-] oder [ʃt-]
stabil
Stadium
Stanniol
Star
Start
statistisch
Stativ
Statut
Steak
Stearin
Stellage

21. [st-] oder [ʃt-]
Stenographie
Stenotypistin
steril
Stil
Stola
stop
Strategie
strikt
Struktur
Studio
stupide

22. [-sp-], [-st-]
Australien
Illustrierte
Industrie
Inspiration
Instanz
Instinkt
Institut
Instruktion
Instrument
konspirieren

23. [-sp-], [-st-]
konstant
konstatieren
Konstruktion
Korrespondenz
Kostüm
Kristall
Pastor
Pistole
Respekt
Vesper

24. [ʃ — ʃ]
Waschschüssel
Falschspieler
Froschschenkel
Deutschstunde
Englischstunde
Tischschmuck
Fischschwanz
einen Marsch spielen
den Hirsch schießen
frisch schmeckt's besser

25. [ʃ — ʃ]
ist der Tisch schwer?
der Punsch schmeckt
das Gebüsch schützt
dieser Mensch strahlt
deutsch schreiben —
deutsch sprechen
falsch schalten
technisch schwierig

---

1) oder mit englischer Aussprache

111

26. [ʃ — z]
Waschsalon
Mischsendung
Tischsitten
Fischsalat
hübsch sein
am Tisch sitzen
er wusch sich
frisch sein

27. [ʃ — z]
auf dem Marsch singen
ist der Punsch süß?
ich tu's rasch selber
das Fleisch salzen
den Fisch säubern
auf Wunsch singen
der Mensch selbst
seelisch sensibel

28. [ʒ]
Bagage
Etage
Gage
Garage
Gelee
Genie
genieren
Georgette
Gervais
Giro (auch [dʒ])

29. [ʒ]
Jackett
Jalousie
Jargon
Jeton
Jongleur
Journal
Jury
Regie
Regisseur
Tonnage

30. [dʒ]
Gentleman
Gin
Jam
Jazz
Jeep
Jersey [dʒɜːzɪ]
Jiu-Jitsu
Job
Jockei[1]
Jumper

Satzübungen

1. Schuster, bleib bei deinem Leisten!
2. Mit seiner vorschnellen Entscheidung hat sich Christian zwischen zwei Stühle gesetzt.
3. Steter Tropfen höhlt den Stein.
4. Ernst hätte am liebsten seinem Mitschüler die Schuld in die Schuhe geschoben.
5. Narrenhände beschmieren Tisch' und Wände.
6. Allzu straff gespannt zerspringt der Bogen. (Schiller)

---

1) oder mit deutscher Aussprache

7. Es liebt die Welt, das Strahlende zu schwärzen und das Erhabne in den Staub zu ziehn. (Schiller)
8. Konstanze stellt rasch noch einen frischen Asternstrauß auf den festlich geschmückten Tisch.
9. Die feiste Schwiegermutter schimpfte meistens schon morgens wie ein Rohrspatz.
10. Der geschickte Taschenspieler schenkte nach Wunsch der Zuschauer frisches, schäumendes Bier oder heißen Punsch aus dem hübschen Plastikkrug.
11. Als der Schreckschuß fiel, stob der Hirsch über Stock und Stein davon.
12. Selbst in seinen Künstlernovellen schrieb der Schriftsteller Thomas Mann ständig in einem fein ironischen Stil.
13. In der düsteren Tropfsteinhöhle verstummten wir staunend vor den stramm und straff dastehenden Stalagmiten.
14. In einer Illustrierten stand ein instruktiver Bericht über die Gagen der Filmstars.
15. Die Sprinter kennen auf ihren kurzen Strecken im Sportstadion keinen Endspurt.
16. Das Stenographiersystem Stolze-Schrey ist ein Vorläufer unserer jetzigen Einheitskurzschrift.
17. Über die Handhabung der ärztlichen Instrumente werden die Medizinstudenten erst in späteren Semestern instruiert.
18. Zum Strümpfewaschen kannst du diese Waschschüssel auf den Tisch stellen.
19. Die Tanzschule veranstaltet ein Kostümfest.
20. In der Unterrichtsstunde »Schriftverkehr« lernen die Handelsschüler meistens nur psychologisch einfache Muster der Geschäftskorrespondenz kennen.
21. Aus einem Silberfischchen kann niemals ein Goldfischchen werden.

Die Buchstabenverbindung ch steht nicht für eine Laut-
verbindung, sondern für einheitliche Laute, und zwar für
zwei verschiedene Reibelaute (Engelaute), die wir als Ich-
Laut ([ç]) und als Ach-Laut ([x]) bezeichnen. Welcher der
beiden Laute für das Schriftbild ch zu sprechen ist, zeigt
bei deutschen Wörtern der vorhergehende Laut an: Der
Ach-Laut wird nur nach a, o, u und au gesprochen, der
Ich-Laut nach allen übrigen Vokalen und nach l, n, r
(Wortübung 6 und 7) sowie in der Verkleinerungssilbe
-chen. (Wortübung 5)

Lautbildung

Der **Ich-Laut** (auch »vorderes ch« genannt) entsteht, wenn
wir die Sprechwerkzeuge in die Stellung des geschlossenen i bringen, die Zunge noch ein wenig weiter dem Gaumen nähern und den Laut ohne Stimmklang sprechen.
Der Kiefer ist also leicht geöffnet, die Mundwinkel sind
kräftig zurückgezogen, und die Zungenspitze ruht hinter
den unteren Schneidezähnen. Dann reibt sich die Luft
zwischen dem vorderen Zungenrücken und dem vorderen
Teil des harten Gaumens. Für die richtige Bildung des Ich-
Lautes ist es wichtig, darauf zu achten, daß die Lippen gespreizt sind und die Zungenspitze gesenkt ist.

Für das j gelten dieselben Hinweise wie für den Ich-Laut;
denn es wird ebenso gebildet, aber stimmhaft. Im Deutschen kommt j fast nur im Anlaut vor. (Wortübung 9)

Der **Ach-Laut** (oder das »hintere ch«) entsteht, wenn wir
den hinteren Teil des Zungenrückens gegen den vorderen
Teil des weichen Gaumens heben. Damit wir ein Gefühl
dafür bekommen, wo der weiche Gaumen anfängt, brauchen wir nur mit der Zungenspitze bei leicht geöffnetem
Mund von den oberen Schneidezähnen über die Alveolen
und den harten Gaumen bis zum weichen Gaumen zu-
rückzutasten. Wir können auch die Stelle der Engenbildung langsam von vorn nach hinten und wieder zurück

verlegen, so daß aus dem Ich-Laut allmählich ein Ach-Laut wird und umgekehrt. Dabei können wir beobachten, daß viele Sprecher dazu neigen, die Stelle der Engenbildung für den Ach-Laut sehr weit hinten anzusetzen. Dieser Neigung müssen wir durch die eben genannte Verschiebung nach vorn begegnen.

Manchmal hört man beim Ach-Laut, besonders nach kurzem Vokal, ein rasselndes Nebengeräusch, das durch ein Schwirren des zwischen Zunge und Gaumen eingeklemmten Zäpfchens entsteht. Diese Sprechweise haben wir schon als einen Fehler bei der R-Bildung erkannt, beim ch ist sie erst recht fehl am Platze.

Das Rasseln ist am leichtesten zu vermeiden, wenn man zuerst Wörter mit -ch im absoluten Auslaut übt (z.B. *Buch*; Wortübung 10), dann Wörter mit folgendem t oder st (*du kochst, gelacht*; Wortübung 13) und endlich Wörter mit ch im *Silben*auslaut (*mochte, dachten*; Wortübung 15). Bei der letzten Gruppe von Wörtern empfiehlt es sich anfangs, nach der ersten Silbe eine kleine Pause einzuschieben *(Schach — tel)*, als ob das ch am Wortende stände. Sonst ist die Spannung der Sprechwerkzeuge, die sich schon auf die Aussprache der Schlußsilbe richten, so stark, daß dadurch leicht jenes schädliche Nebengeräusch entsteht.

Wortübungen

1.	2.	3.	4.
sich	Hecht	du reichst	sicher
dich	echt	zechst	riechen
ich	recht	kriechst	ächzen
Blech	Sicht	schnarchst	Schwäche
frech	dicht	horchst	Eiche
Deich	Schicht	keuchst	schmeicheln
reich	seicht	fichtst	Seuche
weich	leicht	sprichst	verscheuchen
gleich	feucht	der nächste	möchte
euch	verscheucht	höchste	züchten

5.
Mädchen
Mäuschen
bißchen
Grübchen
Wörtchen
Teilchen
Frauchen
Märchen
Rotkehlchen
Ständchen

6.
manchmal
Mönch
München
tünchen
Kirche
Arche
durch
Lerche
Furche
horchen
Storch
Lärche

7.
schnarchen
Zwerchfell
Furcht
fürchten
Lurch
fürchterlich
welcher
Dolch
solche
Milch
Elch
Kelch

8. [ç – ʃ]
Sprechschulung
Durchschnitt
Blechschachtel
Gleichschritt
sich scheuen
ich schreibe
Blechschere
Kirchspiel
griechisch
chemisch
technisch
psychisch

9.
Boje
jetzt
je
jäh
jämmerlich
Jürgen
jenseits
Johannes
Juchten
jugendlich
jauchzen
Jubeljahr

10.	11.	12.
Hauch	rauchen	Bach
Versuch	Kuchen	noch
hoch	Sprache	Dach
Buch	Jauche	Loch
Schmach	Buche	Fach
Strauch	straucheln	Koch
Besuch	jauchzen	ach
sprach	suchen	Spruch
nach	Taucher	Schach
geraucht	verbuchen	wach
verstaucht	Verbraucher	Geruch
Gemach	Aachen	doch

13.	14.	15.
Nacht	Sache	Schachtel
Schlucht	Woche	Tochter
Docht	Stachel	wuchtig
Pacht	Wache	achtzig
Flucht	Rache	Spachtel
gemacht	kochen	mochte
Wucht	krachen	dachten
acht	gekrochen	erwachten
Schlacht	schachern	schluchzten
Frucht	zerbrochen	beachtlich
wacht	lachen	gefochten
Schacht	gesprochen	krachten

Satzübungen

1. Ich verzichte auf dieses Recht.
2. Die Jungen und Mädchen möchten jetzt Milch trinken.
3. Das schüchterne Bürschchen berichtet jammernd die Geschichte seiner völlig zerrissenen Jacke.
4. Ich denke, folglich bin ich. (Descartes)
5. Mancher spricht verächtlich über seinen Nächsten.

6. Grünt die Esche vor der Eiche, gibt's im Sommer große Bleiche; grünt die Eiche vor der Esche, gibt's im Sommer große Wäsche.
7. Ich möchte mich gleich berichtigen.
8. Manchem Verbrechen wird noch nicht in der Geschichte, sicher aber beim Jüngsten Gericht sein gerechtes Urteil gesprochen.
9. Hat Jens jenes wirklich fröhliche Gedicht zum Jubiläum nicht prächtig gedichtet?
10. Jetzt jagen junge Jäger in jener Gegend Elche.
11. Den Eichen weiche, die Buchen suche!
12. Nacht für Nacht wacht der Nachtwächter pflichtgemäß in seiner Wachtstube.
13. Ein rechter Koch braucht kein Kochbuch.
14. Mit Ach und Krach haben die Bauern in diesem Jahr ihre Ernte unter Dach und Fach gebracht.
15. Einer acht's, der andre veracht's, der dritte verlacht's — was macht's?
16. Du bist beachtlich weit getaucht; wer möchte es nachmachen?
17. Ich hatte nicht erwartet, daß Sie in noch nicht einmal acht Tagen den nächsten achtzig Verbrauchern einen Besuch gemacht hätten.
18. Tomaten und Kartoffeln sind Nachtschattengewächse.
19. Joachim brachte mir die Nachricht, daß sich seine Tochter den Knöchel gebrochen habe.
20. Nach welchem Lehrbuch der griechischen Sprache sind Sie unterrichtet worden?

p, t, k; b, d, g; x

Lautbildung

Die Laute p b, t d, k g werden »Verschlußlaute« oder »Explosivlaute« genannt, und zwar sind p t k die stimmlosen und b d g die stimmhaften Verschlußlaute. Für **p** und **b** bilden den Verschluß die *Lippen,* für **t** und **d** der *Zungenrand* an den Alveolen und für **k** und **g** der *Zungenrücken* am harten Gaumen oder am Anfang des weichen Gaumens.

Ähnlich wie bei den ch-Lauten richtet sich auch bei g und k die Stelle der Verschlußbildung etwas nach dem folgenden (im Auslaut oder vor dem e der Nebensilben nach dem vorhergehenden) Vokal. Bei a o u und au wird das g oder k also etwas weiter hinten angesetzt als bei den übrigen Vokalen. Doch sollten wir uns wie beim Ach-Laut in erster Linie aus stimmhygienischen Gründen bemühen, die Explosionsstelle so weit wie möglich an den harten Gaumen zu verlagern.

Die Laute **b d g** müssen wirklich mit Stimmklang gesprochen werden und dürfen nicht, wie in mitteldeutschen Mundarten, nur weniger stark explodiert werden. Ob wir b d g stimmhaft sprechen oder nicht, können wir leicht bei uns selber feststellen, wenn wir b und p, d und t, g und k mehrmals kurz hintereinander sprechen, während wir uns die Ohren zuhalten.

Die Laute **p t k** unterscheiden sich von b d g nicht nur durch das Fehlen des Stimmklangs sowie durch größere Spannung des Organs und kräftigeren Druck bei der Explosion, sondern vor allem durch einen nachstürzenden Hauchlaut: p^h, t^h, k^h. Zwischen Vokalen *(Oper, leiten, Acker)* ist der Hauch allerdings viel weniger stark als im An- oder Auslaut *(er packt, tat, Kalk)*. Diese Behauchung, die wir z.B. auch im Englischen und in den nordischen

Sprachen antreffen (nicht aber im Französischen, Spanischen oder Russischen), ist aus der norddeutschen Umgangssprache in die Hochlautung eingegangen. Norddeutschen Sprechern bietet sie daher keinerlei Schwierigkeiten.

Manchen Sprechern fällt die Aussprache des **g und k vor n** schwer *(Gnade, Knabe)* (Wortübung 34 bis 40). Weil beim n das Gaumensegel gesenkt ist, damit die Luft durch die Nase abströmen kann, lassen diese Sprecher auch schon das g oder k durch die Nase explodieren. Das Gaumensegel muß also so lange den Nasenweg versperren, bis der Luftstrom für den Verschlußlaut durch den Mund gegangen ist. Hier hilft eine kräftige Explosion des g oder k, notfalls auch das Einschieben eines [ə] zwischen die beiden Laute [kə'naːbə], das aber beim Üben wieder abgebaut werden muß.

Unser Buchstabe **x** bedeutet lautlich eine Verbindung von (unbehauchtem) k und stimmlosem s: [ks]. Manchmal wird auch die Buchstabenverbindung chs wie [ks] ausgesprochen, wenn nämlich das s zum Stamm gehört, wie z.B. in *wachsen, du wächst, Buchsbaum* (Wortübung 52 bis 55).

Hochlautung

Stimm*haften* Auslaut wie z.B. das Schwedische oder das Englische *(Bob, head, big)* kennt das Deutsche nicht. Darum verlieren b d g im Auslaut ihren Stimmklang und werden wie p t k gesprochen: *ab* und *Lob* am Ende wie *knapp, Bund* und *Pfad* wie *bunt, weg* und *Weg* wie *Rock*. (Wortübung 9 bis 11, 21 bis 22, 43 bis 46)

Das inlautend stimmhafte -g- *(Lage, Berge)* am Ende in den entsprechenden Reibelaut [ç] zu verwandeln, statt es nur stimmlos (zum [k]) werden zu lassen, ist zwar eine in Mundart und Umgangssprache weit verbreitete Ausspracheweise, gilt aber nicht als hochsprachlich. (Wortübung 43 bis 46)

Nur die **Schlußsilbe -ig** macht hier eine Ausnahme. Sie wird im Auslaut wie »ich« gesprochen: *Pfennig, angekündigt, du ermächtigst, Ewigkeit* (Wortübung 56 und 57). Folgt auf -ig ein Vokal, bleibt die Aussprache natürlich als [g] erhalten: *Königin, ruhiger* (Wortübung 58).

Zusammentreffen gleicher Konsonanten

Unsere Regel über das Zusammentreffen von zwei gleichen Dauerlauten am Ende des einen und am Anfang des nächsten Wortes oder Wortteiles ist bei den Explosivlauten nicht ohne weiteres anwendbar, denn ihre Explosion können wir ja nicht beliebig in die Länge ziehen, wie das etwa bei einem m oder f möglich ist. Wohl aber brauchen Verschluß*bildung* und Verschluß*sprengung* (= Explosion) nicht unmittelbar aufeinander zu folgen, sondern wir können zwischen diesen beiden Vorgängen, die zu einem Verschlußlaut gehören, einen kleinen Abstand lassen, so daß die Lautdauer etwa verdoppelt wird.

Endet ein Wort auf -t und das nächste (zu derselben Sinneinheit gehörende) beginnt mit t-, z.B. *»mit Tinte«*, so setzen wir für den Auslaut von *»mit«* das t nur an, ohne den Verschluß wieder zu lösen, und für das t von *»Tinte«* öffnen wir den Verschluß, ohne daß wir ihn noch einmal anzusetzen brauchten. (Wortübung 12, 23, 24, 48, 49) Ist der Anlaut stimmhaft *(mit dir)*, so geben wir beim Öffnen des Verschlusses die Stimme dazu. (Wortübung 13, 14, 25, 26, 50, 51)

Wortübungen

p — b

1. —	2.	3. —	4.
Pein	Bein	platt	Blatt
Paß	Baß	plätten	Blätter
Pakt	backt	Plombe	blond
Paar	Bar	Planke	blank
Part	Bart	plötzlich	Blöße
paßt	Bast	plaudern	blau
parken	Barke		
Panne	Bann		
Pol	Bohle		
Pore	bohren		

5. —	6.	7. —	8.
Pracht	brachte	Liebe	Lippe
prusten	Brust	gerieben	Gerippe
Prater	Braten	Hiebe	Hippe
Prosa	Brosche	leben	läppisch
prompt	Brombeere	haben	Happen
Protest	Brot	laben	Lappen
		Rabe	Rappe
		Wabe	Wappen
		Bube	Puppe
		Grube	Gruppe

9.	10.	11.	12. [(p) — p]
ab	Dieb	Betrieb	Schreibpapier
ob	Lob	Klebstoff	Erbpacht
selbst	er gab	Rebstock	abpacken
gelb	Grab	gib	abprallen
vergilbt	Trab	Sieb	lobpreisen
Kalb	es staubt	du lebst	ob Paul
halb	betäubt	du raubst	ab Paris
herb	er schob	Obst	er trieb Pferde
Verb	er hob	gehabt	grub planvoll
warb	es übt	er grub	trieb Politik

13. [(p) — b]	14. [(p) — b]
abbrechen	gib bitte
abbiegen	schreib bald
Halbbitter	es gab Birnen
Hubbrücke	trieb Blüten
Abbitte	bleib brav
Raubbau	gab Beispiele
verschiebbar	trieb beide
Abbau	ob bald
Staubbeutel	ab Bochum
abbeißen	den Stab brechen

t — d

15. —	16.	17. —	18.	19. —	20.
Tier	dir	trat	Draht	Lieder	Liter
Thing	Ding	trink	Drink	bieder	bitter
Teer	der	Trank	Drang	Feder	Vetter
Tanne	dann	Tran	dran	Seide	Seite
Tank	Dank	Thron	Drohne	leiden	leiten
Teich	Deich	trüb	drüben	gerade	Ratte
Torte	dort	treten	drehten	Made	Matte
Tom	Dom	Tritt	zu dritt	Wade	Watte
Tour	Dur	Trecker	Dreck	Lade	Latte
tun	dun	treiben	drei	Puder	Puter

21.	22.	23. [(t) — t]	24. [(t) — t]
bald	Lied	mitteilen	Handtuch
Held	Tod	Stadtteil	Sandtorte
Wild	Bad	Weltteil	Wandtafel
Wind	Rad	achtzig	Landtag
Hund	Jagd	Zeitzünder	Kindtaufe
Grund	Magd	Sport treiben	mundtot
gesund	Mond	recht teuer	und tut
wird	Mitglied	nicht tief	bald trocken
Herd	Eid	gut tanzen	und zwar
Pferd	ihr seid	mit Tinte	zur Geduld zwingen

25. [(t) — d]	26. [(t) — d]	27. [-stʃ-]
plattdeutsch	Blinddarm	Rostschutz
Bettdecke	Wilddieb	feststellen
seitdem	währenddessen	durststillend
altdeutsch	bald darauf	Lustschloß
acht Damen	es wird dunkel	Selbstschutz
mit dir	und der	Feststimmung
nicht dumm	und du	kostspielig
seit damals	sind die	Gaststätte
wer kennt dies	und dennoch	Dunstschicht
was macht das	ihr seid da	Festspiel

k — g

28. —	29.	30. —	31.
Kies	gieß	klimmen	glimmen
Kern	gern	klüger	glühen
Kästen	Gesten	Kletten	glätten
können	gönnen	Kleister	Gleis
Keule	Gäule	Kleid	gleiten
Kasse	Gasse	Klasse	Glatze
Karten	Garten	Klotz	glotzen
Kabel	Gabel	klobig	Globus
kaum	Gaumen	er klomm	es glomm
Kuß	Gruß	klauben	glauben

32. —	33.	34.	35.
Krim	Grimm	Knie	Knirps
Krämer	grämen	knien	knistern
Kresse	gräßlich	knicken	knitterfrei
Kram	Gram	knickerig	knirschen
es kracht	Gracht	Knicks	Knittelvers
Kraft	Graf	Kniff	Knüller
kratzen	Graz	knifflig	Knüppel
kraß	Gras	Knigge	Knüpfen
Krabben	graben	Knilch	kneten
Kropf	grob	knipsen	Knebel

36.	37.	38.	39.
Knecht	knacks	knauserig	Knoblauch
Knäckebrot	Knackwurst	knautschen	Knoten
Knöchel	knapp	Knochen	Knuff
Knödel	knallen	Knolle	knurren
kneifen	knallrot	Knopf	knusperig
Kneifer	knarren	Knorpel	knuspern
Kneipe	Knast	knorrig	Knust
knabbern	knattern	Knospe	Knut
Knabe	Knauf	Knäuel	Knute
knacken	knausern	knobeln	knutschen

40.	41. —	42.	43.
Gnade	Ziege	Zicke	Hamburg
gnädig	Degen	Decke	sorglos
Gnosis	legen	lecken	arglistig
Gnostiker	Nägel	necken	Georg
Gnom	jagen	Jacke	weg
Gnu	wagen	wacker	Sarg
Gneis	lügen	Lücke	geborgt
	Sage	Sack	folgsam
	Kegel	keck	Berg
	Bogen	Bock	erfolgreich

44.	45.	46. —	47.
Tag	Zeugnis	Flug	Fluch
ich mag	vergnüglich	Sieg	siech
genug	Zögling	Teig	Teich
Zug	Schlag	Bug	Buch
Vertrag	zaghaft	Zwerg	Zwerchfell
besiegt	tagtäglich	er taugt	er taucht
es genügt	Zweig	er kriegt	er kriecht
Belag	Krug	du magst	du machst
Pflug	Antrag	ausgelaugt	erlaucht
möglich	tauglich	gesäugt	verseucht

48. [(k) — k]
Druckknopf
Sackkarre
zurückkommen
Markknochen
Rockkragen
Bankkonto
Druckkosten
trink Kaffee
vom Fleck kommen
einen Frack kaufen

49. [(k) — k]
Bergkristall
zugkräftig
Schlagkraft
Bahnsteigkarte
Bergkrankheit
den Weg kennen
schlag kräftig
leg Kohlen auf
genug Kohlen
sag kein Wort

50. [(k) — g]
Sackgasse
Stückgut
Bankgeschäft
zurückgehen
Rückgrat
Glück gehabt
schlank geworden
stark genug
ein Stück geben
Schmuck glänzt

51. [(k) — g]
Zweiggeschäft
Berggipfel
Auftraggeber
Berggeist
ausschlaggebend
weggegangen
sieggewohnt
er mag gern
er lag gerade
klug geredet

x

52.
mixen
Boxer
Hexe
Lexikon
Luxus
Nixe
Examen
Max
fix
Axt

53.
Xanten
Xaver
Xenophon
Xerxes
Xanthippe
Xylophon

54.
links
Klecks
sechs
Flachs
Wachs
Haarwuchs
Fuchs
Dachs
Lachs
Knicks

55.
erwachsen
urwüchsig
Drechsler
wechseln
Achsel
Deichsel
Wichse
Ochse
Eidechse
Häcksel

56.	57.	58.
fertig	Predigt	abfertigen
ewig	genehmigt	genehmigen
König	beruhigt	verewigen
launig	ermäßigt	Könige
eifrig	erledigt	Königin
gütig	genötigt	weniger
billig	beteiligt	billiger
lustig	wenigstens	Reinigung
ruhig	du reinigst	Verkündigung
völlig	beschäftigst	Beruhigung

Satzübungen

p — b

1. Paula will sich einen Kuppelpelz verdienen.
2. Abbitte ist die beste Buße.
3. Berta, gib bitte dem Bettler ein Butterbrot!
4. Böse Beispiele verderben gute Sitten.
5. Die persische Pilgergruppe schleppt Mappen und Pakete die Treppe hinauf.

t — d

6. Doppelt genäht hält gut.
7. Es ist nicht alle Tage Sonntag.
8. Die dümmsten Bauern haben die dicksten Kartoffeln.
9. Hörst du nicht den Wind da draußen?
10. Endlich bringt das Boot die Post zur Insel.

k — g

11. Auf einen groben Klotz gehört ein grober Keil.
12. Es ist nicht alles Gold, was glänzt.
13. Du solltest wenigstens nicht an die große Glocke hängen, was du getan hast; denn wenn es bekannt wird, kann es dich Kopf und Kragen kosten.
14. Was du für Kleider und Röcke ausgibst, geht auf keine Kuhhaut.

15. Künftig mag dein Zeugnis wohl noch besser als befriedigend werden, wenn du diesen Weg zielstrebig und fleißig verfolgst.
16. Onkel Christian ließ den Sektkorken gegen die Decke fliegen.
17. Der Dirigent legte den Taktstock ruhig weg und beglückwünschte den Geiger.
18. Der Klügere gibt nach.
19. Der erfolgreiche Bergsteiger leugnet keineswegs die Schwierigkeiten und Gefahren, denen er täglich begegnet.
20. Als Kurt merkte, daß die Kugel des Eingeborenen den Tiger glücklich getroffen hatte, war sein Schreck wie weggeflogen.

kn

21. Dem Knaben schlotterten die Knie.
22. Der knurrige Knecht knallt mit der Knute.
23. Eine Knute ist eine Knotenpeitsche.
24. Der Knirps knuspert am Knäckebrot.
25. Dieser Knoten ist besonders knifflig geknüpft.
26. Der Knecht knabbert Knoblauchknollen.
27. Die Knödel in dieser Kneipe sind mit Knoblauch gewürzt.
28. Knurrend entfernte der Gnom den Knorpel aus seiner Knackwurst.
29. Der vergnügte Knabe kniff seinen Freund knapp über dem Knie.
30. Mit den Zähnen knirschend, zerknüllte der Delinquent das Gnadengesuch.
31. Den verlorenen Knopf fand der Knirps im Innern des Knäuels wieder.
32. Im knisternden Gebüsch knabbert das Gnu an den Knospen.

x

33. Der Klecks ist auf sechs Seiten des Buchs zu sehen.
34. Das Haus der Hexe ist mit Moos bewachsen.

35. An der Traufe des Dachs hängen knusprige Brezeln.
36. Woher des Wegs?
37. Der Lachs ist ein Wanderfisch des Nordatlantiks.
38. Bei der Sturmflut stieg das Wasser bei Buxtehude bis an die Krone des Deichs.
39. Die Luxusausgabe des Lexikons wurde von unserer Expeditionsabteilung als Expreßgut abgesandt.

Was ich mir in der Sprecherziehung besonders merken wollte

(Wichtiges anstreichen! — Fehlendes hinzufügen!)

1. Mit Zwerchfell und Flanken atmen. Nicht die Schultern heben. (Seite 22 f.)
2. Lautlos und schnell einatmen in U-Stellung. (Seite 27)
3. Knacklaut vorsichtig ansetzen bei Vokal im Anlaut: *ein und alles.* (Seite 39 f.)
4. Kräftige Lippenbewegung, besonders bei i, j, ch, s und andererseits bei u, ü, sch. (Seiten 55, 114, 101, 61, 66, 106)
   (Vgl. auch die 7. Übung der Sprechorgane auf Seite 62)
5. Zungenspitze bei allen Vokalen an die Unterzähne. (Seite 36)
6. Langes a in: *nach, Jagd, Tag, Gas, Glas, Gras, Grab, Rad, Bad.* (Seite 44)
7. Lippen entspannt beim kurzen a und bei ei und au (sonst plärrig). (Seiten 43 und 71)
8. Langes e in: *er, der, wer, werden, Erde.* (Seite 48)
9. Lippen entspannt beim Endungs-e: *hatte, hatten.* Kein e-Klang wie in »nett«, aber auch nicht ganz verschlucken. (Seite 49)
10. Langes ä ist offen wie kurzes e: *nett … Nähte.* (Seite 48)
11. Langes u in: der *Wuchs,* er *wusch* sich. (Seite 62)
12. ng ist **ein** Laut, nicht ngk: *Ring.* (Seite 76 f.)
13. Kein Rachen-R: *Garten.* (Seite 86)
14. Rollendes r auch vor Konsonanten: *warm, durch.* (Seite 86)
15. Ungerolltes r am Ende nicht zu a werden lassen: *Tor.* (Seite 86)
16. Kein -h- im Wortinnern: *gehen.* (Seite 92 f.)

17. pf- am Anfang mit kräftigem p (Lippen gespannt): *Pfund.* (Seite 95)
18. st-, sp- am Anfang deutscher Wortstämme = scht-, schp-. (Seite 107 f.)
19. Ach-Laut ohne Nebengeräusch: *Schachtel.* (Seite 114 f.)
20. Auslautendes -g = -k *(Berg),* aber -ig = -ich *(König).* (Seite 120 f.)

21. ....

22. ....

23. ....

24. ....

25. ....

B. Leselehre

Einleitung

In den vorangegangenen Übungen zur Sprecherziehung haben wir die richtige Bildung jedes Lautes kennen- und ihn im Wort- und Satzzusammenhang sprechen gelernt. Trotzdem fehlt unserer bisherigen Arbeit noch etwas für die Praxis des Sprechens und Redens sehr Wichtiges: Wir haben nur solchen Text gesprochen, der eigens für die Übung eines bestimmten Lautes oder einer Lautgruppe zusammengestellt worden ist, so daß wir unsere Aufmerksamkeit auf die jeweiligen Schwierigkeiten konzentrieren konnten.

Nun wollen wir unsere Kenntnisse und Fertigkeiten anwenden, indem wir dichterische und Prosatexte *im Ganzen* erarbeiten. Hierbei liegt unser Ziel nicht mehr in der richtigen Aussprache eines einzelnen Lautes — das müssen wir jetzt voraussetzen! —, sondern in der aussagekräftigen Gestaltung eines Sinnzusammenhanges.

Die im folgenden abgedruckten Gedichte und Prosastücke wollen einerseits als Beispiele für die Anwendung der Sprecherziehungsregeln verstanden werden, andererseits aber wollen sie uns helfen, einen — freilich schon vorgeformten — Gedankengang überzeugend darzulegen. Das Geheimnis des überzeugenden Vorlesens liegt in der Kunst, so zu lesen, als ob man gerade *nicht* läse, sondern den Text frei spräche. Hören Sie daraufhin einmal den geübten Rundfunk- und Fernsehansagern zu!

Die letzte Stufe ist dann die selbständige Formung eines Gedankens im Augenblick des Aussprechens. Auf dieser höchsten Stufe sollte sich aber niemand tummeln, der sich nicht um die beiden zu ihr hinaufführenden eifrig bemüht hat. Seine Arbeit bliebe sonst gar zu sehr Stückwerk und würde durch Fehler, die schon auf den beiden grundlegenden Stufen hätten beseitigt werden müssen, behindert oder sogar gänzlich um ihre Früchte gebracht.

Was schon für die Sprecherziehung im engeren Sinne gesagt werden mußte, gilt für die Leselehre in mindestens gleichem Maße: Kein Lehrbuch kann das sprecherische Vorbild, das kritische Ohr und die auf den einzelnen Lehrgangsteilnehmer abgestimmten Hinweise eines kundigen Leiters ersetzen. Ich möchte mich daher im wesentlichen auf die *Darreichung* von Texten beschränken, und zwar von solchen, die sich in meinen Übungen seit vielen Jahren bewährt haben. Die folgenden Bemerkungen sollen darum nur einige Zielmarken ins rechte Licht rücken.

Unsere Bemühungen um eine sprecherische Nachgestaltung richten sich zunächst auf einige *Gedichte*: fünf heitere und sechs ernste. Davon sind zwei Dialektgedichte, an denen sich natürlich nur versuchen sollte, wem der niederdeutsche Sprachklang — es braucht aber nicht die Mundart der beiden Dichter zu sein — nicht völlig fremd ist. Es empfiehlt sich, mit den Gedichten zu beginnen und nicht mit der Prosa; denn der unregelmäßige Rhythmus eines Prosatextes verführt den ungeübten Sprecher leicht zu eigenen unangemessenen Rhythmusbildungen, der typischen »Lesebetonung«, die sich besonders häufig am *Ende* des Satzes einstellt. (Christian Winkler nennt diese Erscheinung »**schematische Endschwere**«.)

Die kleine *Fabel* von GOETHE verlangt — besonders in der letzten Zeile — die eigene Stellungnahme des Sprechers und seine hörbare Hinwendung an den Zuhörer. — Die beiden Fabeln von LA FONTAINE bilden dann den Übergang zur Prosa. Ihr Versbau ist so verwickelt, daß sie fast wie Prosa klingen. Die zweite habe ich deshalb auch in Prosaform gesetzt. Es folgen zwei *Märchen,* weil sie sich seit je als ergiebig in der Erarbeitung gerade für erste Gestaltungsversuche erwiesen haben.

Die beiden *Anekdoten* verlangen wegen ihrer Kürze und ihrer Ausrichtung auf die Pointe eine genau durchgebildete Sprachform. Auch die *Aphorismen* müssen vom Vorleser wegen des zwar meisterlichen, aber schwierigen Gefüges ihrer Sätze ganz sicher gestaltet werden. Wenn der Hörer sie beim einmaligen Vortrag ausschöpfend erfassen soll, muß jedes Wort deutlich, aber in der richtigen Schwereabstufung den andern gegenüber gesprochen werden, und der Text muß durch Pausen und Zäsuren übersichtlich in Sinnschritte gegliedert sein. Die Erkenntnis, daß die Satzzeichen uns dafür nicht immer sichere Hinweise geben, weil sie keine Lesehilfen mehr sind, sondern dem grammatischen Prinzip folgen, wird uns auch bei anderen Texten vor falscher Gliederung bewahren.

Vortragszeichen für die sinnwichtigsten Wörter — die *»Brückenpfeiler«* —, für weitere Hervorhebungen, für Tempo- und Tonhöhenänderungen, für Einschnitte, die nur zum Teil der Atmung dienen dürfen, für all dies Zeichen am Text anzubringen, wird sich oftmals als hilfreich erweisen. Nur scheint es mir unzweckmäßig, solche Zeichen schon mitzu*drucken.* Vielmehr sollte sie sich jeder Sprecher erst erarbeiten und dann selbst in seinen Text eintragen.

Drei *längere Prosastücke* — alle freilich nur die Anfänge größerer Werke — mögen uns den »längeren Atem« des geruhsam daherschreitenden Erzählers finden helfen. Das dritte ist wegen seiner unterschiedlichen Grundstimmung auch sprecherisch ganz anders zu interpretieren als die beiden ersten, deren Schwierigkeit besonders in den langen Sätzen liegt. Wenn wir uns — wie gesagt — vorstellen, wie sie klängen, wenn wir sie frei sprächen und nicht abläsen, haben wir einen guten Maßstab für die Beurteilung unserer Leistung.

Der *Brief* steht dem gesprochenen Wort, und zwar der ganz persönlichen Unterhaltung mit einem einzelnen Partner, so nahe, daß der Empfänger das Gefühl einer unmittelbaren Kommunikation mit dem Briefschreiber haben, daß er ihn förmlich zu sich sprechen hören muß. Bei diesem Brief mit seinem Wechsel der Bilder und Reflexionen und, damit verbunden, dem Wechsel von Lautstärke, Tonhöhe und Sprechtempo wird das nach liebevollem Versenken in den Text erreichbar sein, auch wenn Rilke hier den Empfänger nirgends namentlich anredet.

Es folgen noch zwei untereinander völlig verschiedene Prosastücke. Das eine ist eine *Kurzgeschichte,* deren schmucklose, ja trümmerartige Prosa jedes Pathos sofort als unziemlich entlarvt. Das andere sind jene dramatisch dahinbrausenden Riesensätze KLEISTs, deren angemessene Nachgestaltung nicht nur ein hohes technisches Können voraussetzt, sondern auch eine sehr genaue geistige Durchdringung des Aufbaus. Die beiden Stücke sind in ihrer Gegensätzlichkeit zugleich Musterbeispiele für die Verwendung der »Schonstimme« und der »Kraftstimme« (Trojan).

Die letzten vier Texte sind Beispiele für *Gebrauchsprosa*: Rede, Vortrag, Fachtext und Nachrichten. — Die Rede ist bald nach dem Zweiten Weltkrieg im Landtag von Schleswig-Holstein gehalten worden. Der Redner sprach frei, d. h. nach Stichworten, im letzten Absatz sogar ohne Konzept. Der Text ist fast wörtlich, nur des Zeitkolorits entkleidet, abgedruckt. Unsere Aufgabe besteht nun darin, unsere Hörer so überzeugend *an*zusprechen, daß sie sich von unseren Argumenten gepackt fühlen, als ob wir unsere eigenen *im Augenblick der Rede formulierten* Gedanken vortrügen.

Auch der Vortragende, dem es weniger um die *Überzeugung* als um die *Belehrung* seiner Zuhörer geht, darf kein »Selbstgespräch« führen, sondern muß den ständigen Kontakt mit seinen Hörern wahren. Wer Professor von Weizsäcker bei dieser oder anderer Gelegenheit erlebt hat, wird bestätigen, wie sehr es ihm stets gelingt, Zwiesprache mit seinen Zuhörern zu halten.

Mit der Entwicklung einer »**mitteilenden Sprechhaltung**«, die hierbei noch wichtiger ist als bei den vorher gesprochenen Dichtungen, und eines weitgehenden »**Augenkontakts**« mit unseren Hörern gelangen wir schon auf den Weg, der uns zur Schulung in f r e i e r R e d e führt.

Wer in Wirtschaft und Verwaltung, aber auch in der Politik, als Referent auftritt, wird häufiger seine Argumente durch Zitate aus der wissenschaftlichen Literatur untermauern. Gerade an solchen Stellen erlebt man oft ein monotones und viel zu schnelles Herunterleiern der Textstelle. Das ist dadurch zu erklären, daß der Referent das Zitat schon mehrere Male gelesen hat, so daß ihm der Inhalt ganz geläufig ist, und nun schämt er sich gewissermaßen der von ihm längst verstandenen, aber nicht von ihm stammenden Gedanken und schnurrt sie deshalb so schnell wie möglich herunter. Um diesem Fehler zu begegnen, wollen wir einen Abschnitt aus einem Grundriß der Volkswirtschaftslehre vorlesen und uns dabei um eine verständliche und eindringliche Darstellungsweise bemühen, auch wenn der Stil des Verfassers nicht der unsere ist.

Ein Nachrichtensprecher schließlich hat stets seine Neutralität und Objektivität den von ihm verlesenen Meldungen gegenüber zu wahren. Dennoch verlangen sie eine wohlüberlegte sprecherische Gliederung. Die »Brückenpfeiler« sind hier im Gegensatz zur Rede mit *Tiefton* zu sprechen. Ein eigener Versuch wird uns schnell die richtige Sprechmelodie finden helfen.

Texte

Wilhelm Busch: Es sitzt ein Vogel auf dem Leim

Es sitzt ein Vogel auf dem Leim,
er flattert sehr und kann nicht heim.
Ein schwarzer Kater schleicht herzu,
die Krallen scharf, die Augen gluh.
Am Baum hinauf und immer höher
kommt er dem armen Vogel näher.
Der Vogel denkt: Weil das so ist
und weil mich doch der Kater frißt,
so will ich keine Zeit verlieren,
will noch ein wenig quinquilieren
und lustig pfeifen wie zuvor. —
Der Vogel, scheint mir, hat Humor.

Adalbert von Chamisso: Tragische Geschichte

's war einer, dem's zu Herzen ging,
daß ihm der Zopf so hinten hing,
er wollt' es anders haben.

So denkt er denn: Wie fang ich's an?
Ich dreh' mich um, so ist's getan. —
Der Zopf, der hängt ihm hinten.

Da hat er flink sich umgedreht,
und wie es stund, es annoch steht. —
Der Zopf, der hängt ihm hinten.

Da dreht er schnell sich andersrum,
's wird aber noch nicht besser drum. —
Der Zopf, der hängt ihm hinten.

Er dreht sich links, er dreht sich rechts,
es tut nichts Gut's, es tut nichts Schlecht's. —
Der Zopf, der hängt ihm hinten.

Er dreht sich wie ein Kreisel fort,
es hilft zu nichts, in einem Wort:
Der Zopf, der hängt ihm hinten.

Und seht, er dreht sich immer noch
und denkt: Es hilft am Ende doch. —
Der Zopf, der hängt ihm hinten.

Detlev von Liliencron: Ballade in U-Dur

Es lebte Herr Kunz von Karfunkel
mit seiner verrunzelten Kunkel
auf seinem Schloß Punkpunkel
in Stille und Sturm.
Seine Lebensgeschichte war dunkel,
es murmelte manch Gemunkel
um seinen Turm.

Täglich ließ er sich sehen
beim Auf- und Niedergehen
in den herrlichen Ulmenalleen
seines adligen Guts.
Zuweilen blieb er stehen
und ließ die Federn wehen
seines Freiherrnhuts.

Er war just hundert Jahre,
hatte schneeschlohweiße Haare
und kam mit sich ins klare:
Ich sterbe nicht.
Weg mit der verfluchten Bahre
und ähnlicher Leichenware!
Hol' sie die Gicht!

Werd' ich, neugiertrunken
ins Gartengras hingesunken,
entdeckt von dem alten Halunken,
dann grunzt er plump:
Töw, Sumpfhuhn, ik will di glieks tunken
in den Uhlenpfuhl zu den Unken,
du schrumpliger Lump.

Einst lag ich im Verstecke
im Park an der Rosenhecke,
da kam auf der Ulmenstrecke
etwas angemufft.
Ich bebe, ich erschrecke:
Ohne Sense kommt mit Geblecke
der Tod, der Schuft.

Und von der andern Seite,
mit dem Krückstock als Geleite,
in knurrigem Geschreite,
kommt auch einer her.
Der sieht nicht in die Weite,
der sieht nicht in die Breite,
geht gedankenschwer.

Hallo, du kleine Mücke,
meckert der Tod voll Tücke,
hier ist eine Gräberlücke,
hinunter ins Loch!
Erlaube, daß ich dich pflücke,
sonst hau' ich dir auf die Perücke,
oller Knasterknoch.

Der alte Herr, mit Grimassen,
tut seinen Krückstock fest fassen:
Was hast du hier aufzupassen,
du Uhu, du!
Weg da aus meinen Gassen,
sonst will ich dich abschrammen lassen
zur Uriansruh!

Sein Krückstock saust behende
auf die dürren, gierigen Hände,
die Knöchel- und Knochenverbände:
knicksknucksknacks.
Freund Hein schreit: Au, mach ein Ende!
Au, au, ich lauf' ins Gelände
nach Haus schnurstracks.

Noch heut lebt Herr Kunz von Karfunkel
mit seiner verrunzelten Kunkel
auf seinem Schloß Punkpunkel
in Stille und Sturm.
Seine Lebensgeschichte ist dunkel,
es murmelt und raunt manch Gemunkel
um seinen Turm.

Christian Fürchtegott Gellert: Der gute Rat

Ein junger Mensch, der sich vermählen wollte
und dem man manchen Vorschlag tat,
bat einen Greis um einen guten Rat,
was für ein Weib er nehmen sollte.
»Freund«, sprach der Greis, »das weiß ich nicht.
So gut man wählt, kann man sich doch betrügen.
Sucht Ihr ein Weib bloß zum Vergnügen:
So wählet Euch ein schön' Gesicht.
Doch liegt Euch mehr an Renten und am Staate
als am verliebten Zeitvertreib,
so dien' ich Euch mit einem andern Rate:
Bemüht Euch um ein reiches Weib.
Doch strebt Ihr durch die Frau nach einem hohen Range:
Nun, so vergeßt, daß beßre Mädchen sind,
wählt eines großen Mannes Kind,
und untersucht die Wahl nicht lange.
Doch wollt Ihr mehr für Eure Seele wählen
als für die Sinnen und den Leib:
So wagt's, um Euch nach Wunsche zu vermählen,
und wählt Euch ein gelehrtes Weib.«
Hier schwieg der Alte lachend still.
»Ach!« sprach der junge Mensch, »Das will ich ja nicht
      wissen.
Ich frage, welches Weib ich werde wählen müssen,
wenn ich zufrieden leben will
und wenn ich, ohne mich zu grämen —«
»Oh!« fiel der Greis ihm ein, »Da müßt Ihr keine nehmen.«

Klaus Groth: Matten Haas'

Lütt Matten de Haas',
de maak sik en Spaaß,
he weer bi't Studeern,
dat Danzen to lehrn,
un danz ganz alleen
op de achtersten Been.

Keem Reinke de Voß
und dach: Dat's en Kost!
Un secht: Lüttje Matten,
so flink op de Padden?
Un danzt hier alleen
op de achtersten Been?

Kumm, laat uns tosaam!
Ik kann as de Daam!
De Krei, de spelt Fidel,
denn geiht dat kandidel,
denn geiht dat maal schöön
op de achtersten Been!

Lütt Matten geev Poot.
De Voß beet em doot;
un sett' sik in'n Schatten,
verspies' den lütt Matten:
De Krei, de kreeg een
vun de achtersten Been.

Johann Hinrich Fehrs: Oktober

Daar kümmt de Harvst mit Macht,
he schient un winkt un lacht,
sien Mantel gęl un kopperroot,
en bunte Dęk licht to sien Foot —
wo prächtig steiht he daar,
en König ganz un gaar!

Keen schrökelt nu so traag
dör Heid' un Holt un Haag?
Sien Oog is holl, sien Aten koold,
un süht he an den stolten Wohld —
wat fallt de Vagels in?
Wo wüllt de Blęder hin?

To't Lęben höört de Dood,
so will't de lewe Gott.
Wi sünd as Blęder op'n Boom,
dat Lęben is en Sommerdroom —
vull Radels bet to Enn,
vull Radels bet to Enn.

Martin Greif: Vor der Ernte

Nun störet die Ähren im Felde ein leiser Hauch.
Wenn eine sich beugt, so bebet die andre auch.
Es ist, als ahnten sie alle der Sichel Schritt. —
Die Blumen und fremden Halme erzittern mit.

144

Conrad Ferdinand Meyer: Der römische Brunnen

Auf steigt der Strahl und fallend gießt
er voll der Marmorschale Rund,
die, sich verschleiernd, überfließt
in einer zweiten Schale Grund;
die zweite gibt, sie wird zu reich,
der dritten wallend ihre Flut,
und jede nimmt und gibt zugleich
      und strömt und ruht.

Friedrich Hebbel: Herbstbild

Dies ist ein Herbsttag, wie ich keinen sah!
Die Luft ist still, als atmete man kaum,
und dennoch fallen raschelnd, fern und nah,
die schönsten Früchte ab von jedem Baum.

O stört sie nicht, die Feier der Natur!
Dies ist die Lese, die sie selber hält,
denn heute löst sich von den Zweigen nur,
was vor dem milden Strahl der Sonne fällt.

Matthias Claudius: Die Sternseherin Lise

Ich sehe oft um Mitternacht,
wenn ich mein Werk getan
und niemand mehr im Hause wacht,
die Stern' am Himmel an.

Sie gehn da, hin und her zerstreut
als Lämmer auf der Flur,
in Rudeln auch und aufgereiht
wie Perlen an der Schnur

und funkeln alle weit und breit
und funkeln rein und schön;
ich seh' die große Herrlichkeit
und kann mich satt nicht sehn ...

Dann saget unterm Himmelszelt
mein Herz mir in der Brust:
»Es gibt was Bessers in der Welt
als all ihr Schmerz und Lust.«

Ich werf' mich auf mein Lager hin
und liege lange wach
und suche es in meinem Sinn
und sehne mich danach.

Gottfried Benn: Einsamer nie

Einsamer nie als im August:
Erfüllungsstunde —, im Gelände
die roten und die goldenen Brände,
doch wo ist deiner Gärten Lust?

Die Seen hell, die Himmel weich,
die Äcker rein und glänzen leise,
doch wo sind Sieg und Siegsbeweise
aus dem von dir vertretenen Reich?

Wo alles sich durch Glück beweist
und tauscht den Blick und tauscht die Ringe
im Weingeruch, im Rausch der Dinge —:
dienst du dem Gegenglück, dem Geist.

Goethe: Die Frösche

Ein großer Teich war zugefroren,
die Fröschlein, in der Tiefe verloren,
durften nicht ferner quaken noch springen,
versprachen sich aber, im halben Traum,
fänden sie nur da oben Raum,
wie Nachtigallen wollten sie singen.
Der Tauwind kam, das Eis zerschmolz,
nun ruderten sie und landeten stolz
und saßen am Ufer weit und breit
und quakten wie vor alter Zeit.

La Fontaine: Der Fuchs und die Weintrauben

Ein Fuchs aus der Gascogne, hab' ich gelesen
(nach andern ist er aus der Normandie gewesen),
der schier halb tot vor Hunger war,
sah, hoch am Rebspaliere hängend,
von roter Haut umhüllt sich drängend,
Weintrauben, vollreif offenbar.
Der Schmaus könnt' unserm Schlaukopf so behagen.
Doch waren sie nicht zu erreichen.
»Zu grün«, sprach er, »zu schlecht für meinesgleichen.« —
Tat er nicht besser, als sich zu beklagen?

La Fontaine: Der Wolf und das Lamm

Das Recht des Stärkern beugt das Recht des Schwachen.
Ein Beispiel soll es deutlich machen. — Ein Lamm stillt
seinen Durst im Bach, der klar an ihm vorüberrann. Ein
Wolf ging Abenteuern nach und fand den Platz, der Hun-
5 ger zog ihn an. »Was trübst du«, rief das böse Tier voll
Wut, »mein Wasser mir? Was gibt dir solchen Mut? Wart,
deine Frechheit wird dir schaden.« — »Herr«, sprach das
Lamm, »ich bitte, Euer Gnaden wolle sich nicht so sehr
erregen, vielmehr in Ruhe überlegen, daß mehr als zwan-
10 zig Schritt stromauf am Wasserlauf sie ihren Durst stillt,
ich stromab von ihr. Wie also sollt' ich das verüben und ihr
beim Trunk das Wasser trüben?« — »Du trübst es«, schrie
das wilde Tier, »auch sprachst du schlecht von mir ver-
gangnes Jahr.« — »Wie konnt' ich, da ich nicht geboren
15 war?« versetzt' das Lamm. »Die Mutter säugt mich noch.«
— »Warst du's nicht, war's dein Bruder doch.« — »Ich habe
keinen.« — »Nun, dann einer von deiner Sippschaft. Niemals schont ihr meiner, ihr, eure Hirten, eure Hunde. Man
sagte mir's. Ich muß mich rächen.« — Er schleppt es fort
20 zum Waldesgrunde und frißt es auf zur selben Stunde.

Grimm: Der Fuchs und die Gänse

Der Fuchs kam einmal auf eine Wiese, wo eine Herde
schöner fetter Gänse saß, da lachte er und sprach: »Ich
komme ja wie gerufen, ihr sitzt hübsch beisammen, so
kann ich eine nach der andern auffressen.« Die Gänse
5 schnatterten vor Schrecken, sprangen auf, fingen an zu
jammern und kläglich um ihr Leben zu bitten. Der Fuchs
aber wollte auf nichts hören und sprach: »Da ist keine
Gnade, ihr müßt sterben.« Endlich nahm sich eine ein
Herz und sagte: »Sollen wir armen Gänse doch einmal un-
10 ser junges frisches Leben lassen, so erlaub uns noch ein
Gebet, damit wir nicht in unseren Sünden sterben. Her-
nach wollen wir uns auch in eine Reihe stellen, damit du
dir immer die fetteste aussuchen kannst.« — »Ja«, sagte
der Fuchs, »das ist billig und ist eine fromme Bitte. Betet,
15 ich will so lange warten.« Also fing die erste ein recht langes Gebet an, immer: »Ga! Ga!«, und weil sie gar nicht auf-
hören wollte, wartete die zweite nicht, bis die Reihe an sie
kam, sondern fing auch an: »Ga! Ga!« Die dritte und vierte
folgten ihr, und bald schnatterten sie alle zusammen. —
20 Und wenn Sie ausgebetet haben, soll das Märchen weiter-
erzählt werden, sie beten aber noch immer fort.

Grimm: Der goldene Schlüssel

Zur Winterszeit, als einmal tiefer Schnee lag, mußte ein
armer Junge hinausgehen und Holz auf einem Schlitten
holen. Als er es nun zusammengesucht und aufgeladen
hatte, wollte er, weil ihn so fror, noch nicht nach Hause ge-
5 hen, sondern erst Feuer anmachen und sich ein bißchen
wärmen. Da scharrte er den Schnee weg, und als er so den
Erdboden aufräumte, fand er einen kleinen goldenen
Schlüssel. Nun glaubte er, wo der Schlüssel wäre, müßte
auch das Schloß dazu sein, grub in der Erde und fand ein
10 eisernes Kästchen. Er dachte: »Wenn der Schlüssel nur
paßt! Es sind gewiß kostbare Sachen in dem Kästchen.«
Er suchte, aber es war kein Schlüsselloch da. Endlich ent-
deckte er eins. Das war aber so klein, daß man es kaum sehen konnte. Er probierte, und der Schlüssel paßte glück-
15 lich. Da drehte er einmal herum, und nun müssen wir warten, bis er vollends aufgeschlossen und den Deckel aufge-
macht hat: Dann werden wir erfahren, was für wunderbare
Sachen in dem Kästchen lagen.

Wilhelm Schäfer: Der Fährmann

Als Napoleon im Dezember 1812 nach Grodno kam, hatte er den kläglichen Rest seines geschlagenen Heeres seit
drei Tagen verlassen, um sich, unbekannt und nur von ein
paar Getreuen begleitet, aus dem verlorenen Feldzug in
5 Rußland nach Frankreich zu retten. In dunkler Frühe
stürmte er mit seinem Schlitten auf die Fähre von Grodno,
um über die Memel zu setzen, die trotz der grausamen
Kälte noch offen war.

»Sind schon viele französische Deserteure hinüber?« frag-
10 te der Kaiser aus seinem Schlitten den Fährmann.

Der konnte nicht ahnen, wer, in Pelzen vermummt, ihn so
fragte. »Nein, Herr«, entgegnete er: »Sie sind der erste.«

Das Recht

Talma, der berühmte französische Schauspieler, jagte eines Tages, ohne sich um eine Erlaubnis zu kümmern. Ein Jagdhüter hielt ihn an und fragte ihn, mit welchem Recht er in diesem Revier jage. Da nahm Talma seine königlichste Haltung an und deklamierte:

»Sie fragen mich, mit welchem Recht, mein Herr?
Mit jenem Recht, das den erhabnen Geist
emporhebt über niedrige Naturen!«

Der Waldhüter war derart eingeschüchtert, daß er nur zu erwidern vermochte: »Verzeihung, das konnte ich nicht wissen.«

Marie von Ebner-Eschenbach: Aphorismus

Einen Gedanken verfolgen — wie bezeichnend dies Wort! Wir eilen ihm nach, erhaschen ihn, er entwindet sich uns, und die Jagd beginnt von neuem. Der Sieg bleibt zuletzt dem Stärkeren. Ist es der Gedanke, dann läßt er uns nicht ruhen, immer wieder taucht er auf — neckend, quälend, unserer Ohnmacht, ihn zu fassen, spottend. Gelingt es aber der Kraft unseres Geistes, ihn zu bewältigen, dann folgt dem heißen Ringkampf ein beseligendes, untrennbares Bündnis auf Leben und Tod, und die Kinder, die ihm entspringen, erobern die Welt.

Arthur Schopenhauer: Zwei Aphorismen

Lesen heißt mit einem fremden Kopfe statt des eigenen denken. Nun ist aber dem eigenen Denken, aus welchem allemal ein zusammenhängendes Ganzes, ein wenn auch nicht streng abgeschlossenes System sich zu entwickeln
5 trachtet, nichts nachteiliger als ein vermöge beständigen Lesens zu starker Zufluß fremder Gedanken; weil diese, jeder einem andern Geiste entsprossen, einem andern Systeme angehörend, eine andre Farbe tragend, nie von selbst zu einem Ganzen des Denkens, des Wissens, der
10 Einsicht und Überzeugung zusammenfließen, vielmehr eine leise babylonische Sprachverwirrung im Kopfe anrichten und dem Geiste, der sich mit ihnen überfüllt hat, nunmehr alle klare Einsicht benehmen und so ihn beinahe desorganisieren.

☆

15 Die Gegenwart eines Gedankens ist wie die Gegenwart einer Geliebten. Wir meinen, diesen Gedanken werden wir nie vergessen und diese Geliebte könne uns nie gleichgültig werden. Allein aus den Augen, aus dem Sinn! Der schönste Gedanke läuft Gefahr, unwiederbringlich verges-
20 sen zu werden, wenn er nicht aufgeschrieben, und die Geliebte, von uns geflohen zu werden, wenn sie nicht angetraut worden ist.

Rudolf G. Binding: Der Opfergang

In jenem heißen August, da die Cholera in Hamburg herrschte und mehr Menschen die Kühle des Grabes brachte als je ein heißer Sommer zuvor, konnte man, immer zur nämlichen Abendstunde, einige Tage lang eine
5 hohe schöne Frau in einer kaum auffälligen und doch so merkwürdigen Verkleidung und Verstellung eine der stillen und vornehmen Villenstraßen an der Alster dahinschreiten sehen, daß man sich unwillkürlich noch mit dieser Erscheinung beschäftigte, nachdem sie längst dem Au-
10 ge entschwunden war. Von den wenigen, die dort gingen, hat wohl niemand ihr nachzublicken gewagt, denn ihre Art erlaubte das nicht; aber nachgesonnen hat ihr wohl jeder, der sie begegnend ins Auge faßte. Es war sicherlich nicht die Zeit zu Vermummungen, während die Seuche
15 täglich gieriger wurde und ihr Hunderte von Menschenopfern nicht mehr genügten; als ich aber das Gebaren dieser Frau sah, welche mit einer inneren Schwere ohngleichen einen vorgeschriebenen Weg zu gehen schien, ergriff es mich, als ob das Leben in einer Art Wettstreit hätte zei-
20 gen wollen, daß es grausamere, blutigere Menschenopfer fordere als jener dörrende Tod.

Mit diesem Schlüssel bin ich ihr nachgegangen, ohne daß sie etwas davon gemerkt hat; und unsichtbare Spuren erzählten mir ihre wundervolle Geschichte. — — —

25 Das Besitztum, aus dem die schöne Frau an jenen Abenden zu ihrem Gang hervortrat, war das ihres Vaters, welcher einen der besten Namen der bürgerstolzen Stadt und, damit in einer nutzbaren Dreieinigkeit verbunden, das beste englische Tuch und die Würde eines Senators auf sei-
30 ner Person vereinigt trug. Denn die Stadt hält es für tunlich, von ihren Besten Alter des Namens, Wohlstand und Würde zugleich zu verlangen, und fördert klüglich von sich aus diese sich durchdringende Verbindung.

In den zwanziger Jahren unseres Jahrhunderts lebte in
Düsseldorf am Rhein, verwitwet seit mehr als einem Jahrzehnt, Frau Rosalie von Tümmler mit ihrer Tochter Anna
und ihrem Sohne Eduard in bequemen, wenn auch nicht
5 üppigen Verhältnissen. Ihr Gatte, Oberstleutnant von
Tümmler, war ganz zu Anfang des Krieges, nicht im Ge-
fecht, sondern auf recht sinnlose Weise durch einen Auto-
mobilunfall, doch konnte man trotzdem sagen: auf dem
Felde der Ehre, ums Leben gekommen — ein harter
10 Schlag, in patriotischer Ergebung hingenommen von der
damals erst 40jährigen Frau, die nun für ihre Kinder des
Vaters, für sich selbst aber eines heiteren Gemahls ent-
behren mußte, dessen öftere Abweichungen von der
Richtschnur ehelicher Treue nur das Merkmal überschüs-
15 siger Rüstigkeit gewesen waren.

Rheinländerin von Geblüt und Mundart, hatte Rosalie die
Jahre ihrer Ehe, zwanzig an der Zahl, in dem gewerbflei-
ßigen Duisburg verbracht, wo von Tümmler garnisonierte,
war aber nach dem Verlust des Gatten mit der achtzehn-
20 jährigen Tochter und dem um zwölf Jahre jüngeren Söhn-
chen nach Düsseldorf übergesiedelt, teils um der schönen
Parkanlagen willen, die diese Stadt auszeichnen (denn
Frau von Tümmler war eine große Naturfreundin), teils
weil Anna, ein ernstes Mädchen, der Malerei zuneigte und
25 die berühmte Kunstakademie zu besuchen wünschte. Seit
einem Jahrzehnt bewohnte die kleine Familie in einer ruhigen, mit Linden bepflanzten, nach Peter von Cornelius
benannten Villenstraße ein gartenumschlossenes, mit dem
etwas verjährten, aber behaglichen Mobiliar im Stil von
30 Rosaliens Vermählungszeit ausgestattetes Häuschen, das
einem kleinen Kreis von Verwandten und Freunden, dar-
unter Professoren der Maler- und auch der medizinischen
Akademie, dann ein und das andere Ehepaar aus indu-
strieller Sphäre, öfters zu anständig aufgeräumten, nach

35 Landesart auch gern ein wenig weinseligen Abendfeiern
gastlich offenstand.

Frau von Tümmler war gesellig von Anlage. Sie liebte es,
auszugehen und in den ihr gesteckten Grenzen ein Haus
zu machen. Ihre schlichte und heitere Gemütsart, ihre
40 Herzenswärme, von der ihre Liebe zur Natur ein Ausdruck war, erwarben ihr allgemeine Zuneigung. Nicht
groß von Person, die Figur aber wohlerhalten, mit schon
stark ergrautem, reichlichem, welligem Haar und feinen,
wenn auch etwas alternden Händen, auf deren Rücken gar
45 zu viele und große, sommersprossenähnliche Hautverfär-
bungen sich mit den Jahren hervorgetan hatten (eine Erscheinung, gegen die noch kein Mittel gefunden ist), wirk-
te sie jugendlich kraft eines Paars prächtiger, lebendiger
brauner Augen, die, genau von der Farbe geschälter Ka-
50 stanien, aus einem fraulich lieben Gesicht von den ange-
nehmsten Zügen leuchteten. Einer kleinen Neigung zur
Nasenröte, die sich gerade in Gesellschaft, bei angeregter
Stimmung, geltend machte, suchte sie durch ein wenig Pu-
der abzuhelfen — unnötigerweise, da sie sie nach allge-
55 meinem Urteil herzig kleidete.

**Siegfried Lenz: Lehmanns Erzählungen oder
So schön war mein Markt**

Die Not ist meine schönste Zeit. Schon früh erkannte ich,
welche Möglichkeiten der Mangel birgt, die Knappheit an
allen Dingen: schon als Schüler war mir der Unterschied
vertraut zwischen Haben und Nicht-Haben, und nicht nur
5 dies: ich habe einen Gaumen für spezifische Not, spüre eine gewisse schöpferische Erregbarkeit, sobald irgendwo
ein quälender Bedarf besteht, kurz gesagt, Armut ist mein
höchstes Glück. Nichts inspiriert mich tiefer als die Not
der anderen, niemals ist meine Phantasie so zuverlässig,
10 als wenn es darum geht, den Mangel der anderen zu behe-

ben — schon als Junge merkte ich es. Ich merkte es bei-
spielsweise, wenn sich meine jüngere Schwester, sobald sie
nichts mehr hatte, Sahnebonbons von mir lieh: bereitwillig
half ich ihr aus der Verlegenheit, allerdings mußte sie die-
15 se Verlegenheit extra bezahlen. Ich bekam die doppelte
Anzahl von Bonbons zurück. Und ich stieß auf die schöpferischen Möglichkeiten des Mangels, als sich mein Vater
gegen Monatsende den Rest meines Taschengeldes pump-
te, zögernd zuerst, dann mit einträglicher Regelmäßigkeit;
20 ich half ihm, wo ich konnte, denn er zählte pünktlich fünf-
zig Prozent Zinsen und war mir sicher.

So erwarb ich bereits im zarten Alter die Erkenntnis, daß
die Not viele Vorzüge hat und daß sie den, der auf sie
baut, nicht nur ernährt, sondern auch in seinen Begabun-
25 gen fördert. Denn Begabung ist nötig, um all die Chancen
wahrzunehmen, die sich aus dringendem Mangel ergeben.

In Zeiten des Überflusses stirbt die Phantasie, nichts wird
uns abverlangt an Überlegung, an Abenteuer, an Unge-
wißheit: wem es an irgend etwas mangelt, der drückt die
30 Klinke des nächsten Geschäfts und deckt seinen Bedarf.
Diese Zeit ist nicht meine Zeit. Wie einfallslos, wie dege-
neriert und unkünstlerisch erscheint unser Markt: über-
schwemmt von Angeboten, überwacht von Preisbehör-
den, besucht von Leuten, die jederzeit wissen, was sie
35 brauchen und wieviel sie für die Mark bekommen. Überall ist man sich des Wertes gewiß und des Gegenwertes;
keine Unsicherheit, kein Zaudern und blitzartiges Zupak-
ken, und auf allen Gesichtern, die ich auf dem weißen
Markt des Überflusses sehe, liegt die gleiche Freudlosig-
40 keit, die gleiche träge Selbstgewißheit und der gleiche
Überdruß. Die Sinne sind nicht mehr geschärft, das helle,
räuberische Bewußtsein ist nicht mehr auf Beute gerichtet:
die große Zeit ist vorbei, die Zeit der wundervollen Not.

Damit ist meine Zeit vorbei: der Überfluß hat alle meine
45 Begabungen außer Kraft gesetzt, der Wohlstand hat meine Fähigkeiten verkümmern lassen — alles, was mir bleibt,

ist die Erinnerung und die Sehnsucht. Ja, an kühlen Abenden habe ich oft Sehnsucht nach der Zeit der Not, erinne-
re ich mich an das Abenteuer meines Marktes — des
50 Schwarzen Marktes —, und stumm vor Rührung denke ich
an den Ruhm, den ich mir damals erwarb. Der Schwarze
Markt war mein Metier.

Rainer Maria Rilke: Brief aus Paris

Paris — diese Stadt ist sehr groß und bis an den Rand voll
Traurigkeit. Es gibt große Städte, welche selbst traurig
und unglücklich darüber sind, groß zu sein. Ich habe es
noch bei keiner Stadt so gefühlt, und es ist seltsam, daß ich
5 das gerade in Paris fühle, wo der Lebenstrieb stärker ist
als anderswo. Ist Lebenstrieb Leben? Nein, Leben ist etwas Ruhiges, Weites, Einfaches. Lebenstrieb ist Hast und
Jagd, Trieb, das Leben zu haben, gleich, ganz, in dieser
Stunde. Davon ist Paris so voll und darum so nahe beim
10 Tode. Man fühlt auf einmal, daß es in dieser großen Stadt
Heere von Kranken gibt, Armeen von Sterbenden, Völker
von Toten.

Ich trete auf meinen Balkon. Ein wenig leichte Herbstson-
ne glänzt dann und wann auf der Seine und macht eine
15 Brücke warm. Dieser blanke, lebendige Fluß, in dem alles
Grau der Dinge feucht und flüssig wird und der sich an-
füllt mit dem Glanz von allem, was glänzt! Und darüber
und dahinter und rechts und links: Paris, das helle, seide-
ne, das ein für allemal bis in seine Himmel und seine Was-
20 ser, bis in das Herz seiner Blumen hinein verblichen ist in
der zu starken Sonne seiner Könige. Paris nimmt Besitz
von mir, es saugt mich hinein in die Mitte seines Daseins.
Obwohl traurig, obwohl verwirrt, obwohl nicht zu benei-
den, fühle ich draußen zuweilen im Gehen ein Lächeln auf
25 meinem Gesicht, einen Widerschein dieser weiten, offenen Luft.

Manchmal komme ich bis zum Luxembourg-Garten, der dann schon anfängt zu dämmern, mit seinen vielen Blumen sich sanft wehrend gegen die Dunkelheit. Das Schönste ist ein Beet La France, dessen Boden manchmal ganz mit abgefallenen Blättern bedeckt ist. Solch ein Beet möchte ich einmal haben, wenn ich alt bin, und es machen aus Worten, in denen alles ist, was ich dann weiß.

Dann hebt irgendwo ein Trommelwirbel an. Ein ganz roter Soldat geht durch die Alleen. Und jetzt kommen überall Menschen hervor, Menschen von heute, von gestern, von vorgestern, solche, die stundenlang auf einer entlegenen Bank gesessen haben, Wartenden gleich, und denen nun ins Gehirn getrommelt wird, daß sie nichts zu erwarten haben; und solche, die den Tag, so lang er ist, auf den Bänken sitzen, essen, schlafen und an einer Zeitung lesen. Viele Menschen, viele Gesichter gehen vorüber, und der Park wird hinter denen, die gehen, immer größer, groß, und Paris wird eng, hell, laut und beginnt wieder eine seiner unersättlichen Nächte, aufgeregt von Gewürz, Wein, Musik und Frauenkleidern.

Und dann die Kathedralen, Berge und Gebirge des Mittelalters! Sie sind in dieser großen Stadt wie der Wald, wie das Meer, sie sind die Einsamkeit und die Stille, die Ruhe und Zuflucht im Wirbel und Wirrwarr der Gassen. Sie sind Zukunft, so wie sie Vergangenheit sind. Alles andre rinnt und fällt, sie ragen und warten.

Ich bin meinen Weg gegangen durch den stillen Faubourg St. Germain, an den alten Palästen vorbei, über deren Toren manchmal noch die alten Namen stehen, über einem »Hôtel Orlow«, der reichen Familie gehörig, die der großen Katharina ihren Aufschwung zu Überfluß und Fürstlichkeit verdankt.

Ach, wir zählen die Jahre und machen Abschnitte hier und dort und hören auf und fangen an und zögern zwischen beiden. Wie sehr ist doch, was uns begegnet, aus einem Stück! In welcher Verwandtschaft steht eines zum an-

dern, hat sich geboren, wächst heran und wird erzogen zu
sich selbst! Und wir haben im Grunde nur dazusein, wie
65 die Erde da ist, den Jahreszeiten zustimmend, nicht ver-
langend, in anderem auszuruhen als in dem Netz von Ein-
flüssen und Kräften, in denen die Sterne sich sicher fühlen.

Wolfgang Borchert: Das Brot

Plötzlich wachte sie auf. Es war halb drei. Sie überlegte,
warum sie aufgewacht war. Ach so! In der Küche hatte jemand gegen einen Stuhl gestoßen. Sie horchte nach der
Küche. Es war still. Es war zu still, und als sie mit der
5 Hand über das Bett neben sich fuhr, fand sie es leer. Das
war es, was es so besonders still gemacht hatte: sein Atem
fehlte. Sie stand auf und tappte durch die dunkle Woh-
nung zur Küche. In der Küche trafen sie sich. Die Uhr war
halb drei. Sie sah etwas Weißes am Küchenschrank stehen.
10 Sie machte Licht. Sie standen sich im Hemd gegenüber.
Nachts. Um halb drei. In der Küche.

Auf dem Küchentisch stand der Brotteller. Sie sah, daß er
sich Brot abgeschnitten hatte. Das Messer lag noch neben
dem Teller. Und auf der Decke lagen Brotkrümel. Wenn
15 sie abends zu Bett gingen, machte sie immer das Tischtuch
sauber. Jeden Abend. Aber nun lagen Krümel auf dem
Tuch. Und das Messer lag da. Sie fühlte, wie die Kälte der
Fliesen langsam an ihr hoch kroch. Und sie sah von dem
Teller weg.

20 »Ich dachte, hier wäre was«, sagte er und sah in der Küche
umher.

»Ich habe auch was gehört«, antwortete sie, und dabei
fand sie, daß er nachts im Hemd doch schon recht alt aus-
sah. So alt, wie er war. Dreiundsechzig. Tagsüber sah er
25 manchmal jünger aus. Sie sieht doch schon alt aus, dachte

er, im Hemd sieht sie doch ziemlich alt aus. Aber das liegt vielleicht an den Haaren. Bei den Frauen liegt das nachts immer an den Haaren. Die machen dann auf einmal so alt. »Du hättest Schuhe anziehen sollen. So barfuß auf den kalten Fliesen. Du erkältest dich noch.«

Sie sah ihn nicht an, weil sie nicht ertragen konnte, daß er log. Daß er log, nachdem sie neununddreißig Jahre verheiratet waren.

»Ich dachte, hier wäre was«, sagte er noch einmal und sah wieder so sinnlos von einer Ecke in die andere, »ich hörte hier was. Da dachte ich, hier wäre was.«

»Ich hab' auch was gehört. Aber es war wohl nichts.« Sie stellte den Teller vom Tisch und schnippte die Krümel von der Decke.

»Nein, es war wohl nichts«, echote er unsicher.

Sie kam ihm zu Hilfe: »Komm man. Das war wohl draußen. Komm man zu Bett. Du erkältest dich noch. Auf den kalten Fliesen.«

Er sah zum Fenster hin. »Ja, das muß wohl draußen gewesen sein. Ich dachte, es wäre hier.«

Sie hob die Hand zum Lichtschalter. Ich muß das Licht jetzt ausmachen, sonst muß ich nach dem Teller sehen, dachte sie. Ich darf doch nicht nach dem Teller sehen. »Komm man«, sagte sie und machte das Licht aus, »das war wohl draußen. Die Dachrinne schlägt immer bei Wind gegen die Wand. Es war sicher die Dachrinne. Bei Wind klappert sie immer.«

Sie tappten sich beide über den dunklen Korridor zum Schlafzimmer. Ihre nackten Füße platschten auf den Fußboden.

»Wind ist ja«, meinte er. »Wind war schon die ganze Nacht.«

Als sie im Bett lagen, sagte sie: »Ja, Wind war schon die ganze Nacht. Es war wohl die Dachrinne.«

160

60 »Ja, ich dachte, es wäre in der Küche. Es war wohl die Dachrinne.« Er sagte das, als ob er schon halb im Schlaf wäre.

Aber sie merkte, wie unecht seine Stimme klang, wenn er log. »Es ist kalt«, sagte sie und gähnte leise, »ich krieche
65 unter die Decke. Gute Nacht.«

»Nacht«, antwortete er und noch: »ja, kalt ist es schon ganz schön.«

Dann war es still. Nach vielen Minuten hörte sie, daß er leise und vorsichtig kaute. Sie atmete absichtlich tief und
70 gleichmäßig, damit er nicht merken sollte, daß sie noch wach war. Aber sein Kauen war so regelmäßig, daß sie davon langsam einschlief.

Als er am nächsten Abend nach Hause kam, schob sie ihm vier Scheiben Brot hin. Sonst hatte er immer nur drei es-
75 sen können.

»Du kannst ruhig vier essen«, sagte sie und ging von der Lampe weg. »Ich kann dieses Brot nicht so recht vertragen. Iß du man eine mehr. Ich vertrage es nicht so gut.«

Sie sah, wie er sich tief über den Teller beugte. Er sah nicht
80 auf. In diesem Augenblick tat er ihr leid.

»Du kannst doch nicht nur zwei Scheiben essen«, sagte er auf seinen Teller.

»Doch. Abends vertrage ich das Brot nicht gut. Iß man. Iß man.« Erst nach einer Weile setzte sie sich unter die Lam-
85 pe an den Tisch.

Heinrich von Kleist:
Anekdote aus dem letzten preußischen Kriege

In einem bei Jena liegenden Dorf erzählte mir auf einer Reise nach Frankfurt der Gastwirt, daß sich mehrere Stunden nach der Schlacht, um die Zeit, da das Dorf schon ganz von der Armee des Prinzen von Hohenlohe

5 verlassen und von Franzosen, die es für besetzt gehalten,
umringt gewesen wäre, ein einzelner preußischer Reiter
darin gezeigt hätte, und versicherte mir, daß, wenn alle
Soldaten, die an diesem Tage mitgefochten, so tapfer gewesen wären wie dieser, die Franzosen hätten geschlagen
10 werden müssen, wären sie auch noch dreimal stärker gewesen, als sie in der Tat waren. Dieser Kerl, sprach der
Wirt, sprengte, ganz von Staub bedeckt, vor meinen Gast-
hof und rief: »Herr Wirt!«, und da ich frage: was gibt's? —
»Ein Glas Branntwein!« antwortet er, indem er sein
15 Schwert in die Scheide wirft: »Mich dürstet.« Gott im
Himmel! sag' ich: will Er machen, Freund, daß Er weg-
kommt? Die Franzosen sind ja dicht vor dem Dorf! »Ei,
was!« spricht er, indem er dem Pferde den Zügel über den
Hals legt. »Ich habe den ganzen Tag nichts genossen!«
20 Nun, er ist, glaub' ich, vom Satan besessen —! He! Liese!
ruf' ich und schaff' ihm eine Flasche Danziger herbei und
sage: da! und will ihm die ganze Flasche in die Hand drük-
ken, damit er nur reite. »Ach was!« spricht er, indem er die
Flasche wegstößt und sich den Hut abnimmt, »wo soll ich
25 mit dem Quark hin?« Und: »Schenk Er ein!« spricht er, indem er sich den Schweiß von der Stirn abtrocknet, »denn
ich habe keine Zeit!« Nun, Er ist ein Kind des Todes, sag'
ich. Da! sag' ich und schenk' ihm ein: da! trink Er und reit
Er! Wohl mag's ihm bekommen! »Noch eins!« spricht der
30 Kerl, während die Schüsse schon von allen Seiten ins Dorf
prasseln. Ich sage: noch eins? Plagt Ihn —! »Noch eins!«
spricht er und streckt mir das Glas hin — »Und gut gemes-
sen«, spricht er, indem er sich den Bart wischt und sich
vom Pferde herab schneuzt, »denn es wird bar bezahlt!«
35 Ei, mein Seel, so wollt' ich doch, daß Ihn —! Da! sag' ich
und schenk' ihm noch, wie er verlangt, ein zweites und
schenk' ihm, da er getrunken, noch ein drittes ein und frage: ist Er nun zufrieden? »Ach!« — schüttelt sich der Kerl.
»Der Schnaps ist gut! — Na!« spricht er und setzt sich den
40 Hut auf, »was bin ich schuldig?« Nichts! nichts! versetz'
ich. Pack Er sich in's Teufels Namen; die Franzosen ziehen

augenblicklich ins Dorf! »Na!« sagt er, indem er in seinen
Stiefel greift, »so soll's Ihm Gott lohnen.« Und holt aus
dem Stiefel einen Pfeifenstummel hervor und spricht,
45 nachdem er den Kopf ausgeblasen: »Schafft Er mir Feuer!«
Feuer? sag' ich: plagt Ihn —? »Feuer, ja!« spricht er,
»denn ich will mir eine Pfeife Tabak anmachen.« Ei, den
Kerl reiten Legionen —! He, Liese! ruf' ich das Mädchen,
und während der Kerl sich die Pfeife stopft, schafft das
50 Mädchen ihm Feuer. »Na!« sagt der Kerl, die Pfeife, die er
sich angeschmaucht, im Mund, »nun sollen doch die Franzosen die Schwerenot kriegen!« Und damit, indem er sich
den Hut in die Augen drückt und zum Zügel greift, wendet er das Pferd und zieht vom Leder. Ein Mordskerl! sag'
55 ich, ein verfluchter, verwetterter Galgenstrick! Will Er sich
in's Henkers Namen scheren, wo Er hingehört? Drei
Chasseurs — sieht Er nicht? — halten ja schon vor dem
Tor! »Ei was!« spricht er, indem er ausspuckt; und faßt die
drei Kerls blitzend ins Auge. »Wenn ihrer zehn wären, ich
60 fürcht' mich nicht.« Und in dem Augenblick reiten auch
die drei Franzosen schon ins Dorf. »Bassa Manelka!« ruft
der Kerl und gibt seinem Pferde die Sporen und sprengt
auf sie ein; sprengt, so wahr Gott lebt, auf sie ein und greift
sie, als ob er das ganze Hohenlohische Korps hinter sich
65 hätte, an; dergestalt, daß, da die Chasseurs, ungewiß, ob
nicht noch mehr Deutsche im Dorf sein mögen, einen Augenblick wider ihre Gewohnheit stutzen, er, mein Seel, ehe
man noch eine Hand umkehrt, alle drei vom Sattel haut,
die Pferde, die auf dem Platz herumlaufen, aufgreift, da-
70 mit bei mir vorbeisprengt und »Bassa Teremtetem!« ruft
und »Sieht Er wohl, Herr Wirt?« und »Adies!« und »Auf
Wiedersehen!« und »Hoho! hoho! hoho!« — So einen
Kerl, sprach der Wirt, habe ich zeit meines Lebens nicht
gesehen.

Parlamentsrede über den Bauernverband

Meine Damen und Herren!
Ich komme nun zur Frage des Bauernverbandes. Es wird
Ihnen bekannt sein, daß es nicht leicht ist, die Bauern zu
einem Zusammenschluß zu bewegen. Es müssen schon
5 ganz besondere Umstände vorliegen, die die Bauern veranlassen, eine Organisation zu bilden. Daß es überhaupt
möglich gewesen ist, eine Einheitsorganisation zu schaf-
fen, verdanken wir, ich muß es leider aussprechen, dem
ungeschickten Vorgehen des Ministeriums für Landwirt-
10 schaft. Wir sind bei allen Verhandlungen bis an die Grenze des Möglichen, bis an die Grenze der Selbstaufgabe gegangen, um den Forderungen des Ministers für Landwirt-
schaft entgegenzukommen. Wir haben immer wieder versucht, von den Dingen abzukommen, die sich zum Scha-
15 den der Allgemeinheit auswirken werden. Eine Schädigung des Bauerntums wird unbedingt eine Schädigung der
Allgemeinheit zur Folge haben. Und deshalb, um eine
Schädigung der Allgemeinheit zu vermeiden, haben wir
uns immer wieder an den Verhandlungstisch gesetzt, und
20 immer wieder hat es nur bittere Enttäuschungen gegeben.
Wir betonen, daß es sich hier nicht um die Interessen einzelner Menschen handelt. Wenn wir am 17. September
den Bauern, die sich an diesem Tage aus allen Kreisen des
Landes in der Hauptstadt versammeln werden, keine be-
25 friedigende Antwort auf ihre Fragen geben können, dann
könnte der Fall eintreten, daß diese 40 000 organisierten
Bauern, deren Mitgliedschaft bei uns listenmäßig feststeht, das Vertrauen zu unserem Minister verlieren. Ich
persönlich würde das für ein großes Unglück halten! In
30 der heutigen schweren Zeit ist es unbedingt erforderlich,
daß man alle diese Dinge und alle diese Meinungsver-
schiedenheiten, die zwischen uns bestehen, aus der Welt
schafft, und bei uns soll es an dem ehrlichen Willen dazu
nicht fehlen. Das möchte ich im Namen sämtlicher Bauern
35 hier ausdrücklich feststellen. Ich habe mich auch bemüht,

diese Entwicklung abzubiegen und zum Guten zu lenken, aber mir scheint es immer, als seien Kräfte am Werk, die ein unerklärliches Interesse am Gegensatz haben.

Ein besonderes Kapitel ist noch die Bildung politischer
40 Bauernverbände. Ich hatte mir diesen Vermerk in mein Manuskript eingetragen. Gestern hat der Minister erklärt, daß diese Frage bereinigt würde. Und ich möchte nicht verfehlen, dem Herrn Minister an dieser Stelle zu danken.

Meine Damen und Herren! Wie mir soeben mitgeteilt
45 wird, ist der für Mittwoch, den 17. September, angesagte Landesbauerntag, für den schon umfangreiche Vorbereitungen getroffen worden sind, von der Regierung verboten worden. Da mir nähere Einzelheiten noch nicht bekannt sind, möchte ich mich zu dieser Maßnahme nicht
50 weiter äußern. Ich weise aber darauf hin, daß dieses Verbot von den Bauern im Lande, gelinde gesagt, sicher nicht verstanden wird. Meiner Meinung nach ist die Regierung über die wahre Stimmung im Lande nicht genau unterrichtet, sonst hätte sie sich nicht zu einem solchen Vorge-
55 hen entschließen können. Der Bauernverband betrachtet es als seine vornehmste Aufgabe, die Betriebe zur Höchstleistung zu bringen und eine gute Zusammenarbeit mit der Landesregierung zu erreichen. Ich glaube, im Namen aller Abgeordneten zu sprechen, wenn ich den Herrn Mi-
60 nister bitte, hier die Gründe für die ungewöhnliche Maßnahme bekanntzugeben.

Carl Friedrich von Weizsäcker:
Gedanken über die Zukunft des technischen Zeitalters

Gedanken über die Zukunft des technischen Zeitalters — das soll nicht ein Spiel der Phantasie sein, wie man es sich so leicht ausmalen kann, obwohl wir ohne dieses Spiel der Phantasie nicht ganz auskommen werden. Die Zukunft

5 des technischen Zeitalters, das ist unsere eigene Zukunft …
Daß man darüber spricht, scheint mir deshalb sinnvoll,
weil meiner Meinung nach das technische Zeitalter in seiner weiteren Entwicklung einen hohen Grad des Bewußt-
10 seins nötig hat. Dieses Zeitalter wird sich nicht von selbst
in einer harmonischen Weise weiter ausgestalten. Wir haben sehr wenig Anlaß dazu, dies anzunehmen. Wir haben
andererseits auch keinen Grund, anzunehmen, daß dieses
Zeitalter notwendigerweise in einer Katastrophe enden
15 müsse oder in einem langsamen Dahinsiechen. Es ist sehr
gut möglich, daß dieses Zeitalter weiterhin geprägt sein
wird von Fortschritt, von Wachstum. Aber dieser Fortschritt, dieses Wachstum wird abhängen davon, daß die
Menschen ihr Bewußtsein prägen und ausbilden für die
20 Bedingungen, ohne die dieser Fortschritt, dieses Wachstum nicht möglich ist. Deshalb scheint es mir sinnvoll, darüber nachzudenken, welches diese Bedingungen sind. Ich
behaupte also mit dem, was ich gerade gesagt habe, daß in
der Kraft, die die Technik in der menschlichen Geschichte
25 bedeutet, eine Ambivalenz, eine Zweischneidigkeit liegt,
die verstanden werden will, wenn sie gemeistert werden
soll.
Was ist Technik? Was meine ich, wenn ich hier von Technik spreche? Ich will eine verhältnismäßig allgemeine De-
30 finition wählen und sagen: Technik wäre etwa aufzufassen
als die bewußte Herstellung und Anwendung von Mitteln,
mit denen wir Wirkungen willentlich erzielen können, die
nicht von selbst eingetreten wären. Das ist nicht eine Definition, von der ich überzeugt bin, daß sie besser wäre als
35 andere, die man geben kann. Es ist diejenige, an die ich im
Augenblick anschließen will; ich wiederhole: bewußte
Herstellung und Anwendung von Mitteln, mit denen wir
willentlich Wirkungen erzeugen können, die nicht von
selbst eingetreten wären.
40 Die Ambivalenz, von der ich gesprochen habe, läßt sich
sofort an diese Definition anknüpfen; denn es treten bei

166

jeder Veränderung des Lebens, bei jeder Veränderung der Welt auch Wirkungen ein, die wir nicht gewollt haben, die aber kausal anschließen an das, was wir getan haben, d.h.,
45 die die Folge dessen sind, was wir getan haben. Und ob die gewollten Wirkungen eintreten, hängt wesentlich davon ab, ob die ungewollten Wirkungen gemeistert werden. Deshalb ist »Zukunft des technischen Zeitalters« eine höchst problematische Sache.

Günter Stegner: Geld als Wertausdrucksmittel

Geld ist das Produkt fortgeschrittener Kulturen und in sogenannten Primitivkulturen, wie sie heute teilweise noch in Entwicklungsländern bestehen, unbekannt. Hier gibt es den sogenannten Naturaltausch, d.h. Güter und Dienste
5 werden unmittelbar gegeneinander getauscht, wobei es von der Geschicklichkeit der Tauschpartner beim Feilschen abhängt, in welchem Verhältnis getauscht wird, d.h. z.B. zwei oder drei oder vier Eier gegen ein Brot und umgekehrt. Interessanterweise haben sich aber hier schon öf-
10 ters feste Tauschverhältnisse herausgebildet, z.B. drei Ziegen für eine Frau (1968 noch in Kenia), wobei sich dann die Streitfrage erhebt: Was für Ziegen gegen was für eine Frau? Das geht so weit, daß ein Unparteiischer (Häuptling, Medizinmann, Bürgermeister) eingreifen
15 muß, um die Tauschverhältnisse festzulegen. Und von hier aus führt der direkte Weg zum Gelde. Es ist nämlich bekannt, daß dieser Unparteiische sich orientiert an sogenannten »Normalgrößen«, also in unserem Beispiel an »Normalziegen«, »Normalfrauen« usw., und dann für jeden einzelnen Fall entscheiden muß, ob und wieweit das
20 einzelne Tauschgut von dem entsprechenden »Normalgut« abweicht und dementsprechend anders *bewertet* werden muß. Die Umständlichkeit und Schwierigkeit eines solchen Verfahrens liegt auf der Hand. Wenn jetzt jedoch

25 statt sehr vieler Normalgrößen für jeden einzelnen Fall eine einzige Normalgröße für alle die vielen Einzelfälle gewählt wird, dergestalt, daß man alle Tauschobjekte in
Mengeneinheiten dieser einen Normalgröße ausdrückt,
dann ist in seiner Primitivform das entstanden, was man
30 Geld nennt: *ein repräsentatives Gut.*

Wirtschaftsmeldungen

Havanna: Am 24. März wurde die Welthandelskonferenz
nach viermonatiger Dauer beendet. 53 von den 58 teil-
nehmenden Staaten unterzeichneten das Abkommen der
Internationalen Handelsorganisation. Argentinien erklär-
5 te, es könne sich dieser überstaatlichen Organisation nicht
anschließen. Auch Polen unterzeichnete nicht, während
die Vertreter der Türkei erklärten, sie müßten erst weitere
Instruktionen aus Ankara abwarten. Ein Mitglied der De-
legation der Vereinigten Staaten erklärte zum Abschluß:
10 »Die Arbeit der Konferenz kann sich als größter Schritt in
der Geschichte zur Schaffung von Ordnung und Gerech-
tigkeit in den wirtschaftlichen Beziehungen unter den Mitgliedern der Weltgemeinschaft erweisen und zur Verbes-
serung der Gütererzeugung und -verteilung in der Welt
15 führen.«

Berlin: Nach der Osterpause kam das Geschäft an den
Börsen nur langsam in Gang. Die Zurückhaltung bestand
trotz der leichten politischen Entspannung weiter fort.
Börsentechnisch kam hinzu, daß an einigen Plätzen der
20 Mittwoch als erster Börsentag nach der Feiertagsunter-
brechung mit dem Ultimo zusammenfiel. Im allgemeinen
überwog die Abgabeneigung.

Frankfurt am Main: Bei lustloser Haltung war der Umsatz
nur gering. Da Kundenaufträge fehlten, gaben die Kurse
25 im allgemeinen nach, mit Ausnahme der Schwerindustrie.

Sehr stark waren auch die Kursrückgänge bei Bankaktien. In München verlief die Börse ausgesprochen ruhig bei nur vereinzelter kleiner Nachfrage. Im allgemeinen gaben die Kurse nach. Elektrowerte wurden stark angeboten. Bei
30 den Bankaktien betrugen die Kursrückgänge bis zu 2%. — An der Hamburger Börse war die Tendenz bei geringem Geschäft weiter abgeschwächt. Nur Schiffahrtswerte konnten ihre Kurse halten. Industrieobligationen lagen still.

35 Von den ausländischen Börsen wird eine lebhafte Tätigkeit gemeldet. In New York erreichten die Umsätze eine Rekordhöhe. Besonderes Interesse bestand für Eisenbahn- und Schiffahrtsaktien. Von den neuen wirtschaftspolitischen Maßnahmen erwartet man eine Steigerung des
40 Exports. An der Londoner Börse herrschte eine sehr zuversichtliche Stimmung.

C. Redeschulung

Einleitung

Wenn wir die Übungen unseres Buches zur Sprecherziehung und zur Leselehre in einem kleinen, fachmännisch geleiteten Kreise gründlich durchgearbeitet haben, dann steht uns der Weg vom Sprechen und Vorlesen zum freien Reden offen.

Dafür haben wir mit unserer bisherigen Arbeit notwendige Grundlagen gelegt: In der *Sprecherziehung* haben wir gelernt, mühelos und deutlich zu sprechen. Wie sehr beeinträchtigt es die Wirkung einer Rede, wenn die Zuhörer sie wegen der schlechten Kiefer- oder Lippenbewegungen des Redners kaum verstehen können oder wenn sie durch Auffälligkeiten seines Dialektes immer wieder vom Gang der Gedanken abgelenkt werden! Wie sehr schadet der Redner aber auch seiner eigenen Gesundheit, wenn er nicht gelernt hat, wie man in großen Räumen lauter spricht, ohne zu pressen und ohne den gefährlichen harten Vokaleinsatz, wie man stets zur Indifferenzlage zurückzukehren hat und wie man die nasale Resonanz verstärkt, damit die Stimme den Raum füllt!

In der *Leselehre* haben wir unsere stimmlichen Mittel richtig einzusetzen geübt: das Sprechtempo, die Sprechmelodie, die Änderung der Lautstärke und nicht zuletzt die Gliederung eines Satzganzen durch Pausen und Zäsuren in Sinnschritte und Wortblöcke. All das wird uns auch jetzt helfen, überzeugende Reden und klar verständliche Vorträge zu halten; denn das französische Sprichwort *»C'est le ton qui fait la musique«* (Der Ton macht die Musik) gilt ganz gewiß auch für den Redner.

Mit voller Absicht rufen wir uns diese Dinge zu Beginn der *Redeschulung* wieder ins Gedächtnis. Denn wenn wir uns bisher Mühe geben mußten, an sie zu denken, wo es doch nur darum ging, einen fertigen Text zu gestalten, inzwischen müssen sie uns in Fleisch und Blut übergegangen sein, weil jetzt unsere Aufmerksamkeit in erster Linie durch das Formulieren unserer Gedanken in Anspruch genommen wird.

Darum sind auch bei unseren folgenden Übungen zwei ständige Hilfen unerläßlich: der leitende Fachmann mit Rat und helfender Kritik und das Tonbandgerät, das jedes Wort und jede Nuance unbestechlich registriert. Eine bedeutende Hilfe bieten jetzt die neuen Bildaufzeichnungsgeräte, die, mit einer Fernsehkamera gekoppelt, wie Tonbandgeräte arbeiten und dem Redner die Möglichkeit geben, sich unmittelbar nach seiner Rede nicht nur wiederzuhören, sondern auch zu *sehen,* wie seine Haltung, Mimik und Gestik bei der Rede waren. Für den Redebeflissenen ist dieses Erlebnis ebenso erhellend — aber in aller Regel auch ebenso ernüchternd —, wie wenn er seine Stimme zum erstenmal vom Tonband hört. Manche unschöne Angewohnheiten in seinen Bewegungen kann er sich dadurch sehr viel schneller abgewöhnen. Wo es irgend möglich ist, sollte ein solcher *Videorecorder* als zusätzliche Möglichkeit der Selbstkontrolle eingesetzt werden.

Wer sich die im Folgenden niedergelegten Gedanken zur Redeschulung zu eigen macht, **weiß** zwar schon manches über eine gute Rede — ein guter Redner ist er damit aber noch lange nicht. Was für Sprecherziehung und Leselehre zutraf, gilt auch hier: Meisterliche Reden halten kann niemand »von selbst«; wie auch sonst so oft, müssen wir uns auch in dieser »Kunst« durch fleißiges und systematisches Üben emporbilden.

Von vielen Leuten, die reden lernen und Reden halten sollten, hört man immer wieder zwei Einwände, die wir von vornherein aus dem Wege räumen wollen: Entweder treten dem Äußerungswillen dieser Menschen so starke Hemmungen entgegen, daß sie lieber schweigen, oder sie behaupten, sie seien nicht zum Redner geboren und würden es darum nie lernen.

Wenden wir uns zunächst den **Hemmungen** zu und nehmen in Gedanken für einen Augenblick das Ergebnis unserer Bemühungen vorweg. Was wären wir ohne sie? Die deutsche Sprache hat hier zwei Ausdrücke für das Gegenteil von »gehemmt«, nämlich »ungehemmt«, aber auch »hemmungslos«. Wir erkennen hier sofort einen guten Teil der Problematik. Einen absolut »hemmungslosen« Menschen, der also frei von jeglicher Hemmung wäre, könnten wir in einem geordneten Zusammenleben einfach nicht dulden. In einem Vortrag zum Beispiel würde er dazwischenreden oder sich mit seinem Nachbarn unterhalten, vielleicht würde er sein Abendbrot essen und eine Zeitung lesen und schließlich, damit er nicht zu spät nach Hause kommt, den Vortrag vorzeitig und geräuschvoll verlassen. Einem solchen Menschen fehlt der Takt, die Rücksicht auf seine Mitmenschen. Durch unsere — in diesem Fall sehr gesunden und für das Leben in der Gemeinschaft sogar notwendigen — Hemmungen würden wir an all diesem gehindert.

Trotz dieser vielen Hemmungen, die wir uns überall auferlegen müssen, sind wir aber noch nicht das, was man unter »gehemmt« versteht. Diese Hemmungen, die also über das nötige Maß hinausgehen, stellen sich erst ein, wenn wir als einzelne mit einer besonderen Leistung — uns geht es hier um die Rede — hervortreten sollen.

Im »Fähnlein der sieben Aufrechten« gibt uns Gottfried Keller ein anschauliches Bild von den Hemmungen, die die wackeren Männer angesichts einer öffentlich zu haltenden Rede befallen. — Das Krankheitsbild des »Lampenfiebers«, wie man mit einem Ausdruck vom Theater gewöhnlich sagt — man nennt es heute auch »Mikrophonfieber« —, sieht bei den davon Betroffenen verschieden aus: Es reicht vom unruhigen Schlaf in der Nacht vorher über Schweißausbrüche und über das Gefühl, als würde einem der Hals zugeschnürt, bis zu Erbrechen, Durchfall und wirklichem Fieber.

So weit sollte es freilich nicht kommen, aber bis zu einem gewissen Grade ist eine Erregung vor der Rede ganz natürlich und sogar ein gutes Zeichen. Das Verlangen, sein Bestes zu geben, gipfelt in dem Augenblick, wenn man mit seiner Rede beginnt. Die bis dahin aufgestaute Spannung läßt aber sehr rasch nach, weil sie mit den ersten Sätzen ihren natürlichen Abfluß gefunden hat. Viele Schauspieler verlieren diese Aufregung vor ihrem Auftritt bis ins Alter nicht. Aber auch einer meiner Professoren kannte sie, wie er mir einmal bestätigte, zu Beginn jeder Vorlesung, und nicht nur, wie es die Regel ist, zu Beginn eines neuen Semesters.

Aber zwischen der Aufregung eines Schauspielers oder eines erfahrenen Dozenten und der eines Redeneulings besteht ein gewaltiger Unterschied: Nicht jede Redeangst entspringt dem noch ungestillten Drang, sich eine künstlerische oder wissenschaftliche Leistung von der Seele zu sprechen. Oft genug liegt es einfach an ungenügender Vorbereitung. Für alle Redebeflissenen ist darum der beste Rat:

☞ **Fördern Sie Ihr Selbstvertrauen durch eine möglichst gründliche Vorbereitung!**

Sie gibt Ihnen das Gefühl, sicher im Sattel zu sitzen. Die Vorstellung »Ich kann nicht« ist ja vor der Rede keine Tatsache, sondern eine bloße Befürchtung. Sie kann allerdings zu einer starken Autosuggestion werden; und jede Suggestion hat die Tendenz, sich zu verwirklichen. Da hilft nur ein ebenso lebhafter innerer Gegenbefehl, der um so eher Erfolg haben wird, je intensiver die Vorbereitung war.

Äußere »Beruhigungsmittel« wie etwa Alkohol können unerwartete Wirkungen zeitigen. Weit besser ist es, sich vor der Rede einige Minuten lang zurückzuziehen und ein paar Tiefatem- und Entspannungsübungen zu machen. Schon auf dem Wege zum Vortragsort sollte man die Stimme durch Nasalübungen auf ihre Leistung vorbereiten, jedem Sportler und ebenso jedem Autofahrer wird die Notwendigkeit des »Warmlaufens« einleuchten. Daß man nicht mit vollem Magen vor seine Zuhörer treten sollte, dürfte wohl selbstverständlich sein.

Die beste Sicherheit gegen Redeangst bietet aber die Übung in freier Rede selbst, wenn es auch zunächst nur im Kreise Gleichgesinnter, also in einem Redekursus, geschieht. Allein der Entschluß, einen solchen Kursus mitzumachen und nicht nach ein paar Versuchen unter irgendeinem Vorwand vor sich selbst zu kapitulieren, erfordert schon ein beträchtliches Maß an Überwindung der Hemmungen. Die Teilnehmerzahl eines solchen Kursus sollte zwar bei weitem nicht so hoch sein, wie es die Zuhörerschaft wohl sonst bei einem Vortrag sein mag; aber diese wenigen Gefährten stehen der Redeleistung viel kritischer gegenüber als andere Zuhörer, weil sie ja selbst in der Rolle der Lernenden sind. Eine Masse ist für den Redner weit weniger »gefährlich« als der einzelne, weil sie weniger urteilsfähig und -willig ist und auch kaum Einwände wie ein Gesprächspartner machen kann.

Freilich hängt viel von der Zusammensetzung des Publikums ab: Vor Fachleuten bangen selbst hartgesottene Redner, wie Bundestagsabgeordnete bestätigen, denen es viel weniger ausmacht, in großen Wahlversammlungen zu sprechen — denn das heißt: vor Laien — als vor den Fachleuten im Bundestag.

Solange der Redner die innere Aufgeschlossenheit seiner Zuhörerschaft noch nicht erreicht hat, ist es ein erprobtes Mittel, wenn er seinen Blick, den er zwar stets über alle Anwesenden schweifen lassen soll, zunächst zwischendurch häufiger auf Freunde, Bekannte oder wohlmeinend dreinblickende Zuhörer richtet, um daraus neuen Schwung und Mut zu schöpfen. Zuviel Beschäftigung mit sich selbst allerdings, die man bei Jüngern der Redekunst zuweilen antrifft, raubt der Rede leicht die Unmittelbarkeit ihrer Wirkung.

Manchmal führt die zu starke Selbstbeobachtung sogar zum Steckenbleiben. Was soll derjenige tun, dem das trotz Stichwortzettel und trotz ausreichender Vorbereitung geschieht? Entweder wiederholt er mit anderen Worten den zuletzt geäußerten Gedanken — oft findet das Gedächtnis dann von selbst den Anschluß wieder —, oder er geht ohne Umschweife zum nächsten Punkt seines Stichwortzettels über. Jedenfalls sollte er **sofort** weitersprechen, denn in einer langen Pause des Nachdenkens wächst die Hemmung ins Unermeßliche, und das Gehirn scheint immer mehr auszutrocknen. Bei einer Übungsrede im Kursus schließlich sollte jeder Teilnehmer von vornherein mit der Möglichkeit des Steckenbleibens rechnen und getrost auch einmal den

Mut zur Blamage

aufbringen. Erfahrungsgemäß verhindert die erste Blamage meist alle folgenden. Wer schwimmen lernen will, muß damit rechnen, daß er gelegentlich auch Wasser zu schlucken bekommt: Reden lernt man nur durch Reden wie Schwimmen nur im Wasser.

Und nun noch zu dem zweiten der beiden Einwände, die diejenigen gegen einen Redekursus vorbringen, denen der Mut zum Mitmachen fehlt: Reden könne man nicht lernen, dazu gehöre eine besondere Begabung, und die hätten sie eben nicht; darum müsse ein solcher Kursus an ihnen ablaufen wie Wasser an einer Ente.

Der Name »Redekunst« scheint diesen Leuten sogar recht zu geben. Ludwig Reiners, dem wir auch zwei hervorragende Bücher zur Stilistik verdanken, nennt sein Büchlein über Redeschulung »Die Kunst der Rede und des Gesprächs«. Max Dessoir spricht im Titel seines Buches von der »Rede als Kunst«. Und schließlich taucht das Wort »Redekunst« auch in den Titeln zweier Bücher auf, die die literarisch produktivsten Fachleute unseres Gebiets geschrieben haben: Fritz Gerathewohl und Maximilian Weller.

Und dennoch dürfen wir diesen Begriff der »Kunst« nicht mit den hohen Künsten wie Malerei oder Dichtung auf eine Stufe stellen. Wir sprechen ja auch von der Kunst des Lesens und Schreibens, von Kochkunst und von Lebenskunst. Hier meinen wir immer nur eine gewisse Kunst**fertigkeit**, zu der wir es alle bringen können, ohne deshalb gleich »Künstler« zu sein.

In der Schule sind wir alle zum Beispiel in der »Sangeskunst« unterwiesen worden, je nach unserem Talent freilich mit verschiedenem Ergebnis. Ist das aber auch für die »Kunst der freien Rede« geschehen? Auch hier hätte es einer systematischen Unterweisung und ausgedehnten Übung bedurft. Mit einem sogenannten »Referat« auf der Oberstufe, das dann meist noch aus einem vorgelesenen oder auswendig gelernten Hausaufsatz besteht, ist wirklich wenig gewonnen. Dabei ist das Reden sogar ein Gebiet, bei dem es weniger als etwa beim Singen auf Begabung, sondern vielmehr auf eine planmäßige Ausbildung ankommt. Wer dies erkannt hat, kann in dem tröstlichen Bewußtsein einen Redekursus aufsuchen, daß auch seine Weggenossen diese Lücke unserer Schulbildung sehen und auszufüllen bereit sind.

Manchmal wird der Schulung in freier Rede ein falsches Ziel untergeschoben: Wie jeder nur nach seinem Vermögen gefördert werden kann, so werden nicht alle Redeschüler plötzlich zu Volksrednern wie Demosthenes. Auch zu Straßenverkäufern werden sie sicher nicht. Das sind »Naturgenies«, die eine fehlende Ausbildung durch eine hervorragende Begabung ersetzen. Aber zur »Gebrauchsrede des Alltags« kann es jeder bringen, der sich einer kundigen Führung anvertraut und es an Fleiß und Ausdauer nicht fehlen läßt. Und auf die Fähigkeit zu solchen Alltagsreden, wie sie unser Beruf immer wieder von uns fordert, kommt es doch in erster Linie an. Ebenso falsch wäre es, anzunehmen, daß ein Kursus die Fähigkeit vermitteln sollte, zu jeder Zeit und über alles reden zu können. Das ist nicht reden, sondern schwatzen. Ein weiser Redner zeichnet sich gerade dadurch aus, daß er **schweigt**, wenn er nicht den inneren Antrieb spürt, etwas zu sagen; wenn es aber nötig ist zu reden, dann tut er es, und zwar fundiert und wirkungsvoll.

Im Mittelalter fand die Rhetorik als eine der »Sieben Freien Künste« auf den Universitäten ihre Pflegestätte, heute spielt sie dort nur eine sehr untergeordnete Rolle. Ihre wissenschaftliche Grundlegung geht auf Aristoteles' »ars rhetorica« zurück. Heute interessiert man sich weit mehr für die praktische Seite: die Kirchen (die katholische seit je mehr als die evangelische), die Parteien, die Gewerkschaften, die vielfältigen Ausbildungsstätten für das Management und die Volkshochschulen und andere Einrichtungen der Erwachsenenbildung, die jedermann offenstehen. Bei dieser Entwicklung darf man allerdings nicht übersehen, daß das Ziel unserer Redeschulung wohl anders gesteckt ist als das der alten Rhetorik: Uns geht es nicht mehr um eine nach starren Regeln erarbeitete Rede[1]), sondern um die Bildung des **Menschen**, der eine Rede hält. Freilich war auch *Ciceros* Ideal schon der *orator sapiens*: nicht der bloße Könner, sondern derjenige, der über sein Können zu reflektieren imstande ist.

---

1) Die antike Rhetorik unterschied fünf Stufen:
   1. *inventio* (Finden des Themas und der Beweise),
   2. *dispositio* (aufteilen und gliedern),
   3. *elocutio* (wörtlich ausarbeiten),
   4. *memoria* (dem Gedächtnis einprägen),
   5. *actio* oder *pronuntio* (die Rede halten).

I. Die Formen der freien Rede

Wir müssen uns zunächst klarmachen, was man unter einer »freien« Rede versteht. Heißt das etwa, daß man sie »frei aus dem Kopf« und ohne alle Gedächtnisstützen halten muß? Oder ist sie gar völlig »frei aus dem Augenblick heraus« zu halten, ohne jede Vorbereitung und Planung? Der Laie stellt sich unter einem Redner gern einen Menschen vor, der zu jeder Zeit und über jedes Thema mitreißende Worte findet. Diese Vorstellung verkennt die gründliche und umfassende Arbeit, die jeder Rede voranzugehen hat. »Frei« bedeutet nur, daß der Redner den Gedankenkernen, deren Ordnung er vorher festgelegt hat, erst während der Rede ihre endgültige Gestalt gibt.

Und warum verrichtet er diese Arbeit nicht schon vorher? Nun, wenn die fertig geprägten Sätze schon in seinem Manuskript ständen wie in einem Buch und er sie nur vorzulesen brauchte, dann könnte von ihnen auch keine unmittelbarere Wirkung ausgehen als von einem Buch. Und das könnten die Zuhörer getrost zu Hause lesen; dafür lohnte es sich kaum, den Vortrag zu besuchen.

Der Redner, der seine Sätze nach Stichworten frei formuliert, wird erleben, wie sich ihm während der Rede die Gedanken zu noch größerer Deutlichkeit klären. Die Notwendigkeit, einen Gedankengang Aug' in Auge mit seinen Zuhörern in seine sprachliche Form zu gießen, schenkt dem Redner manchmal sogar neue Einsichten, zu denen er bei der Vorbereitung an seinem Schreibtisch noch nicht gekommen war. Dafür sind freilich ein gründliches Fachwissen und eine fundierte Allgemeinbildung Voraussetzungen, die jeder, der sich um rednerische Leistungen bemüht, schon vorher besitzen und noch ständig erweitern muß.

Unter den »Großformen« der Rede hat man zunächst zwei Typen zu unterscheiden:

die **Rede** und den **Vortrag**.

Mit einer Rede will der Redner seine Zuhörer von seiner Meinung überzeugen. Er wendet sich vor allem an ihr Gefühl und an ihren Willen. Das Ziel, der Zweck einer Rede läßt sich in einem einfachen Satz zusammenfassen; man nennt ihn den *»Zwecksatz«*. Er braucht nicht mit dem Redethema identisch zu sein, vielleicht wird er wörtlich nicht einmal ausgesprochen; aber er muß dem Redner in jedem Augenblick seiner Rede gegenwärtig sein. Dieser Gedanke ist der Zielpunkt, auf den der Redner unbeirrt zusteuern muß. Hält jemand z.B. eine Wahlrede über die Ziele der X-Partei, dann heißt sein Zwecksatz natürlich: »Wählt die X-Partei!« — Führt eine Fabrik geladenen Gästen ihre neue Maschine vor, so lautet der Zwecksatz: »Kauft unsere neue Maschine!«

Ein Vortrag dagegen soll in erster Linie informieren, er wendet sich an den Verstand. Man wird seinen Inhalt nicht in einem einzigen Satz zusammenfassen können. Die sogenannten »Vorlesungen« an der Universität sind ihrem Charakter nach Vorträge. Auch sie sollten — im Gegensatz zu ihrem Namen — nach mehr oder weniger ausführlichen Stichworten frei gehalten werden, wie es z.B. in den USA allgemeiner Brauch ist. In Deutschland sind es in den weitaus meisten Fällen wirklich noch »Vorlesungen«, denen darum denn auch in der Regel der zündende Funke fehlt.[1])

So nützlich es für unsere Übungen ist, die beiden Typen — die man verdeutlichend auch **Sachvortrag** und **Meinungsrede** oder Überzeugungsrede nennt — scharf auseinanderzuhalten, in der Praxis ist das nicht immer möglich. Oft enthält eine Meinungsrede auch Elemente des Vortrags. Solange der Redner einer Regierungspartei z.B. darüber referiert, was seine Regierung auf diesem oder jenem Ge-

---

1) Der Name »Vorlesung« beruht auf dem mittelalterlichen Brauch, daß der Dozent ein Buch »vorlas« und es dabei interpretierte.

biet getan hat, nähert sich seine Rede einem Vortrag. Auch wenn der Sprecher der Maschinenfabrik die Arbeitsweise der Maschine erläutert, hat seine Rede Vortragscharakter. Trotzdem wird aber bei beiden Rednern der Zwecksatz im Hintergrund stehen. Sie dürfen ihn nicht aus den Augen verlieren, wenn die Rede nicht an Überzeugungskraft einbüßen soll.

Für unsere Übungen wird es übrigens nützlicher sein, wenn wir uns in der Hauptsache den Reden (und nicht den Vorträgen) zuwenden. Sie verlangen vom Redner mehr Schwung und Begeisterungsfähigkeit, während ein Vortrag leicht zur trockenen Wiedergabe von Tatsachen verführt und dadurch auch die gegenseitige Kritik der Kursusteilnehmer auf ein falsches Gleis bringt.

Neben der **Rede** und dem **Vortrag** steht noch ein dritter Typus, für den unserer Sprache aber ein eigenes Grundwort fehlt. Es ist die **Gelegenheitsrede**. Zwar steht sie der Rede näher als dem Vortrag, doch fehlen ihr die wichtigsten Kennzeichen der Rede: Sie will nicht überzeugen, und sie hat keinen Zwecksatz. In vielen Formen begegnet sie uns: als Tischrede bei einer Familienfeier, z.B. einer Verlobung, einer Hochzeit, einer Taufe oder einer Konfirmation; bei einer Betriebsfeier, einem Jubiläum etwa; bei einer Tagung oder einer Diskussion als Begrüßung und Einführung des Referenten oder zum Schluß als Dankwort an ihn; in größerem Rahmen bei der Verleihung eines Preises als Lobrede (die alte »Laudatio«, die aber viele Elemente des Vortrags enthält) und schließlich noch als Grabrede. So vielerlei Anlässe es gibt, so vielfältig sind die Stimmungen. Und gerade darauf kommt es bei diesen Reden mehr als auf ihren Aufbau oder ihren gedanklichen Gehalt an: daß der Redner genau die rechte Stimmung treffe.

Alle diese Redeformen können auch als **Stegreifreden** auftreten, dann nämlich, wenn der Redner nicht darauf gerüstet ist, eine Rede zu halten, sondern die Umstände ihn plötzlich dazu drängen. Wer auf seinem Fachgebiet erfahren ist, könnte gelegentlich auch einen kleinen **Vortrag** aus dem Stegreif halten. Der Begriff Stegreif*rede* braucht also nicht immer mit dem der Rede zusammenzufallen.

Ein besonderes Kapitel bilden die **Kanzelreden**, weil sie trotz allem Fleiß und Eifer, den der Prediger auf ihre Vorbereitung verwenden muß, in ihrer Wirkung auf die Seelen nicht allein vom menschlichen Geist geleitet und darum auch nicht von ihm allein beurteilt werden dürfen. Sie sollen ihre Hörer ermahnen und ihre Seelen erbauen und dürfen deswegen nicht zu viele Elemente des Vortrags enthalten. Andererseits müssen sie in einem Stil und in einer Sprache gesprochen werden, zu der auch der heutige nüchterne Mensch einen Zugang findet.

Auch das **Gespräch** im weitesten Sinne des Wortes ist eine Form der freien Rede, ja, es ist sogar die Urform der Rede. Am Gespräch sind alle Teilnehmer in gleicher Weise, wenn auch in verschiedenem Maße beteiligt; erst wenn die Aufgabe des Sprechens einem einzelnen zufällt, wird daraus eine Rede im engeren Sinne.

Für unsere Zwecke haben wir den Begriff Gespräch freilich eingegrenzt. Wir meinen nicht das ziellose und ungelenkte Geplauder im Kaffeekränzchen oder am Stammtisch, aber auch nicht das Gespräch unter vier Augen, sei es das vertrauliche Einander-nahe-Sein zweier Liebender, sei es das ebenfalls auf Vertrauen beruhende seelsorgerliche Gespräch, in dem einer dem anderen hilft und ihm einen neuen Weg weist. Bei unseren Überlegungen zur freien Rede wollen wir nur diejenigen Formen berühren, bei denen sich eine größere Anzahl von Teilnehmern zur Klärung einer bestimmten, vorher vereinbarten Frage zusammenfindet; und das sind vor allem **Diskussion** und **Debatte**.

Beide Begriffe sind zwar eng miteinander verwandt, bedeuten aber nicht dasselbe. Vielmehr setzt die Debatte bei den Teilnehmern einen Standpunkt voraus, den es in der Debatte zu verteidigen gilt. Das Ziel ist der Sieg, die Entscheidung für eine von mehreren Lösungen, die im allgemeinen schon vorher feststeht. Parlamente sind hier das deutlichste Beispiel.

Ziel der Diskussion soll es dagegen sein, nicht den eigenen Standpunkt zu behaupten, sondern sich durch Rede und Gegenrede der Wahrheit anzunähern und zu einem *Consensus*, einer Übereinstimmung der vorher geteilten Meinungen zu kommen. Nicht selten werden sich Mischformen zeigen, wenn nämlich einzelne Diskussionsteilnehmer mit einer vorgefaßten Meinung, also mit einem »Vor-Urteil«, in die Erörterung eintreten. Beeinträchtigt wird eine Diskussion auch dadurch, daß viele Menschen nicht in der Lage sind, die Gedanken ihrer Vorredner zu behalten und in ihren eigenen Beiträgen zu berücksichtigen. Es ist daher für alle, die sich später an Diskussionen beteiligen wollen, gut, wenn sie sich zur Übung ihrer Aufmerksamkeit und ihres Gedächtnisses dazu zwingen, in Diskussionen, an denen sie nur als Zuhörer teilnehmen, die Beiträge der einzelnen Redner im Kopf oder in einer kurzen Notiz festzuhalten.

Wie geht eine Diskussion vor sich?

Gelegentlich, wenn das Diskussionsthema allen Teilnehmern hinlänglich vertraut ist, genügt eine Einstimmung durch den Diskussionsleiter. Im allgemeinen aber wird ein **Referat** die Grundlage bilden. Das ist ein kürzerer Vortrag, etwa von einer halben Stunde, den zu halten ein Fachmann des betreffenden Gebietes gebeten worden ist.

Gegebenenfalls schließt sich daran noch ein Korreferat von jemand, der die Dinge aus einer anderen Perspektive sieht. Dieses Verfahren hat den Vorteil, daß die Diskussionsteilnehmer von vornherein vor einer einseitigen Information bewahrt bleiben.

Nun erteilt der Diskussionsleiter den Teilnehmern in der Reihenfolge ihrer Meldung das Wort.[1]) Zuvor hat er für alle Redner die Redezeit beschränkt, im allgemeinen wohl auf höchstens fünf Minuten. Überschreitet jemand seine Redezeit, so wird ihm das Wort entzogen. Schweift er vom Thema ab oder greift einen Gegner persönlich an, wird er vom Diskussionsleiter ermahnt, »zur Sache!« zu kommen. Bleibt dieser Ruf ebenso wie ein weiterer fruchtlos, wird der Diskussionsleiter ihm das Wort entziehen.

Häufig kommt es vor, daß, nachdem man sich zum Wort gemeldet hat, ein Vorredner dasselbe vorbringt, was man selbst sagen wollte. Dann wird man den Gedanken nicht langweilig »wiederkäuen«, sondern, sobald einem das Wort erteilt wird, mit der Bemerkung »Hat sich erledigt« darauf verzichten. So wird der Fortgang der Diskussion nicht unnötig aufgehalten.

Als letztes erhalten Referent und Korreferent Gelegenheit zu einem kurzen (und natürlich für beide gleich langen) Schlußwort, wonach der Diskussionsleiter die Diskussion mit einem Dank an Referenten und Diskussionsteilnehmer schließt.

Einige wichtige andere Möglichkeiten zur Hinführung zu einem Gespräch seien hier noch genannt:

Statt eines Referenten, der die Teilnehmer nur zu einem sinnvollen Gespräch anregen und ihnen einige Grundlagen an die Hand geben soll, kann ein Vortragender das Thema ausführlicher behandeln. Nach einem längeren **Vortrag** ist die Bereitschaft der Zuhörer, nun selbst zu reden, fast immer zunächst einmal sehr gering, weil es eine

---

1) Nur wenn ein Teilnehmer sich mit dem Ruf »Zur Geschäftsordnung« zum Wort meldet, erhält er für eine solche kurze Bemerkung das Wort außer der Reihe. Er darf dann aber nichts zur Sache selbst sagen, sondern nur zu ihrer Behandlung, also etwa dann, wenn er meint, daß die Beratung über diesen Punkt vertagt oder einem Ausschuß überwiesen, daß die Sitzung unterbrochen oder vielleicht die Redezeit verlängert oder verkürzt werden solle.

gewisse Zeit dauert, bis der Mensch vom aufnehmenden Hören zum selbsttätigen Reden »umgeschaltet« hat. Es empfiehlt sich daher stets, nach einem solchen Vortrag eine kurze Pause einzulegen, in der sich die Teilnehmer ihre Fragen überlegen oder — vielleicht noch besser — sie auf einen Zettel schreiben und über den Diskussionsleiter dem Redner zukommen lassen können. Der Redner hat dann die Möglichkeit, sie zu ordnen und einzeln nacheinander oder zusammengefaßt zu beantworten. Aus der Aussprache wird in dem zuletzt genannten Falle dann allerdings nur eine »Fragenbeantwortung«.

Der Diskussionsleiter kann mit dem Referenten auch vereinbaren, daß er auf einen einleitenden Vortrag gänzlich verzichtet und statt dessen von vornherein die Fragen beantwortet, die ihm zu Beginn der Veranstaltung schriftlich eingereicht werden. Da es sich bei einer solchen »**Sachverständigenbefragung**« aber nicht mehr um ein Gespräch im eigentlichen Sinne handelt, wollen wir dieser Möglichkeit nicht weiter nachgehen.

Wenn sich mehrere Sachverständige, statt ihre Referate nacheinander vorzutragen, auf dem Rednerpodium miteinander und unter der Führung des Diskussionsleiters unterhalten, sprechen wir von einem »**Podiumsgespräch**«. Diese Form ist für die Zuhörer anregender, als wenn sie mehrere fertige Referate nacheinander anhören müssen. Die Form einer solchen öffentlichen Unterhaltung fordert mehr zum Mitdenken heraus und regt die spätere Diskussion besser an.

Der ordnende Geist bei all solchen Veranstaltungen ist der Versammlungs- oder **Diskussionsleiter**. Über seine Aufgaben bleibt noch einiges zu sagen.

Der Vorsitzer eines Vereins z. B. wird sicherlich seine eigene Meinung mit in die Waagschale werfen. Ein Versammlungsleiter kann aber auch ganz neutral »leiten«, d. h. nicht selber mit seiner Meinung in die Debatte eingreifen. Doch wird er durch das Gewicht seiner Persönlichkeit gerade in seiner neutralen Stellung manches klären und in die rechten Bahnen lenken und durch Zwischenzusammenfassungen verdeutlichen, an welcher Stelle das Gespräch angelangt ist und wohin es weitergeführt werden sollte.

Deutliche Beispiele für diesen Typ sind der Bundestagspräsident und — in kleinem Rahmen — die Leiter von Rundfunk- und Fernsehsendungen.

Schon vor der Sitzung wird der Diskussionsleiter für die Aufstellung einer **Tagesordnung** sorgen, die den Teilnehmern rechtzeitig zugeht und aus der zu ersehen ist, welche Fragen besprochen werden sollen. Diese Tagesordnung ist übrigens nicht zu verwechseln mit einer **Geschäftsordnung**, die sich jeder Verein geben wird, so wie sie z.B. auch der deutsche Bundestag hat. In ihr ist die Verfahrensweise bei Diskussionen festgelegt, z.B. die Frage der Beschlußfähigkeit einer Versammlung, die Möglichkeiten der Abstimmung und die Art der Mehrheit (einfache Mehrheit, absolute Mehrheit, Zweidrittelmehrheit). Nach der Geschäftsordnung des Bundestages erwartet man übrigens, daß die Abgeordneten frei sprechen können. Es heißt ausdrücklich (§ 37,1): »Die Redner sprechen grundsätzlich in freiem Vortrag. Sie können hierbei Aufzeichnungen benutzen. Im Wortlaut vorbereitete Reden sollen eine Ausnahme sein; sie dürfen nur verlesen werden, wenn sie beim Präsidenten mit Angabe von Gründen angemeldet sind und der Präsident in die Vorlesung einwilligt.«

Mit der Formel »Ich eröffne die Versammlung« hat sie der Leiter formell zu eröffnen und zum Schluß auch ebenso formell wieder zu schließen. Alles, was außerhalb dieser Sätze gesagt wird, kommt nicht ins Protokoll und kann nicht etwa nachträglich noch zum Beschluß erhoben werden, was von Bedeutung sein könnte, wenn Gegner dieses Abstimmungspunktes den Raum gleich nach dem offiziellen Schluß verlassen hätten.

Zum Rahmen, den der Versammlungsleiter einer Versammlung zu geben hat, gehören weiterhin folgende stets möglichst knapp gehaltene Äußerungen:

1. Er begrüßt die Zuhörer. Dabei sollte er den beliebten Fehler vermeiden zu sagen: »Ich freue mich, daß Sie so zahlreich erschienen sind.« Denn jeder einzelne kann ja nur einmal und für sich allein erscheinen. Im anderen Fall wäre es aber unrecht, wollte er seinen Unmut über eine geringe Beteiligung gerade an denen auslassen, die gekommen sind.

2. Er nennt den Anlaß zu dieser Versammlung und begründet die Wahl des Themas. Dadurch schafft er die Bereitschaft zum Hören und zur aktiven Mitarbeit.

3. Er gibt Gelegenheit zum Einspruch gegen die Tagesordnung, die danach als von den Teilnehmern angenommen gilt.

4. Nach dem Satz »Wir treten in die Tagesordnung ein« stellt er mit ein paar verbindlichen Worten den Anwesenden den Referenten vor, wobei er nicht der Gefahr erliegen darf, das Thema vorwegzunehmen, das der Referent erst behandeln soll.

5. Sollte der Hauptredner durch **Zwischenrufe** unterbrochen werden, braucht der Versammlungsleiter im allgemeinen nicht einzugreifen, es sei denn, er habe den Eindruck, die Zwischenrufer wollten den Redner systematisch stören. Sonst aber ist es Sache des Redners, dem Zwischenrufer eine passende Antwort zu geben. Hier kann er seine Schlagfertigkeit beweisen — eine Kunst, die sich wohl kaum erlernen läßt, höchstens durch Übung steigern. Eine witzige Erwiderung hat den doppelten Nutzen, daß sie nicht nur an sich schon durch ihr Auftreten die Rede würzt und belebt, sondern daß der Redner die Lacher auf seine Seite bringt und ihre Aufmerksamkeit von einer vielleicht wunden Stelle seiner Äußerungen ablenkt.

Fällt dem Redner nicht sofort eine gute Bemerkung ein, so kann er scheinbar darüber hingehen und den Gedanken als möglichen Einwand selbst in seine Rede einbauen und dann widerlegen. Wenn er dies nicht vorhat, kann er den Einwurf notfalls auch durch ein leicht hingeworfenes »Darauf komme ich später zurück« zunächst einmal abtun. Keinesfalls aber sollte er sich mit dem Zwischenrufer in eine Privatunterhaltung einlassen und ihn dadurch sogar noch auszeichnen. Einen offensichtlich böswilligen Zwischenrufer kann der Redner unter Umständen durch einen Blick und eine Sekunde des Schweigens empfindlicher treffen als durch eine harte Erwiderung. In einem großen Saal hat der Redner übrigens den Vorteil, daß er durch Mikrophon und Lautsprecher überall gleich gut verstanden wird; ein Ruf aus der Zuhörerschaft dringt dagegen nur mangelhaft nach vorn und fast gar nicht nach hinten.

Wozu es führen kann, wenn der Redner Zwischenrufern zu viel Bedeutung beimißt, habe ich einmal bei der Wahlrede eines führenden Politikers erlebt: Er fragte bei einem Zwischenruf zweimal nach, um darauf antworten zu können. Schließlich stellte er fest, daß es nur ein bekräftigender Ruf gewesen war, der keiner Antwort bedurft hätte. Und dafür hatte er nun den Fortgang seiner Rede unterbrochen!

6. Nach dem Referat leitet der Diskussionsleiter mit einem kurzen, aber passenden Dankwort an den Redner zur Diskussion über. Bevor er sie aber mit einer Formel wie »Wir treten in die Aussprache ein« eröffnet, ist es — wie gesagt — zweckmäßig, ein paar Minuten der Besinnung einzulegen.

7. Wird nach einer Aussprache über einen Punkt der Tagesordnung ein Beschluß gefaßt, so fordert der Versammlungsleiter mit dem Satz »Wir kommen zur Abstimmung« dazu auf. Liegen zu einem Punkt der Tagesordnung mehrere Anträge zur Abstimmung vor, so

wird über den weitergehenden zuerst abgestimmt, weil sich bei seiner Annahme die Abstimmung über den anderen Antrag erübrigt.

Meistens genügt zur Abstimmung ein Handzeichen: »Wer für den Antrag ist, erhebe seine Hand ... Gegenprobe ... Stimmenthaltung ...« Bei unübersichtlichen Räumen ist es angebracht, daß sich die Teilnehmer von den Plätzen erheben. Für besondere Fälle besteht außerdem die Möglichkeit der Abstimmung durch Namensaufruf oder aber einer geheimen Stimmabgabe. Aus dem parlamentarischen Gebrauch kennen wir schließlich noch den »Hammelsprung«. Er trägt seinen Namen nach einer Methode, wie man früher Schafe zählte: Man ließ sie durch verschiedene Eingänge in die Hürde laufen. Die Abgeordneten verlassen zunächst alle den Saal und betreten ihn dann wieder durch drei verschiedene Türen, je nachdem, ob sie mit »Ja«, »Nein« oder »Enthaltung« stimmen. An den Türen können Wahlhelfer sie dann genau zählen.

In kleineren Versammlungen erübrigt sich natürlich ein solches Verfahren, besonders, wenn die **Sitzordnung** günstig gewählt worden ist. Handelt es sich nur um eine kleine Konferenz, so ist die beste Anordnung der Teilnehmer die im Kreis (mit oder ohne Tisch in der Mitte, je nachdem, ob die Teilnehmer Akten brauchen oder nicht). An einem rechteckigen oder T-förmigen Tisch können sich mehr als zwanzig Personen gegenseitig nur noch schlecht sehen. Die hufeisenförmig angeordneten Tische sind dann zweckmäßiger, nur dürfen die Innenseiten der Tische dann nicht besetzt werden.

Bei größeren Versammlungen empfiehlt es sich, die Stuhlreihen im Saal so in stumpfen Winkeln gegeneinanderzustellen, daß die Scheitelpunkte im Mittelgang liegen. Sie stehen dann wie die Gräten zur Wirbelsäule eines Fisches, an dessen Schwanzende wir uns den Platz für den Redner zu denken haben.

Eine Mahnung möge unsere Überlegungen zur Diskussion abschließen: Ich habe das Empfinden, als ob bisweilen in Gruppen und Vereinen die Diskussion um ihrer selbst willen gepflegt würde. Nichts wäre sinnloser als das! Nur wenn das Verlangen und die Hoffnung besteht, durch eine Aussprache gemeinschaftlich der Wahrheit näherzukommen, erhält die Diskussion ihre innere Berechtigung. Darum sollte man sich auch davor hüten, zur bloßen »Übung« belanglose oder gar sinnwidrige Dinge zum Diskussionsgegenstand zu erheben, wobei der Leiter dann gar den Teilnehmern vorschreibt, welche Meinung sie zu vertreten haben. Hier spricht man mit Recht von einem »rhetorischen Komödiantentum«.

II. Das rechte Wort

Wer noch nicht im Reden geübt ist, mag sich wohl ängstlich fragen: »Wird mir beim Reden auch stets zur rechten Zeit das rechte Wort einfallen?« Und wer schon über einige Erfahrungen im Reden verfügt, kann bestätigen, wie wichtig es ist, daß man immer den treffenden Ausdruck zur Hand hat, der das Gemeinte genau bezeichnet; denn nur, wenn wir dem Hörer zu einer klaren Vorstellung verhelfen, können wir ihn von unserer Meinung überzeugen, und das ist doch das Ziel einer Rede.

Nun meinen wir wohl: Fremdsprachen beherrschen wir in der Regel nicht völlig, sondern es fehlen uns viele Wörter und Wendungen; der Wortschatz unserer Muttersprache dagegen müßte doch jedem Erwachsenen geläufig sein. Dabei übersehen wir aber nicht nur, daß zum deutschen Wortschatz viele mundartliche, altertümliche, dichterische und auch viele Fachwörter fremder Herkunft gehören, die keineswegs jedem vertraut sind, sondern vor allem, daß wir viel mehr Wörter **kennen**, als wir **gebrauchen**.

Die Anzahl der einem Menschen **bekannten** Wörter — wir nennen sie den *»passiven Wortschatz«* — ließe sich verhältnismäßig leicht mit Hilfe eines guten Wörterbuches feststellen. Der Band RECHTSCHREIBUNG des Dudens führt in seiner 19. Auflage 110 000 Stichwörter auf, von denen schätzungsweise ein Fünftel einem durchschnittlich gebildeten Erwachsenen bekannt sein dürfte.

Wie viele dieser Wörter **benutzt** er nun aber selber? Diese Zahl zu ermitteln ist natürlich schwierig. Sie ist jedoch in jedem Fall erheblich kleiner als die zuerst genannte. Die Anzahl der Wörter, die jemand tatsächlich anwendet, wenn er spricht oder schreibt, nennen wir seinen *»aktiven Wortschatz«*. Sie ist nach Bildung und Übung sehr unterschiedlich groß. Im täglichen Umgang wird ein Erwachsener mit 3000 Wörtern auskommen, viele wahrscheinlich mit sehr viel weniger. Wenn ein gebildeter und geübter Redner bis zum Drei- oder Vierfachen dieser Zahl kommen sollte, wäre es sicher viel, aber doch immer noch wenig, verglichen mit seinem passiven Wortschatz.

Freilich sind wir bei diesen Zahlen meist auf Schätzungen angewiesen, wenn nicht z.B. von einem Schriftsteller ein besonderes Wörterbuch besteht, das alle von ihm verwandten Wörter aufführt. So wissen wir, daß Shakespeare über den immensen Vorrat von über 20 000 Wörtern verfügte, was denn zuweilen jemanden zweifeln ließ, ob sich unter seinem Namen nicht mehrere Verfasser verbergen.

Je kleiner der aktive Wortschatz eines Redners ist, um so mehr muß er sich in seinen Ausdrücken wiederholen, und das wirkt auf den Zuhörer langweilig und ermüdend, so daß er dem Redner nur noch unwillig und schließlich gar nicht mehr folgt. Daraus ergibt sich für jeden Redebeflissenen die dauernde Aufgabe, den Abstand zwischen seinem aktiven und seinem passiven Wortschatz möglichst klein werden zu lassen. Welche Möglichkeiten bieten sich dafür an?

1. Der Gedanke liegt nahe, daß man sich durch das Lesen guter Bücher bilden könne. Das ist unzweifelhaft wahr; nur vermehrt das Wortgut des Dichters beim Lesen leider nicht automatisch unseren aktiven Wortschatz. Im allgemeinen lesen wir nämlich viel zu schnell darüber hin.

Man *kann* freilich auch aus der Lektüre seinen Wortschatz erweitern. Nur muß man dann mit sehr viel Ausdauer zu Werke gehen: Wenn man täglich nur eine oder zwei Seiten eines guten Schriftstellers recht bewußt liest und am nächsten Tag versucht, das am Vortage Gelesene mit eigenen Worten wiederzugeben — sei es schriftlich, sei es mündlich mit Kontrolle durch eine Tonbandaufnahme —, und dann das Ergebnis mit dem Original vergleicht: dann wird man aus der Erkenntnis des Unterschiedes zwischen der Ausdrucksweise des Dichters und seiner eigenen großen Nutzen ziehen. Nur darf man sich nicht mit dem einmaligen Versuch begnügen, sondern muß die Übung wenigstens einen Monat lang Tag für Tag fortsetzen.

2. Ein weiteres vorzügliches Mittel, seinen Wortschatz zu aktivieren, bietet sich demjenigen an, der eine Fremdsprache ausreichend beherrscht. Man wähle anfangs einen ganz leichten fremdsprachigen Text und übersetze ihn aus dem Stegreif — also ohne ihn vorher auch nur durchgelesen zu haben — *vor den Ohren eines Zuhörers* ins Deutsche. Dabei wird man feststellen, wieviel leichter es ist, denselben Text stumm zu lesen und zu verstehen, als ihn außerdem noch in deutsche Wörter und Wendungen umzugießen. Die Notwendigkeit, fließend zu übersetzen, damit der Zuhörer nicht den Zusammenhang verliert, spornt unser Gehirn an, blitzschnell die passende Formulierung zu finden. Das ist eine Fertigkeit, die die Simultandolmetscher in Vollendung beherrschen; sie haben bei wichtigen Reden oder Verhandlungen ohne Unterbrechung das eben Gehörte, während der Redner schon weiterspricht, in die andere Sprache zu übersetzen.

3. Wachsender Beliebtheit bei den Benutzern erfreuen sich Wörterbücher, die ihnen helfen können, in einem bestimmten Falle das beste, das genau treffende Wort zu finden. Es sind dies die synonymischen Wörterbücher, die, in Umfang und Preis sehr verschieden, vom kleinen Taschenbuch (Gerhard Hellwig »Kennen Sie die neuesten Wörter?«) über das sehr nützliche Buch von Textor (»Sag es treffender«) bis zu Wehrle-Eggers (»Deutscher Wortschatz«) und der Neuarbeitung des Großen Dudens, Band 8, reichen. Auch die Sammlungen von Textor und von Wehrle-Eggers sind als Taschenbücher erhältlich.

»Synonyme«, das sind sinnverwandte Wörter, Wörter also, die denselben oder einen verwandten Begriff durch verschiedene Bezeichnungen ausdrücken. So meinen die Wörter »Bank, Schemel, Sessel, Stuhl und Thron« alle eine Sitzgelegenheit, doch wird in einem bestimmten Redezusammenhang nur eins davon passen. Dagegen wird der Redner für einen so häufig vorkommenden Begriff wie den des »Redens« stets mehrere Ausdrücke zur Abwechslung bereithalten müssen, z. B. »sagen, sprechen, meinen, sich äußern, berichten, mitteilen«.

Natürlich nützen Wörterbücher dem Redner nichts mehr, wenn er schon hinter dem Rednerpult steht, wohl aber in seiner Ausbildung zum Redner. Nehmen wir also ein solches Wörterbuch zur Hand und stellen zu einem Stichwort wie »Geräusch, Freund, Hindernis; erklären, lachen, hinweisen; heiter, kurz, wichtig, groß« alle Synonyme zusammen, die uns einfallen. Wenn wir uns ein paar Minuten lang den Kopf darüber zerbrochen haben, vergleichen wir unser Ergebnis mit der Zusammenstellung im synonymischen Wörterbuch. Je häufiger wir solche kleinen Übungen vornehmen, um so schneller wird unser Gehirn reagieren, wenn wir beim Reden nach dem klaren und anschaulichen Ausdruck suchen.

4. Wem diese Aufgabe schwerfällt, der möge zunächst durch die folgende Vorübung den Boden lockern. Wenn wir ein bestimmtes Wort hören, fallen uns sofort viele Gedankenverbindungen damit ein, andere Wörter, die mit dem gegebenen Wort etwas zu tun haben. Hören wir z. B. den Begriff »Auto«, so denken wir vielleicht an: Motor, Reifen, Karosserie, Fahrer, Straße, Kreuzung, Verkehrslicht, Autobahn, Geschwindigkeit, Unfall ... Stellen wir einmal fest, wie viele Wörter uns in zwei oder in drei Minuten zu einem der folgenden Begriffe einfallen: »Reise, Büro, Meer, Laden, Spazier-

gang, Theater, Eigenheim, Krankenhaus, Buch, Export, Wahrheit, Vertrauen.« Beim ersten Mal sammeln wir zu jedem einzelnen dieser Begriffe nur Substantive, beim zweiten Mal nur Verben. Wir werden feststellen, daß die zweite Übung erheblich schwerer ist als die erste. Aber die lebendige Rede zeichnet sich gerade durch den abwechslungsreichen Gebrauch der Verben aus.

5. Scheinbar ebenso einfach ist eine ähnliche Übung: Sie suchen — wiederum in zwei oder drei Minuten und am besten im Wettkampf mit anderen — Gegenstände aus einem bestimmten Material — sagen wir: aus Metall —, die sich in einem Ihrer Räume befinden. Vielleicht wählen Sie als erstes die Küche, beim nächsten Versuch Ihr Arbeitszimmer und dann das Schlafzimmer oder das Bad. Nur das Material kann von Mal zu Mal wechseln: Plastik, Glas, Holz oder Textilien. Damit ergeben sich viele Kombinationsmöglichkeiten. Eine bildkräftige Vorstellung des gewählten Raumes wird Ihnen bei der Bewältigung der Aufgabe helfen. Trotzdem werden Sie sicherlich manchmal mit Verwunderung feststellen, daß Sie den gemeinten Gegenstand zwar lebendig vor sich sehen, daß Ihnen aber seine Benennung nicht sogleich einfällt.

6. Von Goethe wissen wir, daß er seinen Wortschatz auf folgende Weise ganz bewußt anreicherte: Er trug in ein Heft, das er dafür angelegt hatte, alle die Wörter und Wendungen ein, die ihm bei seiner Lektüre gelegentlich auffielen und die es ihm wert schienen, daß er sie selbst einmal benutzte. Dieses Verfahren mag uns heute etwas gewollt vorkommen; vielleicht aber brauchen wir es nur umzukehren, damit auch wir spürbaren Nutzen daraus ziehen können. Auch dazu regt uns eine Liste Goethes an, in der er »Redensarten (zusammenstellt), welche der Schriftsteller vermeidet, sie jedoch dem Leser beliebig einzuschalten überläßt«. Darin fin-

den wir Ausdrücke wie »gewissermaßen, ungefähr, ich glaube, nach meiner Einsicht, eine Art von, ich möchte sagen, irgend, irgendwo«, eine Reihe, die wir heute durch »irgendwie, in etwa, überhaupt« und manch andere ergänzen könnten.

Jeder Mensch hat eine Vorliebe für bestimmte Wörter. Manche wechseln bald und werden durch neue verdrängt, andere halten sich über Jahre hinaus. Manchmal sind es **»Modewörter«**, die allgemein im Schwange sind, wie seit den 60er Jahren das sinnentleerte Wort »praktisch« (das dann »praktisch« gar keine Bedeutung hat!) und das Wort »genau« statt »ja« als Bekräftigung einer Aussage des Gesprächspartners.

Im Sinne eines verstärkenden Adverbs wird gern das Wort »echt« mißbraucht: »Das tue ich echt gern« (statt: wirklich gern) oder: »Das finde ich echt gut« (als bloße Steigerung von gut). Durch Jürgen von Manger, der die Sprache seiner Umgebung scharf beobachtet, ist sicher vielen das Wort »ehrlich« als Bekräftigung der eigenen Aussage erst bewußt geworden. Man hört dies Wort aber auch oft als Frage des Erstaunens über eine Äußerung des Gesprächspartners, und seit längerer Zeit hat »bestens«, vor allem bei der Jugend, das alte »prima« weithin verdrängt. Solch formelhaften Wendungen entheben uns der Mühe eigenen Nachdenkens und selbständigen Formulierens. Sie folgen damit zwar dem allgemein menschlichen »Gesetz der geringsten Anstrengung« (Zipf), lassen unsere Redeweise aber langweilig und farblos erscheinen.

Manchmal aber sind es auch *»persönliche Modewörter«*, die ein einzelner besonders liebt und stets im Munde führt und denen er oft lange Zeit treu bleibt. Man frage nur einmal Schüler nach den *Lieblingsausdrücken ihrer Lehrer,* und man wird sogleich eine vollständige Liste erhalten. Daraus darf man nun nicht schließen, daß die Vertreter dieses Berufsstandes weniger Sorgfalt auf ihren Wortschatz verwendeten als andere Erwachsene. Aber wer denn sonst müßte täglich stundenlang vor denselben Zuhörern reden, deren Aufmerksamkeit auf den Gegenstand des Vortrags weit weniger konzentriert ist, als es im Gespräch mit einem einzelnen der Fall wäre!

Solche Wörter bei sich zu entdecken hilft wohlwollende Kritik Gleichgesinnter und die Beobachtung der eigenen Tonbandaufnahmen. Kennt man sie erst einmal, dann ist es Zeit, sie in eine Liste oder ein Heft einzutragen, damit man sich immer wieder an das erinnern läßt, was man sich abgewöhnen will. Ein solcher Zettel, den man täglich — sei es auf dem Schreibtisch, in der Brieftasche oder im Notizbuch — vor Augen hat, wirkt Wunder. Die Lieblingsausdrücke, die man bisher unbewußt und unkontrolliert gebraucht hat, werden einem jetzt immer aufs neue ins Gedächtnis gerufen, und man bekommt so die Möglichkeit, sie bewußt zu vermeiden.

7. Ein letztes, freilich nur begrenzt wirksames Mittel, seinen Wortschatz zu erweitern, besteht noch in der Beobachtung anderer Redner. Fallen uns bei schlechten Rednern solche Fehler auf, die wir vielleicht selbst machen, so können uns gute Redner, wenn wir einmal bewußt auf ihren Wortschatz achten, zur Nachahmung anspornen. Und wie wir ihnen nacheifern können, das haben wir in den vorhergehenden Abschnitten gesehen.

Selbst Dichter müssen sich um die Pflege ihres Wortschatzes bemühen, wenn sie immer wieder neu und lebendig erscheinen wollen. Von Goethes Methode haben wir schon gehört. Aber auch von einem Schriftsteller unserer Tage ist uns ein schönes Zeugnis überliefert. Thomas Mann schreibt einmal in seinem Briefwechsel mit Ernst Bertram über die Mühe, die ihm ein kleines Landschaftsbild in seiner Erzählung »Herr und Hund« bereitet, weil er dafür nicht genügend Baumnamen kennt: »Ich brauche

Namen! Gerade, daß ich die Esche, die Birke bei Namen zu nennen weiß. Aber das ist von sehr ärmlicher dekorativer Wirkung. Ich habe mich an meinen Nachbarn, Gruber, Doktor der Naturwissenschaften, gewandt und werde nächstens mit ihm und einem Notizbuch spazierengehen.« Das Ergebnis ist frappant: In der eineinhalb Seiten langen Schilderung finden wir die Namen von fünfzehn verschiedenen Bäumen.

Zum Gebrauch der Fremdwörter

Das Bedürfnis, die Sprache mit fremden Federn aufzuputzen, haben heute wie eh und je viele Redner und Schreiber. Und wie seit Jahrhunderten führen Sprachpfleger gegen sie einen erbitterten Kampf. Wie sollen wir uns dazu stellen? Hat das fremde Wort ein Lebensrecht in unserer Sprache?

Nun, wir sollten uns nach beiden Seiten vor Übertreibungen hüten. Daß unsere Sprache fremde Bezeichnungen aus den Nachbarsprachen aufnimmt, hat es in der Geschichte unserer Sprache zu allen Zeiten gegeben. Ungezählte Wörter dieser Art halten seit Jahrhunderten ihren festen Platz. Sie haben an der Entwicklung unserer Sprache teilgenommen, und kein Unbefangener sieht ihnen heute noch ihre fremde Herkunft an. Wir nennen sie deshalb auch nicht mehr Fremdwörter, sondern *Lehnwörter*, so z. B. Mauer (lat. murus), Ziegel (lat. tegula), Kiste (lat. cista aus griechisch *κίστη*), Brief (lat. Brevis), Platz (franz. place), Bank [= Geldinstitut] (ital. banco, das seinerseits aber aus dem germanischen Wort banc [= Sitzgelegenheit] entlehnt ist), Schal (engl. shawl). Solche Wörter noch weiter »verdeutschen« zu wollen hieße offene Türen einrennen.

Gegenüber diesen völlig eingebürgerten Wörtern genießen Fremdwörter nur ein Gastrecht — wenn auch manchmal schon seit einigen hundert Jahren —, was man ihnen oft noch anmerkt. Manche verraten ihre Herkunft durch fremde Laute oder Buchstaben, z. B. Etage mit [ʒ], Ballon mit [ɔ̃], Theater mit th, Physik mit ph und y. Andere tragen fremde Vor- oder Nachsilben, z. B. Antipathie, Prozent, Interesse, Kongreß; Aktion, Material, Qualität, Organismus. Die meisten aber sind an ihrer Betonung zu erkennen, die oft nicht wie im Deutschen auf der ersten Silbe oder auf der Stammsilbe liegt, z. B. Kopie, Lizenz, real, Schikane, Lokal, aktuell.

Viele fremde Wörter in unserer Sprache sind heute für uns unentbehrlich, oder sie scheinen es wenigstens zu sein. Diese Einschränkung muß man wohl machen, wenn man bedenkt, daß z. B. das Wort »Bahnsteig« erst 1887 als Ersatz für »Perron« vorgeschlagen worden ist und daß bis nach der Jahrhundertwende ein bekannter Sprachpfleger die Verdeutschung von »Coupé« durch »Abteil« für »fürchterlich« hielt. Noch jüngeren Datums ist der heute (mit Ausnahme der bayrisch-österreichischen Mundarten) ausschließlich geltende Name »Fleischbrühe«, die noch bis in den Zweiten Weltkrieg hinein von jedermann »Bouillon« genannt wurde.

Nicht immer setzen sich gute Verdeutschungen durch; zumindest in der Umgangssprache bleiben die Fremdwörter oft noch lange lebendig: Endhaltestelle, Lichtbild, Stammmiete und Fernsprecher gehören hierher. Da können auch amtliche Verordnungen wenig ausrichten: Im Dritten Reich sollte die Bezeichnung »Rundfunkgerät« das Wort »Radio« ersetzen, und der Duden vermerkte ein wenig voreilig: »Im allgemeinen Sprachgebrauch veraltend.«

Bei anderen Wörtern ahnen wir nicht mehr, daß man früher fremde Ausdrücke für sie benutzen mußte. So verdanken wir Philipp von Zesen (im 17. Jh.) das Wort »Leidenschaft« für das französische »Passion«, Johann Heinrich Campe (im 19. Jh.) die Wörter »Tageblatt« für »Journal« und »Kreislauf« für »Cirkulation« und Goethe den »Geschäftsmann« für »homme d'affaires« und »übertrieben«

für »outriert«. Goethes Vorschläge »bretterhaft« für »theatralisch« und »verfratzen« für »karikieren« dagegen lassen uns heute ebenso schmunzeln wie Campes »Eßlust« für »Appetit«.

Der Grundsatz des Allgemeinen Deutschen Sprachvereins »Kein Fremdwort für das, was deutsch gut ausgedrückt werden kann« bleibt offen für künftige glückliche Verdeutschungen, aber er läßt dem zur Zeit unentbehrlichen Fremdwort sein Daseinsrecht in der deutschen Sprache. Wir kommen ohne Fremdwörter nicht aus.

Sehr viele Begriffe, auch des täglichen Lebens, sind mit ihren fremden Namen — die sich dann allerdings oft in anderen europäischen Sprachen wiederfinden — zu uns gekommen, und wir müssen sie kennen, weil wir sie brauchen. Nichts ist für den Redner peinlicher, als wenn er ein Fremdwort nicht ganz passender Bedeutung verwendet, nur weil es ihm »vornehmer« erscheint, ein fremdes statt eines deutschen Wortes zu gebrauchen. So hörte ich einmal jemanden über die unregelmäßig, stoßweise anfallende Arbeit in einer ihm unterstehenden Abteilung sagen, sie fiele »sporadisch« an. Das heißt aber nur »vereinzelt vorkommend, selten«. Gedacht hatte er sicher an »sprunghaft«, und das gemeinsame sp-r hatte ihn verführt, das Gegenteil von dem zu sagen, was er hatte ausdrücken wollen. — Ähnliche Entgleisungen sind Doppelausdrücke wie »numerische Anzahl« oder »kriminelle Verbrecher«.

Wer sich über die Bedeutung eines Fremdwortes also nicht ganz im klaren ist, sollte unbedingt ein Fremdwörterbuch zu Rate ziehen oder — das Fremdwort vermeiden und durch ein schlichtes, aber treffendes deutsches Wort ersetzen. Besonders für die gängigsten Fremdwörter wie »direkt, Material, Interesse, interessieren und interessant« warten so viele deutsche Wörter als Ersatz, und sie drücken alle, weil sie nicht so allgemein und verwaschen sind, den Sachverhalt viel genauer aus. Gerade dem Redner, der nicht lange überlegen und nach einem Wort suchen kann, bieten sich Allerweltswörter immer zuerst an, und es gehört schon ein gutes Stück Selbsterziehung dazu, dieser Versuchung zur Bequemlichkeit zu widerstehen. Voraussetzung ist dafür freilich ein reicher Wortschatz an deutschen Wörtern. Aber wie man zu dem kommt, haben wir gerade in diesem Kapitel erfahren.

III. Das Sprechdenken und seine Übung

Wie kommt es, daß es den Zuhörern oft so schwerfällt, einem Redner zu folgen? Vielleicht hat sich der Redner nicht auf das Niveau seiner Hörer, auf ihre Vorkenntnisse auf seinem Redegebiet eingestellt und spricht über ihre Köpfe hinweg. Vielleicht ist er schwer zu verstehen, weil er undeutlich spricht oder durch Mundarteigentümlichkeiten die Aufmerksamkeit der Hörer vom Inhalt seiner Rede ablenkt. Vielleicht aber — und das ist sehr oft der Fall — hat er seine Rede zwar sehr sorgfältig am Schreibtisch ausgearbeitet, liest sie jetzt aber herunter, ohne sie noch einmal geistig aufzubauen. Er verlangt damit von seinen Zuhörern, daß sie seine Sätze, die er in langsamer Überlegung zu Hause niedergeschrieben hat, beim einmaligen Hören begreifen. Er selbst aber ist der Mühe der Formulierung enthoben, weil ja jeder Satz schon fertig dasteht.

Dürften seine Hörer den Text selber lesen, dann könnten sie in dem ihnen gemäßen Tempo vorgehen, während der Redner die ihm bekannten Dinge und geläufigen Formulierungen oft zu schnell vorträgt. Ein Leser kann auch zurückblättern und einen Satz oder Absatz mehrmals lesen, bis er ihn verstanden hat, der Hörer **muß** im Augenblick der Rede den Gedanken verstehen und behalten, sonst ist der Zweck der Rede verfehlt. Hat ein Hörer nämlich erst einmal Lücken, weil er bei einzelnen Gedanken nicht so schnell mitgekommen ist, dann lassen Interesse und Aufmerksamkeit nach, und er schaltet schließlich ganz ab.

Was also müssen wir tun, um den Hörer nicht durch die »Vorlesung« unserer Rede zu langweilen? Wir müssen ihm das Gefühl geben, er wirke selbst bei der Entstehung der Rede mit. Das ist eine Situation, wie wir sie täglich in der Unterhaltung erleben. Da hält ja auch nicht einer der Gesprächspartner einen vorher ausgearbeiteten Monolog, sondern er läßt sich durch die Argumente seines Gegenübers erst zur Formulierung seiner Gedanken anregen. Freilich besteht eine Unterhaltung aus Rede und Gegenrede, während bei einer öffentlichen Rede scheinbar nur einer zu Worte kommt. Liest ein Redner seine Rede ab, so hält er in der Tat einen Monolog. Überläßt er aber die Ausformung seiner vorher ausgearbeiteten und geordneten Gedanken dem Augenblick der Rede, dann können seine Zuhörer nicht nur viel leichter mitdenken, sondern sie haben in ähnlicher Weise das Gefühl, aktiv an der Entwicklung der Gedanken beteiligt zu sein, wie bei einer Unterhaltung im kleinsten Kreise.

Damit haben wir nochmals das wichtigste Merkmal der sogenannten *»freien Rede«* beschrieben. Die freie Rede verlangt also nicht, daß wir völlig ohne Manuskript oder gar ohne Vorbereitung auskommen. Eine Rede, die wir aus dem Augenblick heraus halten müssen, nennen wir eine *»Stegreifrede«.* »Stegreif« ist die alte Bezeichnung für das, was wir heute »Steigbügel« nennen. Eine »Rede aus dem Steigbügel«, d.h. ohne vom Pferd abzusitzen, hielten früher Kuriere, die so ihre Botschaft eilig verkündeten, um dann unverzüglich weiterzureiten. Jeder von uns kann über viele Dinge solche Stegreifreden halten, denn vieles wissen wir ja und können es anderen mitteilen, ohne daß wir uns erst darauf vorbereiten müßten. Unter den Übungen dieses Kapitels werden wir viele Aufgaben finden, die wir aus dem Stegreif lösen können.

Alles, was über die — meist kürzeren — Stegreifreden hinausgeht, bedarf aber einer gründlichen Vorbereitung; davon kann uns auch der Name »freie Rede« nicht entbinden. Nur erstreckt sich diese Vorbereitung nicht auf die Formulierung der einzelnen Sätze, also auf das »Wie?« der Rede, sondern auf das »Was?«, auf die Abfolge der Gedanken, deren Wortgestalt wir erst beim Reden erschaffen. Nun wird sicher mancher zagen und befürchten, ihm falle vielleicht die rechte Form des Gedankens nicht so schnell ein. Daran ist etwas richtig und etwas falsch.

Richtig ist, daß wir alle in unserer Schulzeit sicherlich kaum Gelegenheit gehabt haben, uns in dieser Äußerungsweise zu üben. Die Befürchtung ist also zunächst durchaus verständlich, und wir werden uns zu bemühen haben, diesen Mangel unserer Schulbildung durch fleißiges Üben wettzumachen. Erinnern wir uns aber an das, was wir vorhin festgestellt haben: Niemand verlangt von uns, daß wir beim freien Reden so schnell sprechen wie beim Lesen; im Gegenteil: Wir haben gesehen, daß wir unsere Zuhörer durch einen zu schnellen Vortrag sogar überfordern. Außerdem aber ist uns der Vorgang, daß wir unsere Gedanken erst beim Reden in eine Wortform gießen, von privaten Gesprächen her ja geläufig.

Unser Gehirn hat glücklicherweise die Fähigkeit, zweispurig zu arbeiten: Während wir den einen Gedanken äußern und scheinbar ganz bei dem sind, was wir im Augenblick sagen, planen wir schon den nächsten Gedanken voraus, so daß sich der nächste Satz fugenlos an den eben geäußerten anschließt. Diese Fähigkeit, die es uns ermöglicht, einen Gedanken aus dem anderen zu entwickeln und doch ohne unnötige Pausen zu sprechen, die Fähigkeit, beim Aussprechen des einen schon an das nächste zu denken, bezeichnen wir als »**Sprechdenken**«.

Berühmt geworden sind die Gedanken, die Heinrich von Kleist über die Erscheinung des Sprechdenkens — dieser Name bestand zu seiner Zeit freilich noch nicht — geäußert hat. Sie stehen in dem Aufsatz, dessen Titel uns schon genau den Sachverhalt beschreibt: »Über die allmähliche Verfertigung der Gedanken beim Reden«. Wenigstens den Anfang dieses Aufsatzes wollen wir kennenlernen:

Wenn du etwas wissen willst und es durch Meditation nicht finden kannst, so rate ich dir, mein lieber, sinnreicher Freund, mit dem nächsten Bekannten, der dir aufstößt, darüber zu sprechen. Es braucht nicht eben ein scharfdenkender Kopf zu sein, auch meine ich es nicht so, als ob du ihn darum befragen solltest: nein! Vielmehr sollst du es ihm selber allererst erzählen. Ich sehe dich zwar große Augen machen und mir antworten, man habe dir in früheren Jahren den Rat gegeben, von nichts zu sprechen, als nur von Dingen, die du bereits verstehst. Damals aber sprachst du wahrscheinlich mit dem Vorwitz, *andere,* ich will, daß du aus der verständigen Absicht sprechest, *dich* zu belehren, und so könnten, für verschiedene Fälle verschieden, beide Klugheitsregeln vielleicht gut nebeneinander bestehen. Der Franzose sagt, *l'appétit vient en mangeant,* und dieser Erfahrungssatz bleibt wahr, wenn man ihn parodiert und sagt, *l'idée vient en parlant.* Oft sitze ich an meinem Geschäftstisch über den Akten und erforsche in einer verwickelten Streitsache den Gesichtspunkt, aus welchem sie wohl zu beurteilen sein möchte. ... Oder ich suche, wenn mir eine algebraische Aufgabe vorkommt, den ersten Ansatz, die Gleichung, die die gegebenen Verhältnisse ausdrückt und aus welcher sich die Auflösung nachher durch Rechnung leicht ergibt. Und siehe da, wenn ich mit meiner Schwester davon rede, welche hinter mir sitzt und arbeitet, so erfahre ich, was ich durch ein vielleicht stundenlanges Brüten nicht herausgebracht haben würde. Nicht, als ob sie es mir im eigentlichen Sinne *sagte*: denn sie kennt weder das Gesetzbuch, noch hat sie den Euler[1]) oder den Kästner[1]) studiert. Auch nicht, als ob sie mich durch geschickte Fragen auf den Punkt hinführte, auf welchen es ankommt, wennschon dies letzte häufig der Fall sein mag. Aber weil ich doch irgendeine dunkle Vorstellung habe, die mit dem, was ich suche, von fern her in einer Verbindung steht, so prägt, wenn ich nur dreist damit den Anfang mache, das Gemüt, während die Rede fortschreitet, in der Notwendigkeit, dem Anfang nun auch ein Ende zu finden, jene verworrene Vorstellung zur völligen Deutlichkeit aus, dergestalt, daß die Erkenntnis zu meinem Erstaunen mit der Periode fertig ist ...

In diesem Sinne ist auch die Figur des Doktor Watson zu verstehen: Seine Vermutungen in den Gesprächen mit Sherlock Holmes sind zwar stets falsch (und dadurch dient er als belustigende Kontrastfigur gegenüber dem Meisterdetektiv), aber durch die Unterhaltung mit einem

---

1) Berühmte Mathematiker des 18. Jahrhunderts

interessierten Partner klären sich Sherlock Holmes' eigene Gedanken.

Bis zu einem gewissen Grade hat zwar jeder Mensch die Fähigkeit des Sprechdenkens, aber bei sehr vielen ist sie durch mangelnde Übung nicht im Verhältnis zu ihrer sonstigen Bildung gewachsen, oder sie ist gar verkümmert. Ohne glatt verlaufendes Sprechdenken wird niemand ein Redner, und darum nimmt die Übung des Sprechdenkens auch einen so breiten Raum in unseren Bemühungen um die freie Rede ein.

Haben wir uns erst einmal daran gewöhnt, unsere Gedanken zu formulieren, während wir unsere Hörer ansehen, so werden wir bald das beglückende Erlebnis haben, wie wir ihre Zustimmung oder ihre Ablehnung, ihr Verständnis oder ihre Skepsis von ihren Gesichtern ablesen können, wie dadurch aus unserem Monolog ein Dialog wird, bei dem wir die stummen Äußerungen unserer Hörer immer gleich in unseren nächsten Worten berücksichtigen und die Menschen dadurch viel besser überzeugen können, und wie sie uns schließlich zur Vollendung unserer Rede verhelfen.

Eine aufmerksame und interessierte Zuhörerschaft kann den Redner durch solche stumme Mitarbeit beflügeln und ihn zu Gedanken emporführen, die ihm bei der Redevorbereitung im stillen Kämmerlein noch gar nicht gekommen waren. Vor einer solchen Zuhörerschaft wird auch der Stil des Redners viel lebendiger, spritziger und fesselnder werden. Der Redner, der seine Hörer wirklich »anspricht«, erhält von ihnen etwas zurück, was sich in einem für beide Teile befriedigenderen Ergebnis der Rede niederschlägt. Aufgeschlossenheit von beiden Seiten tut also not. Überzeugendes Reden verlangt Hingabe, Hingabe an die Sache, derentwegen wir reden, und Hingabe an die Hörer.

Weil wir aus negativen Beispielen immer am besten lernen, seien hier zwei Fälle angeführt, bei denen sich schon in der Unterhaltung ein eklatanter Mangel an Sprechdenken bemerkbar macht. Das erste ist die Ansprache und die anschließende Unterhaltung eines der seinerzeit höchsten Offiziere der Bundeswehr mit einem achtzehnjährigen Rekruten, der sich soeben als 100 000ster Freiwilliger zur deutschen Bundeswehr gemeldet hatte und nun — noch in Zivil — vor den General geführt wurde, wo Fernsehen, Funk und Wochenschau Zeuge des folgenden Gesprächs wurden:

HEUSINGER: Ich freue mich sehr, daß ich in Ihnen den hunderttausendsten Soldaten der Bundeswehr begrüßen kann, und ich gratuliere Ihnen schön, und ich gratuliere uns auch, daß wir jetzt die Hunderttausend erreicht haben. Und ich möchte Ihnen ein Andenken an diesen Tag überreichen: Einmal ein Bild von unserem Minister mit seiner Unterschrift und zweitens dieses Buch von unserem Bundespräsidenten über die großen Deutschen. Das sind vier Bände, wo Sie viel zu lesen haben und wo Sie hoffentlich recht viel Nutzen aus diesen Büchern ziehen werden. Und nun möchte ich nur noch eines sagen: Sie fangen Ihr militärisches Leben an und haben am ersten Tag Ihres Soldatseins ein ganz großes Glück, daß Sie nämlich gerade der Hunderttausendste sind. Und ich wünsche Ihnen nur, daß Sie auch in Ihrem weiteren militärischen Leben so viel Glück haben, wie Sie am heutigen Tage gehabt haben. Und alles Soldatenglück für die Zukunft, für Ihre Zeit. — Wo kommen Sie denn her, aus welcher Gegend?

THEIMANN: Aus Hemer. Da wohne ich.

HEUSINGER: Aha. Und was sind Sie bisher von Beruf gewesen?

THEIMANN: Industriekaufmann.

HEUSINGER: Aha. Und haben Sie irgendeine geschäftliche Lehre oder Ausbildung?

THEIMANN: Ja, Lehre habe ich abgeschlossen.

HEUSINGER: Und nun sind Sie zu den Soldaten gekommen und wollen nun *was* werden?

THEIMANN: Ja, aber das weiß ich noch nicht genau. Das will ich mir erstmal näher ansehen und dann aussuchen, wo ich am meisten Spaß dran habe.

HEUSINGER: Hatten Sie sich zur Panzergrenadiertruppe gemeldet?

THEIMANN: Ja, ja.

HEUSINGER: Ach! War Ihr Vater … Lebt Ihr Vater noch?

THEIMANN: Ja, ja.

HEUSINGER: War der auch im Kriege?

THEIMANN: Nein, der war unabkömmlich, der war bei Rheinmetall/Borsig beim schweren Geschützbau.

HEUSINGER: Aja! Ja. Der war Ingenieur?

THEIMANN: Ingenieur, ja.

HEUSINGER: Haben Sie noch Geschwister?

THEIMANN: Nein.

HEUSINGER: Der einzige Junge?

THEIMANN: Ja.

HEUSINGER: Und was haben Ihre Eltern gesagt zu Ihrem Entschluß?

THEIMANN: Ja, die waren erst nicht damit einverstanden. Und dann habe ich mich mit ihnen darüber ausgesprochen. Ja, und sie fanden es dann auch für richtig.

HEUSINGER: Fanden es also richtig?

THEIMANN: Es hat ja auch einige Vorteile.

HEUSINGER: Ja, es hat ja auch einige Vorteile. — Und morgen geht es nun los, die Sache.

THEIMANN: Ja.

HEUSINGER: Sind Sie schon eingekleidet?

THEIMANN: Nein, noch nicht.

HEUSINGER: Noch nicht. Aber das wird ja dann auch kommen.

THEIMANN: Das geht schon in Ordnung.

HEUSINGER: Also alles Gute für die Zukunft.

Wenn man das Gespräch aufmerksam verfolgt, kann man sich des Eindrucks nicht erwehren, daß der General weder den Fortgang des Gesprächs während der Unterhaltung vorausgeplant (so bei den drei Wiederholungen der Antworten des jungen Mannes) noch daß er auf die Antworten besonders achtgegeben hat (so bei der zweiten

Frage nach dem Beruf und bei der nach den Geschwistern).

Das zweite »abschreckende« Beispiel ist das Interview eines adligen Offiziers, der im Laufe eines Gesprächs, das in seinem Hause stattfand, dem Rundfunkreporter auf die Frage: »Woran ist das adlige Wesen heute noch erkennbar?« folgendes antwortete:

> »Ja, ich hm hm hm, es ist, möchte Ihnen dazu etwas sagen. Es ist so, wenn Sie auch heute äh hm mit äh andern Menschen äh darüber sprechen, über das äh, nehmen wir mal an, das Offizierskorps von früher, das sich ja, je weiter wir zurückblicken, um so mehr aus Adligen zusammengesetzt hat, und äh äh äh da wird immer wieder hervorgehoben, was heute völlig fehlt: Es fehlt äh die großzügige Ader, es fehlt der lange Zügel, es fehlt das äh äh, will ich mal sagen, äh eben das Grandseigneurhafte, nicht wahr? Und und und eben das Großzügige oder oder äh das Herrenmäßige, ja? Hm äh hm hm und ich äh äh glaube eben auch, daß es äh äh äh hm sich diese Art der Denkungsart eben herübergerettet hat und heute in irgendeiner Form noch anerkannt hat, natürlich hat es einen Haufen Schwindler gegeben und einen Haufen Betrüger, äh äh äh ich will mal sagen, unter den Adligen, aber ich möchte jetzt nicht die Bürgerlichen in irgendeiner Form angreifen, das Volk hat aber irgendwie das Empfinden oder den Eindruck, bei denen ist es seltener oder bei denen ist es weniger.«[1])

(Aus: Gregor von Rezzori, Idiotenführer durch die Deutsche Gesellschaft, Reinbek 1962)

Wenn wir einmal von der Banalität der Gedanken absehen: Den ersten Eindruck dieser Äußerung bestimmen die übermäßig vielen Verlegenheitslaute und die Wortwiederholungen. Sie aber sind nur die Folge dessen, worauf es uns hier ankommt: des vollkommenen Mangels an Sprechdenken. Keiner der Sätze ist vorausgeplant, und darum ist auch keiner ohne Bruch zu Ende geführt.

---

1) Genaue Wiedergabe des Tonbandmitschnitts

Wir können uns im Sprechdenken üben und es darin zu einer beachtlichen Fertigkeit bringen, ohne daß wir jedesmal ein großes Thema zu einer längeren Rede ausarbeiten müßten. Es gibt eine Reihe von Aufgaben, bei deren Bewältigung wir uns an das **Freisprechen ohne Konzept** gewöhnen werden.

1. Übung: Synonyme definieren

Der Begriff »Synonym« ist uns schon im vorigen Kapitel begegnet. Da haben wir zu einem gegebenen Wort möglichst viele sinnverwandte Ausdrücke gesucht, z.B. zu dem Wort »Sitz« die Wörter »Bank, Schemel, Sessel, Stuhl und Thron«. Damit wollten wir unser Gehirn nur »lockern«, damit uns das passende Wort schneller zur Hand ist. Jetzt lautet unsere Aufgabe: Inwiefern sind diese Wörter synonym, was ist ihnen also gemeinsam? Und inwiefern unterscheiden sie sich?

Selbstverständlich wissen wir das alle — oder glauben es doch zu wissen. Wenn wir es aber formulieren sollen — und darauf kommt es uns ja bei dieser Übung an —, dann stellen sich die Schwierigkeiten ein. Gemeinsam ist allen natürlich der Begriff »Sitzgelegenheit«. Aber wo ist z.B. die Grenze zwischen dem, was wir als »Stuhl«, und dem, was wir als »Sessel« ansprechen? Die Polsterung? Auch ein Stuhl kann gepolstert sein. Die Armlehnen? Ein Cocktailsessel hat nur eine Rückenlehne.

Nicht immer werden wir zu eindeutigen und unanfechtbaren Definitionen kommen; manche Begriffe gehen ineinander über, wieder andere haben Nebenbedeutungen, die wir schwerlich auf Anhieb in wenigen klaren Sätzen erfassen können. Uns soll es darauf aber weniger ankommen als auf eine möglichst glatte, flott vorgetragene Antwort auf die beiden Fragen. Nach höchstens einer halben Minute Überlegung sollten wir mutig beginnen und darauf vertrauen lernen, daß sich die richtigen Satzformen zu unseren Gedanken durch unsere ständig wachsende Fähigkeit des Sprechdenkens von selbst einstellen werden.

Versuchen wir uns jetzt an folgende Gruppen von Synonymen:

1. Bank, Schemel, Sessel, Stuhl, Thron
2. Pferd, Roß, Gaul
3. Bach, Strom, Fluß
4. Zorn, Wut
5. Wißbegierde, Neugierde
6. Sitzung, Tagung, Besprechung
7. Worte, Wörter
8. Einbruch, Diebstahl, Raub
9. Besitzer, Eigentümer, Inhaber
10. essen, fressen, speisen
11. empfindlich, empfindsam
12. eng, kurz

2. Übung: Figur beschreiben

Wir lassen uns von jemandem eine beliebige Figur zeichnen, die aus nicht zu vielen, mathematisch leicht beschreibbaren Strichen bestehen soll, und versuchen sie mit wenigen, aber eindeutigen Sätzen so zu beschreiben, daß jemand, der die Figur nicht kennt, sie nachzeichnen kann. Weil es nicht auf die Größe der Figur ankommt, geben wir bei unserer Beschreibung die Maße nicht in Zentimetern an, sondern entnehmen sie aus dem Verhältnis der Linien zueinander. Auf der nächsten Seite folgen einige solcher Figuren. Wenn Sie das Prinzip erfaßt haben, können Sie selbst ähnliche konstruieren.

Für die beiden ersten Figuren könnte die Beschreibung so lauten:

1. Die Figur besteht aus drei Geraden. Im Mittelpunkt einer Waagerechten erhebt sich eine Senkrechte von der halben Länge der Waagerechten. Der obere und der rechte Endpunkt der bisherigen Figur sind durch eine

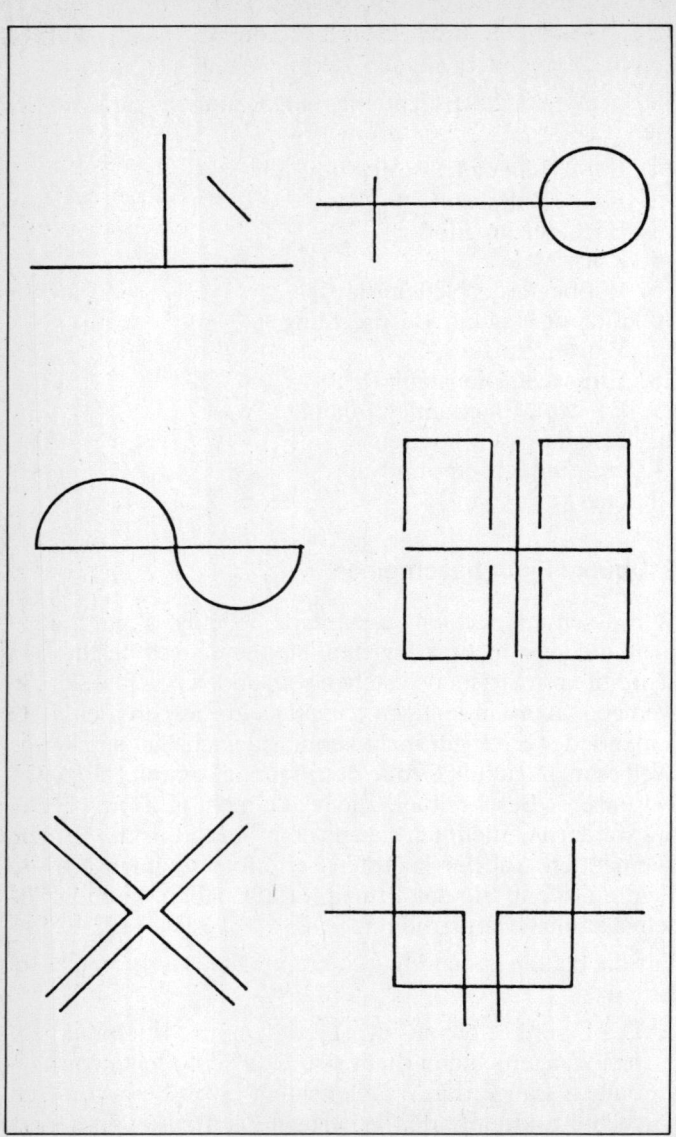

gedachte Gerade verbunden, von der aber nur das mittlere Drittel gezeichnet ist.

2. Die Figur besteht aus zwei Geraden und einem Kreis. Der rechte Endpunkt einer Waagerechten bildet den Mittelpunkt eines Kreises, dessen Radius (= Halbmesser) ein Fünftel der Länge der Waagerechten beträgt. Ihr linkes Fünftel wird durch eine zweite Gerade senkrecht abgeschnitten, die um dieselbe Länge (ein Fünftel) nach unten und halb so viel nach oben die Gerade überragt.

3. Übung: Gegenstand beschreiben

Eine Figur zu beschreiben, die mit wenigen Strichen auf ein Blatt Papier geworfen ist, verlangt weniger Fertigkeit von uns als einen Gegenstand, den wir in seiner räumlichen Ausdehnung vor uns sehen. Das sei die nächste Stufe auf unserem Wege zum sicher funktionierenden Sprechdenken, ohne dessen Beherrschung wir bei jeder Redeaufgabe scheitern würden. — Wir wählen einen einfachen Gebrauchsgegenstand: einen Stuhl, Tisch oder Schrank, eine Lampe, Konfektschale oder Vase, vielleicht auch ein Schmuckstück.

Stellen wir uns einmal vor, wir wollten einen solchen Türbeschlag nachkaufen, wie wir ihn an unserer Zimmertür sehen, und müssen nun am Telefon dem Händler möglichst klar beschreiben, wie er aussieht. — Wenn unsere Zuhörer den Gegenstand nicht von Anfang an sehen, sondern erst *nach* unserer Beschreibung, können sie am besten beurteilen, ob sie ihn sich nach unseren Worten richtig vorgestellt haben.

4. Übung: Vorgang beschreiben

Im Bildwörterbuch des Dudens, im Sprachbrockhaus und in jedem guten Lexikon finden wir Abbildungen, die dem Leser Vorgänge veranschaulichen sollen, sei es den Vorgang einer Wahl, des Tapezierens, der Schleppnetzfischerei, einer Schleusendurchfahrt oder des Starts eines Segelflugzeugs. Viele andere einfache Vorgänge oder Tätigkeiten sind uns auch ohne Abbildung geläufig. Die Bilder sollen nur unserem Gedächtnis aufhelfen. Denken Sie z. B. an eine Turnübung oder an die Schwimmbewegungen.

Die Übung des Sprechdenkens besteht nun darin, kurz und knapp, aber verständlich einen solchen Vorgang zu beschreiben. So einfach diese Übung zu sein scheint, sie erfordert zuchtvolles Denken, bei dem sich jede Einzelheit logisch aus der vorhergehenden entwickelt. — Leichter ist diese Übung, wenn wir zur Unterstützung unseres Gedächtnisses nicht Abbildungen wählen, sondern die Gegenstände selbst: Während wir ein Feuerzeug füllen, beschreiben wir diese Tätigkeit; während wir unsere Schlüsseltasche öffnen und einen Schlüssel vom Ring ziehen, beschreiben wir dies.

5. Übung: Bild beschreiben

Etwas größere Anforderungen an genaues Beobachten, präzises und zugleich anschauliches Darstellen und an unser Ausdrucksvermögen stellt die Aufgabe, Bilder zu beschreiben. Am leichtesten erreichbar sind Reproduktionen von Gemälden auf Postkarten. Auch wenn wir das Original nicht kennen, sondern auf die Vorstellung angewiesen sind, die uns eine solche Postkarte vermittelt, bekommt unsere Phantasie genügend Anregung, so daß wir uns nach einigen Augenblicken der Versenkung in das Bild an die Formulierung einer Beschreibung wagen dürfen, die stets vom Wesentlichen in Aussage und Aufbau des Bildes auszugehen und die Einzelheiten, nach ihrer Wichtigkeit für die Vorstellung des Zuhörers geordnet, nachzutragen hat.

Als Beispiel sei hier eine geradezu nachschaffende Beschreibung von Wilhelm Hausenstein wiedergegeben. Sie möge als unerreichbares Vorbild dastehen und wird uns

PIETER BREUGHEL DER ÄLTERE: Blinde von einem Blinden geführt

nicht entmutigen, wenn wir bedenken, daß sie eine
»Schreibe« ist und keine »Rede«. Unsere Formulierungen
aus dem Augenblick können natürlich nicht so treffsicher,
abgewogen und lückenlos sein, aber sie sollen dem Zuhörer, der während unserer Beschreibung das Bild nicht sehen soll, eine lebendige Vorstellung davon vermitteln.

Pieter Breughel der Ältere: Blinde von einem Blinden geführt

Auf der genauen Diagonale von links oben nach rechts unten
trottet mit plump tastenden Sohlen, durch Gewohnheit schon
stumpfsinnig, ein halbes Dutzend Bettler durch den Raum
des Bildes. Vielmehr: Die beiden vordersten sind bereits in
das Mißgeschick hineingeraten, rücklings liegt der erste im
Wasser, der zweite purzelt ihm gerade nach. Hinter den sechs,
die den Vordergrund erfüllen, behauptet ein flandrisches
Dorf, die spitztürmige Kirche inmitten, ruhig seinen abseiti-
gen Platz in der Welt.

Von einem Blinden geführt, werden alle in den Bach fallen
oder dicht am Rande des Gewässers übereinandertorkeln.
Noch einige Sekunden, und die Reihe wird ein Knäuel sein:
Wie der erste den zweiten mitreißt, so wird der dritte, schon
knieweich in den Sturz geneigt, den vierten nachziehen, diesen vierten, der begreift und zaudernd anzuhalten sucht —
aber auch er wird plumpsen, der fünfte und der sechste werden auf ihn sacken. Es wird nicht anders verlaufen können. Es
ist unabwendbar.

Das Notwendige also vollzieht sich in diesem Gemälde. Glied
fügt sich an Glied wie zu einer Kette. Doch wie ist der einzelne, sieht man erst näher hin, eigentümlich unterschieden! In
allem Zusammenhang macht jeglicher eine besondere Phase
des Vorgangs aus.

Der Führer der trüben Gefolgschaft, kopfüber schon im
Dorfbach, strampelt in barocker Verkürzung, Beine, Knie,
Hände hoch. Man sieht ihm von unten ans Kinn, sieht ihm in
die Nasenlöcher. Die Laute, Werkzeug melancholischen
Broterwerbs, taucht neben ihm aus dem Wasser.

Der zweite, soeben Stolpernde, hat den Leitstock losgelassen,
an dem der vorderste ihn hielt. Im Stürzen wendet er den

Kopf zurück, der einem Totenschädel ähnelt. Der Schiefe scheint zu einem warnenden Schrei anzusetzen. Unterdessen fliegt ihm die schmierige Kappe vom Scheitel, den eine Leinenhaube wie eine Haut verschließt. Zwischen dem zweiten und dem dritten klafft eine Lücke, vergleichbar der Zäsur im Vers, dem Takt Pause in einem Musikstück.

Nur der waagerechte Stab von Hand zu Hand überbrückt die gähnende Leere — scheinbare Leere, darin die Gefahr für die Folgenden unsichtbar sich anstaut. Der dritte hebt das blöde, das weißlich übersponnene Auge entsetzt fragend ins Ungewisse. Das Bild fängt mit dem dritten ein zweites Mal von vorn an — doch nur, um desto gewisser zu besagen: Es gibt kein Entrinnen. Der dritte folgt dem vom zweiten zurückgereichten Stecken wie das Eisenstück dem Magneten.

In dem Antlitz des vierten ist das Vorgefühl des Unheils um einen Grad weniger ausgesprochen, aber der Schreck beginnt. Da starrt eine mumienhaft vertrocknete Maske keimende Angst.

Der fünfte tritt noch in dumpfer Zuversicht daher, die Linke auf der Schulter des Vordermannes, wie dieser selbst mit der Linken nach der Achsel des dritten faßt. Der letzte, wiederum durch die fatale Waagerechte des Leitstocks von Hand zu Hand dem fünften magisch verbunden, ist von dem Unheil, das doch auch ihm so dicht bevorsteht, noch wie um etliche Meilen entfernt; einstweilen scheint er in einer anderen, harmloseren Welt zu stapfen.

Was hat der Meister an solchen Figuren des letzten Elends auch noch an eigentlich malerischer Kunst, ja an malerischem Geschmack aufgewendet — denn das Wort Geschmack darf hier, im bedrückenden Verband solcher Misere, nicht gescheut werden! Die Kleider, Umhänge, Fetzen der Bettler: moosgrün, weinrot, fliederfarben, veilchenblau, hechtgrau, oliv. Dazu das Weiß der Strümpfe, das Schwarz der Schuhe. Niemand wird denken, so viel auserlesene Farbe, so viel zarter Ton geschehe an den Unseligen wie zum Hohn. Dessen wäre Breughel nicht fähig gewesen. Wohl aber wußte er, daß auf dieser Erde das Bezaubernde dicht neben dem Heillosen wohnt.

(Aus: Wilhelm Hausenstein: Begegnungen
mit Bildern. München 1954; gekürzt)

6. Übung: Begriffe erläutern

Sehr viel schwerer, als konkrete Dinge und Vorgänge zu beschreiben, ist es, abstrakte Begriffe ohne Vorbereitung und ohne Konzept den Zuhörern so zu erläutern, daß sie ein möglichst umfassendes und klares Bild davon bekommen. Wir können uns dabei — wie übrigens auch schon bei unserer ersten Übung, dem Definieren von Synonymen — vorstellen, wir ständen einem Ausländer gegenüber, der zwar unser Deutsch gut versteht, dem aber zufällig die Wörter, um deren Begriffsbestimmung es uns geht, unbekannt sind. Versuchen Sie jetzt einmal, Begriffe wie »Hoffnung, Bildung, Ehrfurcht, Anhänglichkeit, Intelligenz, Kredit, Selbstsucht, Ordnungsliebe, Geiz oder Sorglosigkeit« zu umschreiben, indem Sie sie gegen verwandte Begriffe absetzen, ihre Ursachen und Folgen, ihre Vorzüge oder Mängel schildern und Ihre Urteile durch charakteristische Beispiele belegen. Sie werden sehr bald erkennen, wie schwer diese Aufgabe ist, aber auch, wie sehr sie das Denken *durch* das Sprechen fördert.

Wenn Ihnen diese Aufgabe gar nicht gelingen will, versuchen Sie es zunächst mit Begriffsbestimmungen von Konkreta wie »Haus, Baum, Bleistift, Brot oder Zeitung«. Vorgehen und Ziel sollen nicht anders sein, als wir es uns für die Abstrakta vorgenommen haben. — Nach dem Ergebnis einer ähnlichen Aufgabe sind schon 1911 die Studienplätze an einer Universität verteilt worden, als die Anzahl der Bewerber die der freien Plätze überstieg. Die Abiturienten hatten die Begriffe »Urkunde, Fahrzeug, Schmuck und Kitsch« zu definieren.

7. Übung: Stegreifreden

Wir können die Kunst, einen Gedanken sprechend zu entwickeln, auch auf verschiedenartige kleine Themen anwenden, die wir uns freilich stellen *lassen* müssen, weil wir sie sonst nicht mehr »aus dem Stegreif« halten würden.

Die Themen können von uns etwa die Beschreibung eines Gegenstandes verlangen (»Wie sieht Ihr Regenschirm aus?«) oder die knappe Darstellung eines Sachverhalts (»Erklären Sie die Vorschriften des Vorfahrtsrechts!«) oder eines Vorgangs (»Ich hänge ein Bild an die Zimmerwand«) oder eine kurze Erzählung (»Wie gestalten Sie Ihre Mittagspause?«) oder die Betrachtung eines Sprichworts (»Früh übt sich, was ein Meister werden will«) oder die Begründung einer Meinung (»Verteuert Werbung die Ware?«).

Bei solchen Übungen muß man schnell das Wesentliche erfassen, mit einem oder zwei Sätzen dazu hinleiten und sich während des Sprechens einen passenden Gedanken für den Schluß aufheben. Verlangt das Thema eine Entscheidung, darf man auf keinen Fall schon im ersten Satz seine Stellung kundtun; denn damit nähme man seiner Rede die Spannung, weil die Zuhörer das Ergebnis ja von vornherein wüßten und der Argumentation nun viel weniger aufgeschlossen folgten. Auch bei bloßen Redeübungen sollte man versuchen, wenigstens *einen* guten Gedanken zu äußern, der die Zuhörer packt oder ihnen etwas Neues sagt.

8. Übung: Geschichten erfinden

Eine nicht ganz leichte, aber nützliche Aufgabe zur Übung der Phantasie, zur Beschleunigung des Vorstellungsvermögens und damit auch zur Übung der Schlagfertigkeit besteht darin, zwei gegebene Wörter in eine kleine Geschichte zu verweben. Das eine Wort sei ein Substantiv, das andere ein Verb. Die beiden Begriffe können, aber brauchen nicht in Zusammenhang miteinander gebracht werden. Die Reihenfolge, in der sie gebraucht werden, ist freigestellt.

Sie dürfen nur nicht in demselben Satz vorkommen, und im ersten Satz der Geschichte darf noch keiner von beiden genannt werden: das sind die Bedingungen. Es empfiehlt sich, nach einer Bedenkzeit von höchstens $\frac{1}{2}$ Minute zu beginnen und die Geschichten nicht länger als 3 Minuten, keinesfalls aber kürzer als $\frac{1}{2}$ Minute werden zu lassen.

Wenn die beiden Wörter »Spiegel« und »lösen« heißen, könnte die Geschichte so lauten:

> »Es war 16 Uhr, und Fräulein Schmidt hatte Feierabend. Sie wusch sich die Hände, setzte vor dem **Spiegel** ihren Hut auf und verließ das große Bürohaus ihrer Firma. Eigentlich hatte sie gleich nach Hause gehen wollen, aber da fiel ihr das Plakat einer Ausstellung in die Augen. So fuhr sie zum Messegelände, **löste** eine Eintrittskarte und besichtigte die vielen Erzeugnisse der Aussteller.«

Natürlich ist das nur eine unter unendlich vielen möglichen Geschichten. Ebensogut hätte sie so lauten können:

> »Max, ein aufgeweckter Junge, hat zum Geburtstag einen Fotoapparat bekommen. Kürzlich kam er auf den Gedanken, damit sein Spiegelbild zu fotografieren. Aber die Aufnahme wurde nicht scharf. Wie war das nur möglich? Er hatte doch die Entfernung von der Kamera bis zum **Spiegel** genau eingestellt. Plötzlich kam ihm die Erleuchtung: Er hätte noch den Abstand zwischen Spiegel und Aufnahmegegenstand berücksichtigen, in diesem Falle also die doppelte Entfernung einstellen müssen. Er versuchte es noch einmal: Das Bild gelang, und damit war das scheinbar so schwierige Problem **gelöst**.«

Und hier noch einige Variationen der Übung: In einer Gruppe erfindet nicht jeder Teilnehmer mit den ihm gegebenen Wörtern eine *eigene* Geschichte, sondern jeder spinnt — sobald ihm seine Wörter genannt worden sind — den Faden der vom ersten Teilnehmer begonnenen Geschichte fort. Das wird sich sogar als Erleichterung erweisen, weil der Handlungsrahmen immer schon vorgegeben ist und nicht von jedem in seiner Phantasie neu geschaffen zu werden braucht.

Eine ähnliche Variation besteht darin, daß die Geschichten zwar voneinander unabhängig sein, aber alle in einer bestimmten, vorher abgemachten Sphäre spielen müssen, z.B. im Büro, am Meer oder zu Weihnachten.

Andererseits können wir uns die Aufgabe dadurch erschweren, daß wir nicht zwei, sondern drei oder gar vier Wörter in unserer Geschichte unterbringen: erst zwei Verben und dann auch zwei Substantive. Dabei werden wir merken, daß es schon nicht leicht ist, die vier Wörter während des Erzählens im Kopf zu behalten.

Etwas leichter ist es, aber auch schon ein gutes Training für unser Gedächtnis — und das sollte sich ein Redner stets angelegen sein lassen —, wenn wir jedem Teilnehmer zur Auflage machen, die beiden Wörter des ersten und die aller folgenden Erzähler aufs neue in seine Geschichte einzubauen. Die Anforderungen an das Gedächtnis werden mit steigender Teilnehmerzahl zwar immer größer, aber sie lassen sich bewältigen; denn der letzte hat die Wörter und ihren Zusammenhang ja auch am häufigsten gehört, wenn er an die Reihe kommt.

9. Übung: Den richtigen Ton finden

Wenig Wirkung erzielt der Redner, der sich zwar auf den *Inhalt* seiner Rede gründlich vorbereitet hat, aber noch nicht so weit darüber steht, daß man ihm seine eigene Begeisterung für die Sache anmerkt. Nur wenn die Zuhörer das persönliche Engagement spüren, kann der Funke vom Redner überspringen.

Ob ein Redner dazu fähig sein wird, kann man leicht durch einfache Aufgaben feststellen: Erzählen Sie eine heitere Begebenheit — vielleicht einen Witz — in einer dem Gegenstand angemessenen Sprechhaltung. Sie werden sehr schnell merken, ob Sie damit »ankommen«.

Der frühere Ordinarius für Systematische Theologie an der Universität Hamburg, Helmut Thielicke, betont deswegen auch gleich zu Anfang seines lesenswerten Büch-leins »Das Lachen der Heiligen und Narren« das kommu-nikative Element jedes Witzes: Er ist »stets ein adressier-tes Wort und setzt insofern Kommunikation voraus. Der Augenblick, wo jeder andere, dem der Witz erzählt ... wird, die Pointe verstanden hat, umschließt ein kleines Fest intellektueller Eitelkeit: Man hat das Examen, in das uns jeder Witz versetzt, bestanden ...«

Aber auch, wenn Sie eine traurige oder eine ärgerliche Be-gebenheit erzählen, müssen Ihre Zuhörer an Ihrer Sprech-melodie und der Klangfarbe spüren, daß Sie dahinterste-hen. Nur wenn Sie bei solchen kleinen Erzählungen auf-merksame Zuhörer finden, können Sie damit rechnen, daß man Ihnen auch bei schwierigen Sachzusammenhän-gen aufmerksam folgt.

IV. »Eine Rede ist keine Schreibe«

Ein Prinzip unserer Redeschulung ist es, daß wir unsere Reden nicht aufschreiben und dann auswendig lernen oder ablesen, sondern »frei« halten, d.h. nur nach einem Stichwortzettel. Wir sind also bei jedem Gedanken gezwungen, ihn erst im Augenblick der Rede zu formulieren. Natürlich ist das schwerer, als wenn wir ihn vorher in aller Ruhe hätten entwerfen können. Aber selbst wenn wir davon absehen, daß das tägliche Leben von uns ja häufig kleinere Redeleistungen verlangt, die die Benutzung eines Manuskripts von vornherein ausschließen, werden wir schon bei unseren Redeübungen im vorigen Kapitel empfunden haben, wie unmittelbar wir bei der freien Rede unsere Hörer ansprechen können. Wir können wirklich mit ihnen Zwiesprache halten.

Die Sätze in einer Unterhaltung klingen anders als die am Schreibtisch gedrechselten. Ich will jetzt nicht darauf eingehen, daß wir unserer Diktion in einer zwanglosen Unterhaltung im kleinen, vertrauten Kreise zahlreiche umgangssprachliche Formen und sogar manche Nachlässigkeiten in Lautgebung, Wortwahl und Satzbau zugestehen, die wir uns nicht leisten würden, wenn wir vor einer bedeutenden Versammlung eine hochoffizielle Rede zu halten hätten. Diese Unterschiede in den *Sprachschichten* verstehen sich eigentlich ebenso von selbst wie etwa der Unterschied in unserer Kleidung in den beiden Situationen. Umgangssprache ist gewissermaßen eine Sprache in Freizeitkleidung, die zwar sehr gemütlich sein kann, die aber nicht überall am Platze wäre.

Als einmal ein Abgeordneter des deutschen Bundestages in einer hitzigen Diskussion ausrief: »Da bleibt einem ja die Spucke weg!«, bekam er sofort vom Bundestagspräsidenten eine Rüge zu hören: »Auch in dieser vorgerückten Stunde werden wir in diesem Hause ein blütenreines Deutsch sprechen.«

»Eine Rede ist keine Schreibe«, lautet das schlagartig unsere Frage erhellende Wort von Friedrich Theodor Vischer, einem Württemberger Kulturphilosophen des vorigen Jahrhunderts. Das Wort »die Schreibe« hat er extra für diese prägnante Gegenüberstellung »erfunden«. Was hat er damit sagen wollen? Er wollte damit alle jene treffen, die meinen, eine Rede sei nichts anderes als ein vorgelesener Aufsatz. Es sind ganz verschiedene Gesetze, so hielt ihnen Vischer entgegen, die die Wirkung einer Rede und die Qualität einer Schreibe bestimmen. Ein Redner kann schon durch ein Hochziehen der Augenbrauen, durch eine Handbewegung, durch ein winziges Zögern oder durch eine besondere Tongebung einem Wort oder einem Satz eine bestimmte Bedeutung verleihen, die für den Leser dieses selben Satzes nicht eindeutig erkennbar wäre.

Dabei wird uns bewußt, daß das gesprochene Wort das ursprüngliche Verständigungsmittel ist und die Schrift nur ein Behelf, mit dem wir dem Wort, dessen Schall verfliegt, Dauer verleihen. Soll der Satz also verstanden werden, wenn er geschrieben ist und gelesen wird, dann muß der Verfasser die eben genannten Mittel durch eine andere Fügung seiner Worte ersetzen.

Andererseits kann der Leser, der einen gedanklich oder im Bau schwierigen Satz nicht gleich beim ersten Lesen verstanden hat, mit dem Auge zurückeilen und die Passage wiederholen, der Hörer kann das nicht. Was er beim einmaligen Hören nicht verstanden hat, bleibt für ihn verloren. Der Redner wird also einen Gedanken, auf den es ankommt, mehrfach ausdrücken, mit ähnlichen Wendungen wiederholen, bis er sicher ist, daß er ihn seinen Zuhörern eingeprägt hat. Dabei möge sich der Redeanfänger zunächst überwiegend kurzer Sätze bedienen, damit er der Gefahr entgehe, daß er am Ende des Satzes nicht mehr weiß, wie er ihn begonnen hat, und dadurch zu einem sogenannten Satzbruch (Anakoluth) kommt.

Merkwürdigerweise erliegen immer wieder die ungeübten Redner der Versuchung, längere Sätze zu formen, als sie selbst übersehen können. Das mag daher kommen, daß sie versuchen, die einmal in ihnen entstehende Vorstellung oder Erkenntnis so schnell wie möglich — und das heißt nach ihrer Meinung: in einem einzigen Satz — in Worte gekleidet wieder von sich zu geben. Ihnen fehlt noch der Mut, einen Gedanken auch dann schon auszusprechen, wenn er noch nicht nach allen Seiten hin abgesichert ist. Kurze Sätze sind oft auch für den Hörer nicht so anstrengend, er kann ihnen leichter folgen als großen Satzgebäuden.

Das soll aber nun nicht heißen, daß große Satzbaupläne ein Vorrecht des Schreibenden seien. Wer es als Redner versteht, einen Satz so klar zu gliedern, daß er auch beim einmaligen Hören verstanden wird, möge solche Perioden bilden, wenn er weiß, daß er seine Zuhörer nicht damit überfordert.

Sicher gehört auch ein Teil Veranlagung dazu: Die durchschnittliche Anzahl der Wörter in einem Satz betrug bei unserem ersten Bundespräsidenten 26, bei unserem ersten Bundeskanzler dagegen nur halb so viel. Dabei wird man beiden nicht absprechen können, daß sie der freien Rede mächtig und an sie gewöhnt waren.

Folgender Satz aus einer Parlamentsrede kann uns den Unterschied zwischen einem geschriebenen und einem frei gesprochenen Satz verdeutlichen:

Aber wenn man sich nun auf einen gemeinsamen Markt mit gemeinsamen Spielregeln für Kohle und Stahl geeinigt und dabei festgestellt hat, daß die Dinge in alle möglichen übrigen Bereiche, in das Gebiet der Währungspolitik, der Devisenpolitik, der Steuerpolitik hineingreifen und daß man diese Schwierigkeiten viel leichter dadurch überwindet, daß man sich auch da zu einer vernünftigen Politik innerhalb der beteiligten Regierungen zusammenfindet, und wenn allgemein bejaht wird, was als Präambel in dem Vertrag über die europäische Gemeinschaft von Kohle und Stahl dasteht, daß sie in fortschreitendem Maße zu einem gemeinsamen Markt unserer Volkswirtschaft überhaupt und im Endergebnis zu einem politisch geeinten Europa führen soll, kann man wohl, glaube ich, nicht gut die notwendigen Schritte auf diesem Wege in Zweifel ziehen.

Sicherlich hätte der Redner in einer Schreibe mehrere selbständige Sätze daraus gebildet. Wenn man diesen Satz laut liest — und man hört ihm ja schon beim Lesen seine gesprochene Form an —, wird man sich wundern, wie leicht sein Zusammenhang zu überblicken ist. Ganz anders dagegen klingen die folgenden Sätze, die ebenfalls von einem Parlamentsstenografen wörtlich so festgehalten worden, aber natürlich nicht einmal im gedruckten stenografischen Bericht so erschienen sind:

Auch wir könnten sagen, wie dankbar es anzuerkennen gewesen ist, könnten wir sagen, wie die Heimatvertriebenen sich Mühe gegeben und gemacht haben, hier in das allgemeine Gesellschaftsleben, in das Wirtschaftsleben, meine ich, sich eingegliedert zu haben und auch damit nicht nur unserem Land in allen ihren Berufssparten, sondern auch darüber hinaus im politischen und wirtschaftlichen Raum eine absolute Stütze gewesen ist, die auch umgekehrt des Dankes hätte erwartet gewesen sein können. Deshalb bin ich der Meinung und bin ich der Auffassung, daß das, war hier in sicher einer sehr fleißigen und einer sehr sachlichen Aufgabe sich Herr Dr. Müller unterzogen hat, vielleicht eine Ausführung eines Themas, das seit Jahren hier im Raum gestanden hat, mit aller dieser Deutlichkeit auch einmal angesprochen worden ist, nicht verletzend bezüglich des Dankes gewesen ist, sondern Herr Dr. Müller hat darüber hinaus genauso für die mittelständische Wirtschaft unseres Landes in gleicher Weise genauso gesprochen. Ich bin deshalb dankbar und der Meinung, wenn man den Ausführungen von Dr. Mansfeld nun gefolgt würde, daß man in den Ausschüssen gerade dieses Problem mit allem Ernst für die Zukunft in den Ausschüssen angesprochen würde.

Das Beispiel zeigt außer den vielen Satzbrüchen auch einen erstaunlichen Mangel an Sprechdenken. — Zwei *geschriebene* lange Sätze sollen unsere Beispiele vervollständigen, ein schlechtes und ein gutes. Ein langer Satz, der, gesprochen, unübersichtlich ist, braucht keineswegs dadurch gut zu werden, daß man ihn schreibt. Ein Satz aus Cäsars Gallischem Krieg in der Übersetzung »Von einem Schulmann« lautet so:

> Während Cicero alle früheren Tage nach den Vorschriften Cäsars die Soldaten im Lager gehalten und nicht einmal einem Troßknecht gestattet hatte, aus den Verschanzungen herauszugehen, schickte er, kein Vertrauen habend, daß Cäsar hinsichtlich der Zahl der sieben Tage sein Wort halten würde, weil er gehört hatte, daß er weiter vorgerückt sei und kein Gerücht über seine Rückkehr gemeldet wurde, und zugleich veranlaßt durch die vorwurfsvollen Äußerungen derjenigen, die sein geduldiges Verhalten fast eine Belagerung nannten, da er ja nicht gestattete, aus dem Lager herauszugehen, da schickte er also, da er kein derartiges Ereignis erwartete, durch das, da neun Legionen und eine sehr starke Reiterei den zersprengten und fast vernichteten Feinden entgegengestellt worden waren, innerhalb eines Raumes von 1000 Schritten ein Unglück sich ereignen könnte, fünf Kohorten, um Futter zu holen, in die nächsten Saatfelder, zwischen denen und dem Lager nur ein einziger Hügel lag.

Der Übersetzer hat sich hier bemüht, sich der Konstruktion des Lateinischen so eng wie möglich anzuschließen. Was aber im Lateinischen guter Stil ist, braucht es noch nicht im Deutschen zu sein. Leider hat aber im Laufe der Jahrhunderte der Stil des Lateinischen immer wieder als Vorbild für das Deutsche gedient, und bis in unsere Tage sind solche schwerfälligen Satzungetüme in deutscher Sprache zu finden, sei es in amtlichen Verfügungen, sei es in kaufmännischen Briefen, sei es in Abhandlungen, deren Verfasser besonders gelehrt einherschreiten wollen.

Hier sei gerade für die vielen Kaufleute, die Briefe zu diktieren haben, mit denen sie ihre Firma würdig vertreten sollen, eine Überlegung eingefügt, die ich in meinen Kursen zur Modernisierung des Schriftverkehrs in großen Firmen immer wieder anstelle: Der Brief eines Kaufmanns, der etwas erklärt, begründet oder bemängelt, steht er etwa einer Abhandlung in einem wissenschaftlichen Werk, in einem Lehrbuch nahe, oder sollte er nicht vielmehr versuchen, das persönliche Gespräch mit dem Geschäftspartner, die Verhandlung mit ihm zu ersetzen? Natürlich wird der Brieftext anders lauten als etwa die stenografische Nachschrift einer Unterhaltung mit dem Geschäftsfreund. Aber wenn er doch diese Unterhaltung ersetzen soll, so wird er sich in seiner Ausdrucksweise dem gesprochenen Wort, soweit es im Brief möglich ist, annähern. Auch der Briefempfänger erwartet doch die Mitteilung eines lebendigen Menschen als Repräsentanten der Firma und nicht eine tote und abstrakte »Anordnung«, der er sich wie ein Befehlsempfänger zu fügen habe.

Wenn die Korrespondenten das bedenken wollten, wären sie von vornherein gefeit gegen schwülstige und papierdeutsche Wendungen, die man in Geschäftsbriefen zwar immer wieder liest, die aber niemand *sagen* könnte, ohne sich der Lächerlichkeit preiszugeben. Oder wer würde es fertigbringen, seinem Gastgeber, der ihm eine Zigarette anbietet, zu antworten: »Ich danke Ihnen verbindlich für das mir gemachte Angebot, bin aber derzeit leider nicht in der Lage, dasselbe anzunehmen«?

Das letzte Beispiel eines geschriebenen langen Satzes stammt von einem Schriftsteller, dessen lange, aber klar gegliederte und überschaubare Sätze berühmt sind: von Thomas Mann. Dieser Satz ist so sicher geformt, daß er auch dann ganz zweifelsfrei verstanden würde, wenn man ihn nur einmal *hörte*:

(Was für Menschen, diese Artisten! Sind es denn welche?) Die Clowns gleich zum Beispiel, grundsonderbare Spaßmacherwesen mit kleinen roten Händen, kleinen, dünn beschuhten Füßen, roten Schöpfen unter dem kegelförmigen Filzhütchen, mit ihrem Kauderwelsch, ihrem auf den Händen Gehen, über alles Stolpern und Hinschlagen, sinnlosen Herumrennen und vergeblichen Helfenwollen, ihren zum johlenden Jubel der Menge entsetzlich fehlschlagenden Versuchen, die Kunststücke ihrer ernsten Kollegen — sagen wir: auf dem Drahtseile — nachzuahmen, sind diese alterslos-halbwüchsigen Söhne des Unsinns, über die Stanko und ich so herzlich lachten (ich aber tat es in nachdenklichster Hingezogenheit), sind sie, mit ihren mehlweißen und zur äußersten Narretei aufgeschminkten Gesichtern — triangelförmige Brauen, senkrechte Trieflinien unter den rötlichen Augen, Nasen, die es nicht gibt, zu blödsinnigem Lächeln emporgeschwungene Mundwinkel — Masken also, welche in einem sonst nie vorkommenden Widerspruch stehen zu der Herrlichkeit ihrer Kostüme — schwarzer Atlas etwa, mit silbernen Schmetterlingen bestickt, ein Kindertraum — sind sie, sage ich, Menschen, Männer, vorstellungsweise irgendwie im Bürgerlichen und Natürlichen unterzubringende Personen?

Der Sprecher hätte bei einem solchen Satz viel mehr Mittel als der Schreiber, dem nur das Komma und allenfalls ein Doppelpunkt oder ein paar Gedankenstriche oder Klammern zur Verfügung stehen. Durch eine tiefere, leisere Stimme und vielleicht durch ein rascheres Sprechtempo könnte der Sprecher die vielen Einschübe als solche kenntlich machen und zugleich einen Bogen vom Anfang bis zum Ende der durch den Einschub entstehenden Unterbrechung spannen.

Der Redner wirkt ja durch beides zugleich: durch den Inhalt seiner Rede, aber auch durch den Vortrag. Und soviel eine gute Art des Vortrags zum Erfolg seiner Rede beitragen kann, so sehr kann ihm eine schlechte Abbruch tun. Bei einem so ungeheuren Satzbau wie dem zuletzt zitierten mit seinen vielen Zwischengedanken in freier Rede nicht den Faden des Hauptsatzes zu verlieren, das ist eine Kunst, die nur wenige Meister der Rede beherrschen.

Wenn wir es nur lernen, wenigstens einen Sinnschritt weit vorauszuplanen und uns auch durch eine gelegentliche Einschiebung nicht vom Hauptgedanken abbringen zu lassen, überragen wir viele sogenannte Redner schon weit.

Wer nun schier verzweifeln möchte bei der Vorstellung, wieviel vom Stil der Rede abhängt, der möge sich mit dem Gedanken trösten, der bei unserem ersten Beispielsatz schon anklang: Das gesprochene Wort braucht nicht unbedingt und in jedem Punkt bis ins letzte ausgefeilt zu sein wie das geschriebene. Dem Redner verzeiht der Hörer gern einen Lapsus linguae, eine kleine grammatische Unstimmigkeit etwa, eine nicht ganz korrekte Satzstellung, die erst dann recht auffallen würde, wollte der Redner sie verbessern.

Gelegentlich bemühen sich auch Journalisten in ihren Artikeln, dem Stil des gesprochenen Wortes nahezukommen. Sie geraten dann freilich manchmal in Versuchung, sich der gesprochenen Umgangssprache allzusehr anzuschließen oder auf die letzte Genauigkeit in der Sache zu verzichten. Als Beispiel dafür mögen vier einzelne Sätze aus einem Artikel über VEBA-Aktien dienen, einmal in der Form, wie sie von einer Bank, das andere Mal, wie sie von der Zeitschrift »DM« formuliert wurden. Die zweite Form ist gewiß keine vorbildliche »Schreibe«, aber *gesprochen* könnte man sie sich recht gut so vorstellen.

Bankprospekt	»DM«
Die VEBA ist eine Dachgesellschaft (Holding). Ihr Arbeitsbereich ist nicht die Herstellung und Verteilung von Gütern, sondern die Verwaltung von Kapitalbeteiligungen an anderen Gesellschaften.	Holding-Gesellschaften kontrollieren andere Firmen und kassieren bei denen die Gewinne ein. So macht es die VEBA.

Bankprospekt	»DM«
Zunächst werden die Kaufanträge sämtlicher Belegschaftsmitglieder der VEBA-Gruppe erfüllt.	Als erste sind die Werksangehörigen des VEBA-Konzerns dran.
Unter »Jahreseinkommen« ist der zu versteuernde Einkommensbetrag (§ 32 EStG) zu verstehen.	Die Einkommensgrenze sieht schlimmer aus, als sie ist. Es handelt sich nicht um das Jahresgehalt oder Jahreseinkommen. Maßgebend ist der »zu versteuernde Einkommensbetrag«. Dieses Einkommen ist niedriger als Sie glauben.
Es kann Interessenten eine Finanzierungshilfe gewährt werden.	Allerdings bekommen Sie bei jeder Bank einen Kleinkredit zur Finanzierung der Aktien.

Soll eine ursprünglich frei gehaltene Rede nachträglich gedruckt werden, dann muß sie der Verfasser stilistisch säubern. Bei dem folgenden Beispiel eines erfahrenen Kanzelredners und Professors ist das — für uns zum Glück — unterblieben, so daß wir die Originalform der Rede gedruckt vor uns haben. Sein Vortrag über das Elternrecht begann so:

Wir müssen uns überlegen[1]), wieweit das Elternrecht unter Umständen eine Waffe ist[2]) in den Händen der Restauration, gegen echte geistige Erneuerung[3]). Weithin ist es jedenfalls nach 1918 so gehandhabt worden. Darüber darf keine Illusion bestehen[4]), und in diesem Sinne sollte man es nicht aufs neue als Programm erheben[5]). Andererseits wird man umgekehrt[6]) sagen müssen, daß das Dritte Reich eine Situation enthüllt hat und[7]) weithin auch heute — wenn wir etwa an die Schulsituation im Osten denken —[8]) noch Zustände bestehen, die in einem eminent positiven Sinne die Notwendigkeit des Elternrechtes ins Licht stellen. Und das werden daher auch die beiden Gesichtspunkte sein, über die ich heute[9]) mit Ihnen sprechen[9]) möchte: ...

*

Hier wäre nun zu fragen, ob nicht in einer solchen Situation die Eltern — wenn wir christlich reden, die Eltern, denen das Christentum nicht nur eine Redeweise, eine Phrase[10]) ist, sondern die etwas wissen von der Größe und Bedeutung des Reiches Gottes[11]), von der Bedeutung der Bergpredigt[11]), von der Bedeutung der Erscheinung Jesu Christi[11]) hier auf Erden —[12]) ein Recht geltend machen sollten[10]) und könnten[10]) gegen eine solche Pervertierung. Das wäre in diesem Sinne ein echtes revolutionäres, das Kind gegen die Gewohnheit des Verfalls verteidigendes Elternrecht. In diesem Sinne, haben wir allerdings nach 1945 gemeint[13]), würde etwas geschehen, um herauszufinden[14]) aus den Traditionen, die sich so schrecklich leer[10]) und hohl[10]) an uns selbst erwiesen haben. Ich brauche jetzt nicht auf die Einzelheiten einzugehen. Darüber werden wir weithin hier einig sein[15]), über diese bestimmten nationalistischen ... Tendenzen, die wir ja[16]) gar[16]) nicht mehr für möglich gehalten hätten, lauter Traditionen[17]), die nun auf einmal alle wieder da sind.

1 Der Redner bezieht seine Zuhörer sofort in die Entwicklung seiner Gedanken ein. Kein Verfasser eines Aufsatzes würde so beginnen.

2 Die verfrühte Stellung des Verbs läßt das Sprechen in Sinnschritten erkennen, das dem Hörer die Arbeit erleichtert.

3 Diesen Nachklapp hätten wir früher erwartet: »... wieweit das Elternrecht in den Händen der Restauration unter Umständen eine Waffe gegen echte geistige Erneuerung ist.«

4 Dieser Satz gehört zum vorigen und nicht zum folgenden, wie die Interpunktion anzudeuten scheint.

5 Kreuzung zweier Ausdrücke: »zum Programm erheben« oder »als Programm erklären«.

6 Der Redner drückt den Gegensatz doppelt aus: »andererseits« und »umgekehrt« besagen hier dasselbe.

7 Beim Schreiben hätte der Verfasser hier mit Sicherheit die Konjunktion »daß« wiederholt.

8 Der Einschub hat sich im Bewußtsein des Redners vorgedrängt; grammatisch hätte er erst hinter das nächste Komma gehört.

9 Diese beiden Wörter heben den letzten Zweifel darüber auf, daß es sich hier um eine Rede und nicht um eine »Schreibe« handelt.

10 Als Schreiber hätte sich der Verfasser für *eines* der beiden Synonyme entschieden.

11 Diese Wiederholung ähnlicher Begriffe in gleicher Form ist charakteristisch für den Stil einer Predigt.

12 Geschrieben wirkt dieser Einschub in Gedankenstrichen viel zu lang; gesprochen war er sicher durchaus verständlich.

13 Diesem Hauptsatz kann hier nur der Sprecher das rechte Gewicht geben; beim Schreiben hätte er mit ihm anfangen oder ihn hinter »geschehen« einfügen müssen.

14 Beim ruhigen Schreiben und Korrigieren wäre dem Verfasser dieser falsch gebrauchte Infinitivsatz sicherlich nicht unterlaufen. Er hätte geschrieben: »… damit wir herausfinden …«

15 Das Feuer der Rede entreißt dem Redner zuerst das Ergebnis (»Wir werden einig sein«), bevor er überhaupt sagt, worüber.

16 Ein gelegentliches Flickwort stört gesprochen weit weniger als geschrieben.

17 Der hier folgende Nebensatz hätte sich an den Begriff »Tradition« des vorletzten Satzes anhängen sollen. Er ist dem Redner zu spät eingefallen.

Viele Stilregeln gelten nicht nur für den Redner, sondern ebenso für den Schreiber. Dazu gehören die Forderungen nach Klarheit und Anschaulichkeit, nach einer dem Inhalt angemessenen Form, der Belebung des Vortrags durch Fragen, Ausrufe und durch Humor und schließlich der Vermeidung unübersichtlicher Schachtel- und langweiliger Kettensätze. Diese Erscheinungen werden in allen guten Stilistiken gründlich abgehandelt, so daß ich mich hier auf einzelne Bemerkungen beschränken kann und im übrigen auf jene Bücher verweise.

Die **Frage** spielt insofern für den Redner eine besondere Rolle, als er ja — wenigstens bei einer größeren Zuhörerschaft — nicht mit einer hörbaren Antwort rechnen kann. Wenngleich der Redner seine Frage also selbst beantworten muß (man spricht ja von »rhetorischen Fragen«), bleibt es doch eine Frage, ein Anruf an die Zuhörer, den jeder einzelne stumm beantworten oder wenigstens als Frage in sich nachklingen lassen möge, vorausgesetzt, der Redner hat sie so eindringlich gestellt, daß die Zuhörer sich wirklich zur Antwort aufgerufen fühlen. Daraus ergibt sich, daß mit einem bloßen »nicht wahr?«, wie es in einer Unterredung unter vier Augen den Partner wohl zu einem zustimmenden Kopfnicken veranlassen mag, bei einer Rede noch nichts gewonnen ist.

Ein unerläßliches Element jeder Rede ist der **Humor**. Ja wirklich: *jeder* Rede. Außer einer Grabrede könnte ich mir kaum ein Thema vorstellen, das eine humorvolle Bemerkung von vornherein ausschlösse. Und gute Redner haben es auch allezeit verstanden, selbst einem ernsten philosophischen Thema gelegentlich eine heitere Seite abzugewinnen, ohne daß sie nun wie ein Conférencier über die Dinge plaudern sollten. Abgesehen davon, daß sich ein humorvoller Mensch stets die Sympathien seiner Mitmenschen erwirbt — und welcher Redner wollte darauf nicht besonderen Wert legen! —, darf man auch die physiologische Wirkung des Lachens oder wenigstens Lächelns nicht unterschätzen: Der Hörer, der während einer längeren Rede stillsitzen muß, bewegt sein Zwerchfell, atmet kräftiger durch und versorgt dadurch sein Blut besser mit Sauerstoff, was auch seinem Gehirn zugute kommt und damit seine Aufmerksamkeit erhöht. Die Wirkung eines bloßen Lächelns wird sich nicht nur auf die Bewegungen der Gesichtsmuskeln auswirken, sondern oft auch eine leichte Änderung der Körperhaltung nach sich ziehen.

Auf vier stilistische Einzelheiten, die für den Redner eine größere Bedeutung haben als für den Schreiber, sei noch besonders hingewiesen:

1. Durch mangelhaftes Sprechdenken entstehen beim Reden oft Denkpausen, die die betreffenden Redner auf diese oder jene Weise auszufüllen trachten: Während der eine unartikulierte Laute wie »hm« oder »äh« einschiebt, versucht ein anderer sie durch unnötige **Füllwörter** wie »eben« (berlinisch: »ehmt«), »also« oder seit etlichen Jahren das Wort »praktisch« zu überbrücken. Natürlich fallen die Pausen dadurch nur um so mehr auf. Am besten ist es, wenn schon eine kleine Pause eintritt, sie unausgefüllt als Pause stehenzulassen.

2. Einem Redner, der etwa von einer »*oben* zitierten Meinung« spricht, merkt man gleich an, daß er nicht an den Kontakt mit seinen Zuhörern denkt, sondern daß er seine Rede hält — selbst wenn es eine freie Rede ist —, wie wenn er sie geschrieben hätte. Solche **Ausdrücke der Schreibsprache** muß man natürlich durch Wörter wie »vorhin, soeben« ersetzen, die in den Bereich des Hörens passen.

3. Eine Gefahr für den Redner besteht darin, daß er aus der Notwendigkeit, sofort einen Ausdruck zu finden, zum ersten besten greift und sich darum oft derselben abgegriffenen Schablonenwörter bedient, die man treffend als **Worthülsen** bezeichnet hat: Sie sind durch den gar zu häufigen Gebrauch entleert und haben keinen Kern mehr, aber — sie sind Mode. Dazu gehören Wendungen wie »ich stehe auf dem Standpunkt«, »restlos«,

»vordringlich«, »hundertprozentig«, »erstmalig«, »meine Einstellung zu« (der Ausdruck stammt aus der Fotografie!), der »Engpaß« und auch solche unnötigen Doppelungen wie »letzten Endes« oder »voll und ganz«.

4. Gerade mit demjenigen Redner, der sich vor einer trockenen, langweiligen Redeweise hüten und sie durch Bilder beleben möchte, kann wohl einmal die Phantasie durchgehen, wenn ihm zwei Bilder gleichzeitig in den Sinn kommen. Das ergibt dann die sogenannten **Stilblüten**, die durchaus nicht immer so schnell zu durchschauen sind wie das bekannte Beispiel vom »Zahn der Zeit, der schon manche Träne getrocknet hat und auch über diese Wunde Gras wachsen lassen wird«. Als ein führender Hamburger Politiker in einer großen Wahlrede sagte: »Die Lohn- und Preisspirale schwelt unter der Decke«, war nur wenigen Zuhörern anzumerken, daß sie die ungewollte Bildkreuzung erkannt hatten. Kreuzungen von weniger kräftigen Bildern sind noch schwerer zu erkennen, z.B. »ein durchschlagender Eindruck«, »diese Leistungen erschöpfen nicht den ganzen Umfang seiner Fähigkeiten«, »seine Tat war von den schlimmen Folgen begleitet«.

Auffälliger sind Stilblüten, die nicht durch Kreuzung, sondern durch die Verwendung eines falschen Wortes entstehen, z.B.: »Der Hund machte unmenschliche Anstrengungen, um das Ufer zu erreichen.«

Nur wer genau zuhört und streng logisches Denken gewohnt ist, wird bei einer Rede falsche Bezeichnungen entdecken wie die folgenden: »So wird die Zwiebel rasch zerkleinert, ohne Tränen zu vergießen«, »Es haben nicht genug Cembali die Jahrhunderte überdauert, um sich ein genaues Bild davon zu machen«, »Unser Möbelfachgeschäft garantiert Ihnen echte Einkaufsvorteile, ohne auf irgendeine Dienstleistung verzichten

zu müssen«. Die Konstruktion mit »um zu«, »ohne zu«
verlangt, daß das Subjekt des Hauptsatzes auch für den
untergeordneten Satz gilt. Das gäbe aber keinen Sinn.
Vielmehr ist für den Nebensatz »Sie« (im zweiten Beispiel »wir«) als Satzgegenstand anzunehmen: »..., ohne
daß Sie Tränen vergießen.«

V. Die Vorbereitung der Rede

Gedanken sammeln und ordnen

Wenn wir einem guten Redner zuhören, bewundern wir wohl, wie sich ein Satz lückenlos an den anderen anschließt und wie sich ein Gedanke aus dem anderen entwickelt. Das Geheimnis der ersten Erscheinung haben wir schon kennengelernt: Es ist das »Sprechdenken«, verbunden mit einem reichen und lebendigen Wortschatz. Wie aber kann der Redner bei einer längeren frei gehaltenen Rede die rechte Ordnung seiner Gedanken im Kopf behalten? Wie bereitet er seine Rede vor, und was schützt ihn vor dem Steckenbleiben?

Zunächst müssen wir feststellen — und das gilt als Mahnung besonders für Übungskurse im Reden —, daß kein vernünftiger Redner ein Thema übernehmen wird, zu dem er keine innere Beziehung hat. Es ist ein Unding, wollte man verlangen, ein Redner müsse über jedes beliebige Thema reden können. Das wäre, falls es gelänge, bestenfalls eine artistische Spielerei, wahrscheinlich aber ein Zeichen mangelnder Verantwortung, mit der der Redner an seine Aufgabe herangänge. Denn eine Rede, die nicht von Herzen kommt, kann auch nicht zu Herzen gehen. Statt echter Überzeugung wäre das Ergebnis nur Schaumschlägerei. Nicht einmal zur Übung sollte man also jemanden zwingen, in einer Rede Partei zu ergreifen, ohne daß seine eigene Meinung dahintersteht. Natürlich gibt es eine Menge kleinerer Redeaufgaben, die jeder sofort übernehmen kann, ohne sich ein Gewissen daraus zu machen. Aber die große packende Meinungsrede wird nur demjenigen gelingen, der ganz und gar hinter seiner Sache steht.

Bei einem Sachvortrag kommt noch die Stoffbewältigung hinzu. Ein Redner darf sein Wissen nämlich nicht am Rednerpult verausgaben, sondern muß ein Vielfaches wissen von dem, was er sagt. Ob das zutrifft, dafür haben die Zuhörer ein feines Empfinden.

Wer sich auf sein Thema gründlich vorbereitet und alle Schwierigkeiten und Möglichkeiten bedacht hat, gerät leicht in Versuchung, seinen Hörern nun auch alles weitergeben. Aber ein solcher Redner verkennt das Wesen der Rede. Mag sich der Verfasser eines Buches zur Aufgabe setzen, ein Kompendium zu schreiben, in dem sich jemand über alle Möglichkeiten unterrichten kann, ein Redner kann sein Thema niemals erschöpfen, wie immer es auch heißen mag: »erschöpfen« wird er bei diesem Versuch nur seine Zuhörer.

Ein Wort Voltaires mag uns als Mahnung dienen: *»Le secret d'ennuyer est celui de tout dire.«* (Das Geheimnis der Langeweile besteht darin, alles zu sagen.) Zum Wesen der Rede gehört das Fragmentarische, das einerseits durch die Kürze der Redezeit die Möglichkeit einer schnellen Information bietet, andererseits aber gerade wegen seiner Unvollständigkeit zum weiteren Nachdenken anreizt. Mehr als auf anderen Gebieten vielleicht zeigt sich bei der Rede der Meister gerade in der Beschränkung.

Wie schwer es vielen Menschen fällt, sich kurz zu fassen — darüber nachzudenken haben wir immer wieder Gelegenheit, wenn wir vor einer öffentlichen Fernsprechzelle warten müssen. Daß es in der Tat sehr schwer ist, in kurzer Zeit Wesentliches zu sagen, beweist die Anekdote, die man sich von einem englischen Staatsmann erzählt, der gefragt wurde, wie lange er sich für seine Rede vorbereiten müsse. Er antwortete: »Wenn ich 15 Minuten sprechen soll, muß ich mich eine Woche lang vorbereiten. Für eine doppelt so lange Rede genügen drei Tage. Wenn ich aber reden kann, solange ich will, bin ich sofort bereit anzufangen.«

Zur Vorbereitung einer Rede gehört aber nicht nur die Arbeit, die sich unmittelbar auf diese Rede bezieht. Hinter jeder Rede steht doch die einmalige Persönlichkeit des Menschen, der die Rede hält und der ihr ihren besonderen Charakter verleiht. So wird sich auch von der Bildung und der Lebenserfahrung, die der Betreffende in seinem bisherigen Leben gewonnen hat, etwas in jeder seiner Reden niederschlagen. In diesem Sinne ist die Antwort eines berühmten Kanzelredners zu verstehen, der nach einer besonders gut gelungenen Predigt gefragt wurde, wie lange er sich darauf vorbereitet habe. Er sagte ohne jedes Pathos und — wie wir nun verstehen — ohne Übertreibung: »Vierzig Jahre.«

Wir haben also zwischen der weiteren und der näheren Vorbereitung einer Rede zu unterscheiden, zwischen der mittelbaren, die noch nicht auf eine bestimmte Rede abzielt, und der unmittelbaren. Für jeden, der häufig über sein Fachgebiet zu sprechen hat, ist es unerläßlich, schon beim Lesen jedes Fachbuches an eine mögliche künftige Rede zu denken, indem er sich wichtige Stellen herausschreibt und auf Zetteln gleichen Formats in einem Zettelkasten sammelt.

Mit einer solchen Materialsammlung gewinnt man mit der Zeit ein »Privatarchiv«, in dem man immer wieder Anregungen findet und damit der Gefahr begegnen wird, die jedem in solcher Lage droht: sich ständig zu wiederholen, in eingefahrenen Gleisen zu denken und zu reden und dadurch unlebendig zu wirken. Natürlich muß man eine solche Kartei stets auf dem laufenden halten, sonst veraltet sie rasch.

Das Privatarchiv kostet also Zeit. Einen guten Teil davon wird freilich derjenige einsparen, der sich dabei der **Stenografie** bedient. Auch bei der im folgenden zu besprechenden Stoffsammlung erweist sie sich als nützliches, ja — wie sehr viele Könner auf diesem Gebiet immer wieder glaubhaft versichern — geradezu unentbehrliches Hilfsmittel.

Stehen das Thema der Rede und die Zuhörerschaft fest, muß man *sofort* mit der Stoffsammlung beginnen. Nutzen Sie diesen ersten Schwung aus, um möglichst viele Gedanken, so wie sie kommen -- also zunächst noch völlig ungeordnet —, in einer langen Liste *untereinander* zu schreiben. Die Reihenfolge der Gedanken bestimmen Sie erst, wenn die Liste fertig ist, indem Sie dann fortlaufend Nummern davorschreiben. Mancher mag auch wohl statt einer solchen Liste die schon erwähnten Zettel vorziehen.

Wenn Sie diese Liste in den nächsten Tagen gelegentlich durchsehen, wird Ihnen ganz von selbst noch dies und das dazu einfallen: Ihr Unterbewußtsein ist nämlich aktiviert worden und arbeitet nun weiter, auch wenn Sie im Augenblick mit ganz anderen Arbeiten beschäftigt sind. Sie müssen den Gedanken an das Thema — und zugleich immer an Ihre Zuhörerschaft — ein paar Tage mit sich herumtragen. Er muß so fest in Ihnen wohnen, als ob Sie mit ihm schwanger gingen. Eines Tages wird er so weit gereift sein, daß Sie ihn ausgetragen haben: Die überzeugende Art der Darstellung steht auf einmal vor Ihrem geistigen Auge. Sie brauchen sie nur noch zu notieren. Wollten Sie anders vorgehen und den Aufbau Ihrer Rede sofort nach der Stoffsammlung am Schreibtisch erarbeiten, würden Sie bald erkennen, daß das Fehlen einer schöpferischen Pause sich in einer trockenen und nicht zündenden Gedankenordnung rächte.

Für die Gliederung einer Rede kann man zwar kein festes Schema aufstellen, doch wird jede Rede — wie wir es in der Schule beim Aufsatz gelernt haben — außer dem Hauptteil eine Einleitung und einen Schluß enthalten. Die Übergänge von einem Punkt des Hauptteils zum anderen werden aber nicht so steif dastehen wie in manchen Schulaufsätzen. Beim Reden haben wir andere Möglichkeiten: Wir können z.B. den Inhalt des letzten Punktes nochmals zusammenfassen — was für den Hörer, der ja im Gegensatz zum Leser den letzten Gedanken nicht noch einmal nachlesen kann, besonders wichtig ist —, wir können aber auch ohne jeden Übergang nach einer kleinen Pause, einer leichten Änderung unserer Stimme und unserer Stellung am Rednerpult frisch auf den nächsten Punkt losgehen. Zwar sollten wir in unserer Vorbereitung ganz klar nach »erstens, zweitens« usw. gliedern; wir brauchen die Punkte aber nicht vor unseren Hörern zu numerieren, es klingt sonst gar zu pedantisch. Der Hörer soll immer das Empfinden haben, daß wir einen Sachverhalt vor ihm *entwickeln*; um etwas fertig Durchdachtes zu erfahren, brauchte er sich nicht einen Vortrag oder eine Rede anzuhören, sondern könnte ein Buch lesen. So nehmen wir schon bei der Sammlung und Ordnung unserer Gedanken stets Rücksicht auf den Hörerkreis, für den die Rede bestimmt ist. Damit entgehen wir am sichersten der Gefahr, daß aus unserer Rede eine Schreibe wird.

Wenn wir als Redner auch nicht so streng an einen Plan für unsere Rede gebunden sind wie ein Maurer an den Bauplan des Hauses: eine klare, logische Gliederung erleichtert dem Hörer die Arbeit des Zuhörens und führt ihn sicherer zu dem Ziel, das wir uns gesetzt haben.

Wer eine Anregung sucht für den Aufbau einer Meinungsrede, sei auf zweierlei verwiesen: die »AIDA«-Formel läßt sich durch das Merkwort leicht behalten. Die vier Teile der Rede umfassen:

A 1. Wachrufen der **A**ufmerksamkeit der Zuhörer
I 2. Wecken ihres persönlichen **I**nteresses
D 3. Entwicklung des **D**rangs zur Handlung
A 4. **A**ppell an die Zuhörer

Empfehlenswert ist auch der Grundriß, den Richard Wittsack einmal gegeben hat und den Hellmut Geißner als Prinzip des »Fünfsatzes« in seinen verschiedenen Möglichkeiten zum Aufbau einer kurzen Rede benutzt:

Einleitung: Warum spreche ich? Anlaß?
Hauptteil: 1. Was war und was ist?
            2. Was müßte sein?
            3. Was könnte geändert werden?
Schluß: Aufforderung zur Tat

Stichwortzettel

Mit dem Aufstellen einer Gliederung haben wir aber noch nicht die Form gefunden, die uns beim Halten einer freien Rede am zuverlässigsten von einem Gedanken zum nächsten führt. Dazu dient uns der Stichwortzettel.

Ein Stichwort braucht nicht immer im grammatischen Sinne »ein Wort« zu sein. Oft bietet sich eher das Bruchstück eines Satzes an. Es darf weder so ausführlich sein, daß wir es nicht mit einem Blick auffassen können und daß außerdem die Möglichkeit der freien Gestaltung unseres Satzes beschnitten wird, noch darf es so kurz sein, daß der geistige Weg von ihm bis zur fertigen Formulierung zu lange dauert. Jedes Stichwort soll jedenfalls nicht nur einen einzelnen Satz auslösen, sondern eine Gedankenkette, die aus einer Reihe von Sätzen besteht.

Wie sieht so ein Stichwortzettel aus? Als Format empfiehlt sich nur DIN A5. Einmal zusammengefaltet passen solche Blätter nämlich bequem in die Brusttasche und können bei Redebeginn unauffällig aufs Pult gelegt werden.

Es gibt übrigens Redner, die es bevorzugen, ihre Stichwortzettel schon vorher aufs Pult zu legen, und die sie auch nach der Rede dort liegenlassen und weggehen, als hätten sie völlig frei gesprochen. Mir erscheint das unnötig. Will man aber so verfahren, sollte man beim Hinlegen der Zettel darauf achten, daß ein Luftzug sie nicht vom Pult flattern läßt. Ein Redner, der, bevor er den Mund auftut, auf dem Boden herumkriecht und seine Zettel zusammensucht, macht einen unfreiwillig komischen Eindruck.

Wenn ein Redner mit DIN-A4-Blättern das Rednerpult besteigt, erweckt er bei seinen Hörern leicht die bange Frage: »Wie lange mag diese ›Vorlesung‹ wohl dauern?« — Noch kleinere Zettel als DIN A5 lassen den Überblick über einen größeren Teil der Rede vermissen und empfehlen sich daher nur in Ausnahmefällen. Ein solcher Fall liegt vor, wenn der Redner ganz frei vor seinem Publikum steht, also weder Pult noch Tisch oder Stuhl zur Ablage seiner Notizen dienen können. Wenn er dann noch sehr sicher im Umgang mit der Kurzschrift ist, kann er sogar einmal ein so kleines Format wählen (DIN A8), daß er den Zettel im Innern seiner Hand verbergen kann, so daß er scheinbar gar keine Aufzeichnungen benutzt. Im allgemeinen würde ich aber nicht zu diesem Verfahren raten.

Damit haben wir schon die Frage der Schriftart berührt. Schreibmaschinenschrift ist wegen der geringen Ober- und Unterlängen nur scheinbar deutlicher als die eigene Handschrift, zumal da man in ihr bestimmte Wörter mit größeren Buchstaben schreiben kann, um sie hervorzuheben. Auch andere Mittel der Hervorhebung — verschiedene Unterstreichungen, besonders mit Buntstiften — sollte man ausgiebig verwenden. Bei der Rede bleibt nur ein flüchtiger Augenblick für die Benutzung des Stichwortzettels, und in ihm muß man *sofort* die Stelle finden, bei der man fortfahren will. Einer der bekanntesten Theologen unserer Tage benutzt das System der Kennzeichnung durch verschiedene Farben sogar bei der Ausarbeitung seiner Predigten, die er wörtlich abliest. Die bunten Striche leiten ihn beim Lesen aber so sicher, daß jedermann sie für frei gehalten hält, weil der Blick fast immer auf die Gemeinde gerichtet ist.

Zum sicheren Auffinden einer Stelle verhilft auch eine großzügige Verwendung des Schreibraums. Enges Gekritzel und dazwischengeschriebene Worte übersieht man erfahrungsgemäß bei der Erregung der Rede.

Selbstverständlich dürfen die Zettel (wenn man schon mehrere braucht) nur *einseitig beschrieben* werden, weil sich sonst die Reihenfolge mit großer Wahrscheinlichkeit verwirren wird.

Für eine Rede von etwa dreißig Minuten dürfte im allgemeinen ein einziger Zettel DIN A5 genügen. Hat man allerdings Zahlen oder längere Zitate zu bringen, so benutzt man dafür einen Extrazettel, von dem man sie sogar in jedem Falle deutlich sichtbar ablesen muß: Das erhöht den Eindruck der Zuverlässigkeit.

Wer häufiger gleiche oder ähnliche Reden zu halten hat, wird bald mit wenigen Stichworten auskommen. Dann empfiehlt sich ein Zettel, an dessen linkem Rand nur noch einmal die hauptsächlichsten Stichworte stehen. Ein Blick auf diesen Teil des Zettels wird dem geübten Redner dann meistens genügen; reißt ihm aber wider Erwarten der Gedankenfaden einmal ab, so gewährt ihm ein Blick auf die vielen Stichworte rechts sofortige Sicherheit.

Ich finde, mit dieser Kurzform des Stichwortzettels sollte man es genug sein lassen und nicht noch versuchen, diese Stichworte nun noch auswendig zu lernen. Wohl gibt es unterschiedliche *Merksysteme*[1]), mit deren Hilfe man sich sogar dreißig und mehr Stichworte leicht in ihrer Reihenfolge einprägen kann, aber wen unter den Zuhörern stört denn ein kleiner Zettel, der dem Redner die Gewißheit gibt, er kann nicht steckenbleiben oder auch nur aus der vorher bedachten Ordnung kommen!

Auf jedem Stichwortzettel sollten — besonders gekennzeichnet — einige »Reservestichworte« stehen. Gar zu leicht kann es nämlich vorkommen, daß man in der Erregung schneller spricht oder einige Punkte weniger ausführlich behandelt als vorgesehen, und schon erscheint die Rede viel kürzer als beabsichtigt. Es kann aber auch sein, daß dem Redner im letzten Augenblick eine längere Redezeit eingeräumt wird, als vorher vereinbart worden war. Auch dann ist es nützlich, wenn man seine Rede durch die Erörterung solcher »Reservestichworte« ohne weitere Mühe ergänzen kann.

---

1) Die Ordnung der Gegenstände in einem Zimmer (oder einem Haus) als Aufhänger für das Gedächtnis zu benutzen, empfiehlt schon *Quintilian* (1. Jh. n. Chr.).

Am Kopf jedes Stichwortzettels sollte nicht etwa das Thema in der Form stehen, wie es auf den Ankündigungen der Rede zu lesen ist. Vielmehr muß da — dem Redner ständig vor Augen — der Zweck seiner Rede in einer prägnanten Formulierung stehen. Wir nennen das den »Zwecksatz« einer Rede, das Ziel, zu dem wir unsere Hörer führen, die Idee, von der wir sie überzeugen wollen. Der Zwecksatz kann während der Rede mehrfach anklingen, besonders am Schluß wird er ganz deutlich herausgestellt werden; dem Redner aber muß er bei jedem Satz gegenwärtig sein. Ja schon beim Aufstellen der Gliederung muß ihm der Zwecksatz Leitgedanke sein.

Hieße das Thema etwa »Moderne Gesundheitspflege«, so könnte der Zwecksatz lauten: »Laßt euch impfen!«, für das Thema »Das schwierige Kind« etwa: »Schenkt euren Kindern mehr Liebe!«, für das Thema »Die Arbeit der Deutschen Lebensrettungsgesellschaft in unserer Stadt« vielleicht: »Jeder Schwimmer ein Retter«, oder aber »Werdet Mitglied der DLRG!«.

Anrede

Die Gedanken, die in einer Rede Gestalt gewinnen sollen, muß sich jeder Redner selbst erarbeiten, kein Buch im Sinne der »Briefsteller für alle Gelegenheiten« kann ihm diese Arbeit abnehmen. Wie er die Gedanken ordnet, haben wir im ersten Teil dieses Kapitels erfahren. Nun gilt es noch, auf drei kritische Augenblicke der Rede hinzuweisen: die Anrede, den Redebeginn und den Schluß. Diese Stellen haften besonders im Gedächtnis der Zuhörer, und ein Mißgriff könnte hier die Wirkung der ganzen Rede zunichte machen.

Jeder Mensch hört gern seinen eigenen Namen, denn er fühlt sich damit — selbst in einem Gespräch unter vier Augen — persönlicher angesprochen als ohne die Anrede. Verfasser von Werbeschreiben machen sich diese Erfahrung zunutze, indem sie, wenn es möglich ist, ihren vervielfältigten Werbebriefen wenigstens eine persönliche Anrede voranstellen. Sie würden sicherlich diese beträchtliche Mehrausgabe einsparen, wenn sie nicht wüßten, wieviel besser durch dieses eine persönliche Wort der Inhalt des ganzen Briefes »ankommt«. Im Gegensatz zum Werbetexter »kostet« es den Redner nur ein klein wenig Überlegung, wenn er schon vom allerersten Wort an mit seinen Zuhörern Kontakt aufnehmen will. Da ein Redner aber nun nicht jeden seiner Hörer mit Namen anreden kann, muß er vorher darüber nachdenken, in welcher gemeinsamen Beziehung gerade diese Hörerschaft zu ihm und seinem Thema steht.

Die Anrede »Meine Damen und Herren« ist zwar am weitesten verbreitet, ist aber weder besonders höflich noch originell. Bei ganz kurzen Beiträgen, z.B. zur Diskussion, kann man sogar gänzlich auf eine Anrede verzichten. Die Anrede »Meine Damen und Herren« empfiehlt sich aber als eine unauffällige Form, wenn man während der Rede seine Zuhörer gelegentlich einmal wieder anredet. Wie man im Laufe einer Unterhaltung dann und wann den Namen des Gesprächspartners einflicht, gebietet es die Höflichkeit auch bei einer größeren Rede. Übrigens ist es eine höfliche Gewohnheit aufmerksamer Rednerinnen, daß sie die Anredeform nicht übernehmen, sondern umkehren: »Meine Herren, meine Damen«. Durch die doppelte Setzung des Pronomens verliert die Formel außerdem — und das gilt in der umgekehrten Form natürlich auch für die Herren — ein gut Teil ihrer Steifheit und Ausdruckslosigkeit.

»Meine sehr verehrten Damen, meine Herren« ist ungleich höflicher und empfiehlt sich als neutrale Anrede überall da, wo sich eine persönlichere Form nicht ohne Zwang finden läßt. Die Anrede »Verehrte Anwesende« stirbt wohl allmählich aus. Sie klingt nicht nur verstaubt, sondern durch das zur Personenbezeichnung benutzte Partizip (»anwesend«) sprachlich unschön und tot. Bei einer Rede in einem Anglerclub wäre es nicht schwer, auf die Anrede »Liebe Angler«, »Liebe Freunde des Angelsports« oder »Liebe Jünger Petri« zu verfallen. Ebenso wird man die Teilnehmer eines bestimmten Fotolehrgangs gut als »Liebe Kleinbildner« anreden können.

Die Referenten der Aktion Jugendschutz aber als »Liebe Jugendschützer« anzureden, wäre für einen Außenstehenden gewagt. Der Redner muß hier ein wenig Fingerspitzengefühl zeigen, damit die Anrede die rechte Mitte zwischen Steifheit und plumper Vertraulichkeit hält. Ein bedeutender Zauberkünstler, der seine abendfüllende Vorstellung ohne jede Assistenz bewältigte, pflegte seine Zuhörer mit »Liebe Freunde der magischen Kunst« anzureden, und er begründete diese Anrede mit den Sätzen: »So darf ich Sie doch nennen; denn sonst wären Sie ja nicht hier.«

Schwierig wird die Frage der Anrede nur bei feierlichen Veranstaltungen, zu denen etwa besondere Würdenträger geladen sind, die gesondert und in geziemender Reihenfolge mit der Anrede begrüßt werden müssen. In solchen Fällen ist es unerläßlich, die vollständige Anrede aufzuschreiben und möglichst auch auswendig zu lernen, damit man gerade bei der Anrede seine Zuhörer ansehen kann. Ich habe einmal in einer akademischen Feierstunde beobachtet, wie ein Professor im Ornat bei der Musik, die seinen Festvortrag einleitete, den Zettel mit Anreden, den er in seinem Barett verborgen hatte, immer wieder ansah und memorierte. Seine Anrede hatte folgenden Wortlaut: »Herr Bürgermeister, Herr Präsident der Bürgerschaft, Exzellenzen (damit waren ausländische Botschafter gemeint), Magnifizenzen (damit waren Rektoren anderer Universitäten gemeint), liebe Kollegen, meine Damen und Herren (damit waren die übrigen geladenen Gäste gemeint), liebe Kommilitoninnen und Kommilitonen!«

Nur ein Professor Heuss durfte es sich leisten, als er bei der Amtsübergabe an seinen Nachfolger im Bundeshaus vor den Mitgliedern des Bundestages und des Bundesrates sprach und versehentlich mehrfach die Mitglieder des Bundesrates zuerst angeredet hatte, sich selbst zu unterbrechen mit den Worten: »Also ich muß ja immer den Bundestag eigentlich zuerst nennen. Aber das ist wurscht.«

Anfang

Früher begann der Redner gern mit einem Zitat — wie ja auch einem Buch ein Motto voranstehen mußte. Heute weiß man, daß ein solcher Anfang wenig geeignet ist, die Hörer zu fesseln. Und darauf kommt es gerade an: Wem sich die Hörer nicht vom ersten Augenblick an in voller Aufmerksamkeit zugewandt haben, der wird es schwer haben, sie nachträglich noch in seinen Bann zu ziehen.

Beobachten wir einen Dirigenten vor dem ersten Einsatz! Die Pause, die hier entsteht, erhöht nicht nur die Spannung, sondern sie dient vor allem der Sammlung für Musiker und Zuhörer. Dirigent und Mitwirkende sehen sich an und treten durch diesen Blick in eine innere Verbindung. Versäumt der Dirigent diesen »Augen-Blick«, so wird es ihm unmöglich sein, z.B. beim Unisonobeginn der 5. Sinfonie von Beethoven die Streicher und die Klarinetten zu einem genau gleichzeitigen Einsatz der drei Achtel des Themas zu bringen.

Wie ein Dirigent muß auch ein Redner diesen Augenblick der Sammlung schweigend durchhalten und dabei den ersten Augenkontakt mit seinen Hörern aufnehmen. Jegliche Unruhe unter den Zuhörern wird sich dadurch wie durch magische Gewalt in nichts auflösen. Und dann ist der Weg frei zu den Herzen der Hörer.

Eine Möglichkeit für den Anfang liegt nun nahe: Sprechen Sie sich durch eine leise Einstimmung in die Herzen Ihrer Hörer hinein! Stehen Sie gelassen und heiter, nicht aber ernst und feierlich am Rednerpult, und gehen Sie vielleicht vom Anlaß der Rede aus! Vielleicht bietet sich eine heitere Begebenheit an, die mit der Rede in Verbindung steht. Immer aber sollten Sie schnell auf Ihr Thema zusteuern und die Aufmerksamkeit Ihrer Hörer nicht durch eine langweilige Einleitung verlieren. Die oft gehörte Behauptung »Ich freue mich, daß ich heute abend vor Ihnen sprechen darf« ist psychologisch gesehen unklug, weil sie zwar vielleicht den Redner bewegt, seine Zuhörer aber keineswegs interessiert.

Bedenken Sie, daß der erste Eindruck, den Sie auf die Hörer machen, oft der entscheidende und bleibende ist! Ein Redner, der ungeschickt ans Rednerpult tritt und mit seinen ersten Worten die Atmosphäre seines Zuhörerkreises verfehlt, kann schon bei seinen Hörern verspielt haben, ehe er recht bei seinem Thema angelangt ist.

Während ein Gewitter heranzog und die Blitze durch die Fenster des Vortragssaals leuchteten, wurde einmal ein amerikanischer Professor gebeten, seinen Vortrag über »Goethe und die Literaturwissenschaft« zu halten. Unter einem gewaltigen Donnerschlag trat er ans Rednerpult. Und da bewies er Humor und Schlagfertigkeit, indem er mit dem Goethezitat begann: »Ungeheures Getöse verkündet das Herannahen der Sonne.« Sich auf diese Weise selber mit der Sonne zu vergleichen war ein so maßlos übertriebenes und dadurch nicht ernstzunehmendes Eigenlob, daß der Bann sofort gebrochen und der Kontakt zu seinen Hörern hergestellt war.

Hat ein Redner seinen Hörern etwas für sie Unangenehmes zu sagen, so gibt es zwei Möglichkeiten, wie er seine Rede *nicht* beginnen sollte: Einen unsicheren Eindruck macht derjenige, der seine Rede mit einer Entschuldigung einleitet; Abneigung aber und innere Abwehr erweckt derjenige, der gleich mit der Tür ins Haus fällt und ohne Umschweife das Füllhorn seiner Vorwürfe über den Köpfen seiner Zuhörer entlädt.

Seit Quintilian (1. Jh. n. Chr.) machen sich kluge Redner die Wirkung der »captatio benevolentiae« zunutze, d. h. sie bemühen sich zuerst um das Wohlwollen ihrer Hörer. Freilich empfinden die Zuhörer ein bloßes Kompliment an dieser Stelle leicht als billig. Ein solcher Anfang sollte daher wohlüberlegt und geistvoll sein. Berühmte Beispiele dieser Art sind uns auch aus der Literatur bekannt: Marc Anton beginnt so seine Forumsrede nach der Ermordung Cäsars. Auch der Kapuziner in Wallensteins Lager verschafft sich nur dadurch Zuhörer unter den Soldaten, daß er seiner Strafpredigt im Stile Abrahams a Santa Clara den Ruf »Heissa, juchheia, dudeldumdei! Das geht ja hoch her; bin auch dabei!« voranschickt.

Eine gute Einleitung will gründlich bedacht sein. Beim Sammeln der Gedanken für eine Rede wird sie uns sicherlich nicht zuerst einfallen, wahrscheinlich sogar erst zum Schluß. Anders verhält es sich, wie wir gesehen haben, mit dem Zwecksatz: Er muß uns von allem Anfang an vor Augen stehen und von vornherein die Ordnung unserer Gedanken bestimmen.

Schluß

Wie mancher Redner hat schon die Wirkung seiner eigenen Worte durch einen schlechten Schluß zunichte gemacht! Gerade die letzten Worte schwingen nach im Hörer, wenn er an die Rede zurückdenkt. Ihr Eindruck trägt entscheidend zum Urteil des Hörers über den Redner bei. Eine Überzeugungsrede schließt noch dazu mit der Aufforderung, im Sinne der Rede zu handeln. Und darum könnte selbst durch ein bloßes Versprechen die Rede um ihre Wirkung gebracht werden.

Wenn in einer großen Wahlversammlung einmal ein Parteiredner mit den Worten *schloß*: »Geben Sie uns Ihre Stimme! Schenken Sie uns unser (!) Vertrauen!«, dann erregte er damit an der empfindlichsten Stelle seiner Rede eine peinliche Heiterkeit.

Nun ist zwar niemand vor einem »Versprecher« (wie die Rundfunkleute sagen) völlig sicher, aber bei wichtigen Reden gibt es doch einen guten Schutz gegen das Mißlingen gerade des Redeschlusses: Diesen Satz, diesen Gedanken sollte man — wenn nötig — wörtlich ausarbeiten und in seinen Stichwortzettel aufnehmen. Denn der Schluß ist nun einmal nicht einfach das Ende einer Überzeugungsrede, sondern er muß ihr Höhepunkt sein, sei es gedanklich, sei es rhetorisch. Das heißt aber nun nicht, daß man das Ende unter großem Stimmaufwand hinausposaunen müßte. Der Schluß kann ein mit klaren, festen Worten vorgetragener Appell sein. Vielleicht enthält er noch eine Steigerung des vorher Vorgetragenen, bei einem Sachvortrag auch wohl nur eine Zusammenfassung, denn ein Vortrag bedarf zum Schluß keiner besonderen Spannung oder eines Höhepunktes.

Gerade beim gesprochenen Wort darf man die Zusammenfassung und die Wiederholung nicht geringschätzen: Der *Leser* kann — wie gesagt — zurückblicken und eine wichtige oder schwierige Stelle mehrmals lesen; dem *Hörer* muß der Redner selbst diese Arbeit abnehmen. Manchmal eignet sich auch ein humorvoller Schluß, wenn er sich ungezwungen anbietet. Der Redner sichert sich dadurch einen guten Abgang und einen freundlichen Nachhall seiner Rede.

Selten nur wird es möglich sein, in einem Vortrag oder in einer Rede die Hörer so in den Bann zu schlagen und zu erschüttern, daß auf den leise verklingenden Schluß nur Augenblicke respektvollen Schweigens folgen. Im Kreise von Studenten habe ich einmal ein solches Referat erlebt, auf das weder die übliche Kritik noch eine Diskussion folgten, weil der Professor die Veranstaltung mit dem ebenfalls leise gesprochenen Dank an den Referenten und dem Satz schloß: »Hiernach ist eine Diskussion wohl unangebracht.«

Auch in der Musik ist ein solcher Schluß äußerst selten und fast unerträglich. Man denke zum Beispiel an das *letzte* »schaurige« (Schubert) Lied in Franz Schuberts *»Winterreise«,* wo das trostlose Bild des Leiermanns gerade dadurch den Hörer erschüttert, daß es nicht abgeschlossen wird, sondern in seiner ganzen Hoffnungslosigkeit offenbleibt und weiterwirkt, weil der Melodie die abschließende und dadurch auf irgendeine Weise doch versöhnliche Kadenz fehlt.

Auf zwei Fehler trifft man häufig beim Schluß der Rede: Dem Unkonzentrierten fällt nach der Ankündigung des Schlusses etwas ein, was er unbedingt noch sagen möchte. Und so kommt es, daß mancher Redner seinen Schluß drei- oder viermal ankündigt, in Wirklichkeit aber jedesmal wieder von vorn anfängt oder noch neue Gebiete berührt. Man sollte sich von vornherein auf *einen* kräftigen Schlußgedanken einrichten. — Der Ungeübte hingegen läßt seine Rede ohne merklichen Schluß verebben, so daß die Hörer nur durch das Abtreten des Redners vom Podium erkennen, daß weiter nichts zu erwarten ist. So schloß der Vorsitzende der Studentischen Selbstverwaltung bei einer Rektoratsfeier einmal seine Ansprache mit dem nichtssagenden Satz: »Wenn ich zum Schluß noch einmal auf das anfangs genannte Gespräch mit dem Kommilitonen zurückkommen darf, so, glaube ich, brauche ich wohl nichts mehr zu sagen.«

Die Versicherung, daß man nichts mehr zu sagen habe, findet sich überhaupt gelegentlich am Ende einer Rede. Sie scheint ebenso unausrottbar zu sein wie der sinnlose Schlußsatz mancher kaufmännischer Briefe: »Ohne mehr für heute zeichnen wir hochachtungsvoll.« — Die gelegentlich gehörte Versicherung des Redners »Ich bin am Ende« ist nicht nur überflüssig, sondern könnte durch eine falsche Auslegung sogar ungewollt Heiterkeit erwecken: wenn man nämlich annimmt, er sei am Ende seiner Kraft oder mit seiner Weisheit am Ende angelangt.

Ob man den Redeschluß überhaupt ankündigen soll, ist strittig. Wenn man an die allgemeine Aufbruchstimmung der Besucher eines Unterhaltungsfilms denkt, möchte man es wohl lieber vermeiden. Die Ankündigung *kann* aber auch die Aufmerksamkeit der Hörer für diesen letzten, wichtigen Teil der Rede noch einmal anregen. Wenn der Schlußgedanke dann wirklich schnell folgt und dazu noch verdient, festgehalten und auf dem Heimweg durchdacht zu werden, dann scheint mir die Ankündigung des Redeschlusses doch gerechtfertigt.

Umgang mit dem Stichwortzettel

Wir haben unsere Rede nun schon gut vorbereitet: Aus unserer Stoffsammlung ist ein wohlgeordneter Stichwortzettel geworden; Anrede, Einleitung und Schluß sind besonders sorgsam bedacht. Dennoch haben wir bisher nur das Gerippe geschaffen. Eine Rede besteht aber nicht aus den dürren Linien eines Skeletts, sondern muß ansehnliche, abgerundete und ausgewogene Formen haben. Ohne Bild gesprochen: Wir müssen uns jetzt darin üben, auf Anhieb die Reihe von Sätzen zu finden, zu der uns jedes Stichwort anregen soll. Denn wir wollen ja nicht das Stichwort allein vorlesen, sondern — wie wir zu Anfang dieses Kapitels sagten — den Gedankengang entwickeln, zu dem das Stichwort nur den Anstoß gegeben hat.

Bei der Rede bleibt uns nicht viel Zeit zu einem geruhsamen Lesen in unserem Konzept. Die kleine Pause beim Sprechen, die einem Absatz beim Lesen eines Buches entspricht, muß uns genügen, das nächste Stichwort aufzufassen. Nur gelegentlich wird es uns der Beifall ermöglichen, diese Pause um einige Sekunden auszudehnen. Auf keinen Fall darf man sich schon beim letzten Satz des einen Stichwortes so sehr auf das Aufsuchen des nächsten konzentrieren, daß man mit seinen Gedanken nicht mehr bei der Sache ist und nur noch der Mund redet. Einen solchen Mangel an Aufmerksamkeit empfindet der Zuhörer besonders dann als störend, wenn die Art der Betonung nicht zu der Wichtigkeit dieses letzten Satzes paßt, weil der Redner an solcher Stelle das sinnwichtigste Wort mit *Tiefton* gesprochen hat. Dann setzt der Beifall zumindest erst mit Verspätung ein, nachdem der Redner schon zum nächsten Gedanken übergegangen ist. Vielleicht bringt sich der Redner durch diese falsche Betonung aber auch selbst um die hörbare Zustimmung seines Publikums.

Schon beim Üben mit unserem Stichwortzettel sollten wir an die zu erwartende Zuhörerschaft denken und sie uns als leibhaftig vor uns sitzend vorstellen: seien es nun Fachleute oder Laien, Freunde unserer Sache oder Gegner, denkgeübte oder einfache Geister. Es hilft übrigens auch, die Vielzahl der ablenkenden Eindrücke bei der Rede zu vermindern, wenn wir uns bei unseren Übungen mit dem Stichwortzettel den Raum vorstellen, in dem wir sprechen werden.

Zuerst werden wir die Rede nur überdenken, d. h. wir werden, vor unserem Stichwortzettel sitzend, meditieren. Aber bald werden wir ein Selbstgespräch führen, die Rede halblaut vor uns hinsprechen. Denn Denken und Sprechen erfordern unterschiedlich viel Zeit: Das Ausformulieren eines Gedankens, so daß ihn ein anderer nachvollziehen kann, dauert erheblich länger als das bloße Denken. Ohne solche Selbstgespräche, in denen wir die Stichworte in Redeabschnitte verwandeln, würden wir uns auch über die Dauer unserer Rede sehr täuschen.

Die Redezeit einzuhalten ist eine Tugend, deren sich jeder Redner befleißigen sollte. Zwar kennen wir nicht den strengen Brauch eines afrikanischen Negerstammes, dessen Redner während ihrer Rede auf einem Bein stehen müssen und denen das Wort entzogen wird, sobald das andere Bein den Boden berührt. Aber für einen Veranstalter ist nichts ärgerlicher, als wenn der Redner die ihm zugebilligte Zeit überschreitet, und nichts ist für die Hörer ermüdender als ein Redner, der nicht in angemessener

Zeit zum Ziele kommt. »Man kann über alles sprechen«, sagt ein beherzigenswertes Scherzwort, »nur nicht über fünf viertel Stunden.«

Es gibt nur wenige Redner, die auf das Üben einer freien Rede in Form eines Selbstgespräches verzichten können. Und ganz wenige, oft geniale Redner, die schon auf eine lange Erfahrung im Reden zurückblicken können, dürfen sogar auf den Stichwortzettel verzichten und sich mit einer bloßen Meditation als Redevorbereitung begnügen. Schleiermacher, der große in Berlin wirkende Theologe aus dem Anfang des vorigen Jahrhunderts, konnte seine Sonntagspredigten mitten in einer Gesellschaft präparieren, indem er sich nur ein paar Minuten abseits stellte und scheinbar gedankenverloren aus dem Fenster sah. Wandte er sich dann der Gesellschaft wieder zu, so stand ihm seine Predigt bereits fest vor Augen.

Auch Claus Harms, ein volkstümlicher Kieler Prediger, verließ sich bei seinen Predigten, wie er sagte, auf den Heiligen Geist. Daß auch eine solche Vorbereitung ernste Arbeit erfordert, bekannte er selbst, als er nach einer schlechten Predigt einmal von einem Spötter gefragt wurde, ob denn der Heilige Geist diesmal nichts zu ihm gesagt habe. »Doch«, antwortete Claus Harms, »er hat gesagt: Claus, du bist faul gewesen.«

Daß diese Art der Predigtvorbereitung auch noch in unseren Tagen vorkommt, habe ich in französischer Kriegsgefangenschaft erlebt, wo in einem riesigen Lager mein Zelt dem der Pastoren benachbart war. Einer von ihnen las zur Vorbereitung seiner Predigt den Text durch, legte sich eine Stunde lang auf sein Lager und blickte gegen das Zeltdach; dann stand er auf, und seine Predigt war fertig. Unter den etwa zwanzig Pastoren, die zu beobachten ich dort Gelegenheit hatte, war dieser der einzige, dem die Meditation jede andere Vorbereitung ersetzte. — Mögen wir uns als Redeanfänger — auch nach der Zusammenstellung eines Stichwortzettels — nicht auf sie allein verlassen!

Als Vorübung für die Anlage eines Stichwortzettels ist es
zu empfehlen, aus einer wörtlich vorliegenden Rede nachträglich die Stichworte herauszuziehen, wie sie der Redner benutzt haben könnte. Die in diesem Buch abgedruck-
te Rede über den Bauernverband (S. 164 f.) ist, wie ihr erster Satz zeigt, nur der letzte Teil der ganzen Rede. Den
letzten Absatz hat der Abgeordnete offensichtlich ganz
ohne Konzept gesprochen, weil er erst in diesem Augenblick von der Änderung der Lage erfuhr. Für das übrige
aber könnte auf seinem Zettel Folgendes gestanden haben:

> Bauern*verband*
> Warum? Schuld hat das Ministerium
> Wir wollen Schädigung der *Allgemeinheit* verhindern;
> darum (vergeblich) verhandelt
> 17. Sept. antworten — oder Minister verliert 40 Tsd.
> Stimmen
> *Wir* wollen keine Gegensätze. Aber wer?
> *Polit.* Bauernverband: Minister verspricht Klärung

Ein geübter Redner wird sicherlich mit noch weniger Notizen auskommen. Vor allem sollte er auf einem Stichwortzettel, der ja von ihm selbst aufgestellt ist und nur für
ihn verständlich sein muß, vollständige Sätze vermeiden,
weil sie ihn in der freien Formulierung beengen. Wenn er
gern mit hinweisenden Strichen und Pfeilen arbeitet,
könnte sein Zettel auch so aussehen:

> Bauernverband
>
> Ministerium ungeschickt
> Bauerntum ← Schädigung → Allgemeinheit
> ~~Verhandlungen~~
> 17. Sept.!
> Jetzt Gegensätze beseitigen
> Politischer Bauernverband

Als nächsten Schritt, bevor wir uns an ein eigenes Redethema wagen, wollen wir eine Rede erarbeiten, für die uns
der Stichwortzettel schon vorliegt. (S. Muster auf der
nächsten Seite. Bei diesem Muster ist allerdings zu bedenken, daß es für jeden Leser dieses Buches verständlich
sein soll. Darum sind die einzelnen Stichworte ausführlicher formuliert, als wenn sie der Redner nur für sich selbst
entworfen hätte. Vollständige Sätze auf einem Stichwortzettel verleiten oft dazu, daß man sie beim Reden einfach
übernimmt und vorliest, statt ihren Gedankengehalt als
Grundstock für mehrere neue Sätze zu verwenden.) Sie
könnte als Einführung zu einem Kursus in Sprech- und
Redeschulung gehalten werden. Die Stichworte sollten zu
einer fünf bis zehn Minuten langen Rede benutzt werden.
Ein geübter Redner wird nach diesem Zettel selbst eine
halbe Stunde sprechen können.

Dabei kann man sich, von Mal zu Mal wechselnd, verschiedene Auditorien vorstellen: einen Lehrgang in der
Volkshochschule, vor den Ingenieuren eines Industriebetriebes, vor Angehörigen des »Middle-Managements«,
vor Jugendleitern usw. Je nachdem wird man die Rede auf
die Bedürfnisse der Zuhörer und auf ihre Denkebene einstellen. Die Beispiele, der Stil und hier und da auch das
Schwergewicht werden verschieden sein, das Ziel und der
Zwecksatz, der — unausgesprochen — über der Rede
steht, bleiben sich gleich. Doch **stets** muß die betreffende
Zuhörerschaft hinreichend motiviert werden. Die in Anführungsstriche gesetzten Wörter erfordern bei der Rede
eine genauere Begriffsbestimmung.

Ein Stichwortzettel trägt ganz das Gepräge seines Verfassers, der ja normalerweise zugleich der Redner ist. Es
schadet also nichts, wenn jemand anders zur selben Gelegenheit und zum selben Zwecksatz einen ganz anderen
Stichwortzettel schriebe, wenn er nur überzeugende Gedanken enthält, die den Redner in der gegebenen Zeit
zum Ziele führen. Doch selbst nach dem hier abgedruck-

ten Stichwortzettel wird jeder, der ihn geistig genügend durchdrungen hat, ein eigenes Wortkleid finden. Ja sogar ein und derselbe Redner wird an verschiedenen Tagen und vor einer neuen Zuhörerschaft seiner Rede eine mehr oder weniger abweichende Form geben. Und gerade das ist es ja, was die freie Rede für den Redner so abwechslungsreich und immer wieder anziehend macht, wodurch die Hörer jedesmal mit Recht den Eindruck einer original für diesen Zweck gehaltenen Rede bekommen.

Stichwortzettel

»Lernen Sie richtig sprechen und reden!«

A	Ist sprechen und reden lernen für uns nötig?
	Sprache = Verständigung. Reden = Wirken!
nötig?	Jetzt »an-sprechend« reden lernen

B 1	Wo gelernt? »Muttersprache«
	Schule? Viel mehr Schreiben geübt
Schule	Sprache als Rede und »Schreibe« (F. Th. Vischer)
	Folgen: Papierdeutsch — Redehemmungen — auswendig gelernte oder abgelesene Reden

---

2	Lücke in unserer Schulbildung. Wie ausfüllen?
	Bücher? Nur technische Hilfe
	Nicht in Schnellkursen Fassaden bauen,
Abhilfe	sondern: kleine Gruppen unter Fachmann
	Selber reden! Kritik — Selbstkontrolle durch Tonband und Videorecorder
	Durch »Sprecherziehung« Grundlagen schaffen: Atem, Stimme, Laute (»Hochlautung«) ▷

| 3 | Ziel: Stimmhygienisch und wirkungsvoll |
| **Ziel** | »frei reden« (nicht = »Stegreifrede«) |

C	»Rede als Kunst«? (M. Dessoir u. a.) Ausrede!
	Durch richtige Unterweisung lehrbar
»Kunst«	(Sachkenntnis vorausgesetzt)
	Hauptsache: viel planvolle **Übung**

VI. Das Bild des Redners

Wer einen Vortrag besucht, *hört* nicht nur etwas, wie wenn er den Vortrag im Radio hörte, sondern er nimmt auch ein Bild des Vortragenden auf. Dabei ist das »Bild des Redners« in doppelter Weise zu verstehen: Der Zuhörer sieht den Menschen, wie er das Podium besteigt, wie er sich bewegt, wie er gekleidet ist, wie er seine Aufmerksamkeit zwischen Manuskript und Zuhörern verteilt. Gleichzeitig aber prägt sich dem Zuhörer auch ein Bild der **Persönlichkeit** des Redners ein.

Die Psychologie hat erkannt, daß nicht nur die Schrift ein Spiegel des Wesens eines Menschen ist, sondern auch alle anderen Äußerungsformen des Menschen: seine Haltung, sein Gang, seine Gebärden, seine Mimik und sein Lachen. Bei einer Rede oder einem Vortrag wirkt dies alles mit auf den Zuhörer, der zugleich »Zuschauer« ist. Ein Redner wirkt also nicht nur durch seine Worte, sondern durch seine gesamte Persönlichkeit. Der Zuhörer hat auch meist ein feines Gefühl dafür, ob der Redner hinter seinen Worten steht oder ob sie nur »aufgesetzt« sind. Überzeugen können wird nur derjenige, dessen Rede aus seinem Herzen quillt; ein anderer wird seine Zuhörer höchstens überreden können.

Hier erkennen wir die Gefahr des Rednertums und aller Redeschulung: Jedermann kann mit Fleiß und gutem Willen die »Technik« der Rede erlernen, den Weg zum richtigen Sprechen und Reden können wir uns weisen lassen; aber ob die Rede dann zu Herzen geht, ob der Hörer spürt, daß ein guter Mensch hinter den Worten steht, dessen Führung er sich anvertrauen darf, oder ob die Rede als Geschwätz empfunden wird oder gar als Demagogie — das ist keine Sache des Lernens, sondern der Persönlichkeit. Schon Quintilian, der römische Lehrer der Beredsamkeit, ermahnte seine Schüler mit dem Wort: *»Nemo orator nisi vir bonus«* (Nur ein guter Mensch sei ein Redner). Die Arbeit an seiner Persönlichkeit ist dem Redner also als eine ständige Verpflichtung aufgegeben.

Nun haben wir anfangs gesagt, daß auch viele scheinbare **Äußerlichkeiten** zum Erfolg oder Mißerfolg einer Rede beitragen. Wenn ein Redner sich etwa mit Gepolter von seinem Platz erhebt, sich auf dem Weg zum Podium die Krawatte zurechtzerrt, auf den Stufen zum Podium stolpert oder aber, zwei Stufen auf einmal nehmend, hinaufstürzt, beim Gang über die Bühne sein Auditorium ängstlich oder verlegen grinsend mustert, am Rednerpult umständlich seine Manuskripte ordnet, wobei sie ihm vielleicht noch herunterfallen und er hinter dem Rednerpult »Versteck spielt«, um sie wieder aufzusammeln, und wenn er dann endlich mit lautem Räuspern zu reden anhebt — ja, dann kann er von seinem Publikum schon gerichtet sein, bevor er auch nur einen Satz gesprochen hat. Als Redner ist man zwar von seinem Thema gefesselt und darum geneigt, solche Äußerlichkeiten geringzuschätzen, die Zuhörer aber denken anders. Sie wissen ja noch nichts von den Gedanken, die der Redner äußern will, sie kennen auch vielleicht den Redner noch nicht, und die Dinge, die ich eben geschildert habe, bilden ihren ersten Eindruck. Jedermann aber weiß, wie entscheidend und schwer korrigierbar der erste Eindruck ist.

Auch während der Rede besteht das Publikum nicht nur aus Zuhörern, sondern zugleich aus Zuschauern. So prägt sich zunächst einmal die **Kleidung** des Redners ein. Nicht ohne Grund traten früher die Redner im Cut auf. Er war gewissermaßen die »Uniform« des Redners und als solche unauffällig, zugleich aber elegant und seriös. Der Bundestagspräsident trägt ihn übrigens heute noch. Sonst aber ist nur noch das Prinzip geblieben:

Der Redner zeige eine unauffällige Eleganz in seiner Kleidung.

Er meide modische Extravaganzen ebenso wie jegliche Nachlässigkeit. Ein Redner, der meint, seine Unbekümmertheit gegenüber allen Konventionen durch offenen Hemdkragen und fehlende Krawatte oder durch einen aus der äußeren Brusttasche heraussehenden Kugelschreiber dokumentieren zu müssen, täuscht sich gewaltig: Was einem einzelnen unter den Zuhörern erlaubt sein mag, muß sich der Redner versagen, wenn er nicht die Aufmerksamkeit seines Publikums von seiner Rede ab- und auf diese störenden Dinge hinlenken will. Er mindert vielleicht sogar die Aufgeschlossenheit seiner Zuhörer, wenn sich in ihnen das unbewußte Gefühl einstellt: »Für uns glaubt der Redner es wohl nicht nötig zu haben, gepflegt aufzutreten.« Das Ergebnis einer Umfrage des Research Institute of America sollte uns immerhin zu denken geben: Über die Hälfte der Befragten erklärten, daß ihre Bereitschaft, einem Verkäufer zuzuhören, wesentlich von seiner Kleidung beeinflußt werde. Und fast die Hälfte sagte, daß sie das angebotene Produkt überwiegend nach Auftreten und Aussehen des Verkäufers beurteilen würden.

Eine gute Regel für den Redner ist die, sich um einen Grad sorgfältiger zu kleiden als seine Zuhörer. Tritt eine Dame als Redner auf, so ist die Unauffälligkeit ihrer Eleganz besonders wichtig. Sie wird in der Regel ein schwarzes Kostüm wählen, während ihr männlicher Kollege oft mit einem dunkelblauen Anzug das Richtige trifft. Bei mehreren Vorträgen vor derselben Zuhörerschaft kann er später zu einem helleren übergehen.

Für die **Körperhaltung** beim Reden gilt es, ein gesundes Mittelmaß zwischen ängstlicher Verkrampfung und zu großer Nonchalance zu finden. Der Redner muß ruhig stehen, aber nicht steif, sondern locker. Wer fortwährend von einem Fuß auf den andern tritt oder gar im Auf- und Abgehen doziert, bringt sich um die ruhige Sammlung, die sich vom Redner auf die Hörer übertragen muß. Den Übergang zu einem neuen Gedanken aber sollte der Redner auch durch einen Wechsel seiner Stellung am Rednerpult unterstreichen. Die Kontrolle durch einen Videorecorder wird gerade auf diesem Gebiet manchen zu einer unerwarteten Selbsterkenntnis bringen.

Wem anfangs die natürliche Lockerheit fehlt — was sich meist in einer harten, oft auch stockenden Sprechweise bemerkbar macht —, der möge in Gedanken — aber nur da! — die Hände in die Taschen stecken. Die Vorstellung einer so lässigen Haltung wird sich für ihn dann vorteilhaft auswirken. Selbstverständlich haben die Hände weder in den Taschen noch in den Hüften oder in den Ärmellöchern der Weste etwas zu suchen. Sich mit beiden Armen aufs Pult zu legen oder sich mit den Händen am Mikrophon festzuhalten, macht sicherlich keinen besseren Eindruck. Von unserem ersten Bundespräsidenten sagt man, er habe selbst im Frack gar zu gern die Hände in die Hosentaschen gesteckt, bis seine Frau ihm durch zwei von außen unsichtbare Reißverschlüsse, die sie an den Taschen anbringen ließ, einen diskreten Mahner schuf.

Mit diesen Mißbilligungen bleibt aber die oft gestellte Frage bestehen: Wohin mit den **Händen**? — Steht man frei, d.h. ohne Rednerpult oder dergleichen, vor seinem Publikum, so mag man wohl das Gefühl haben, die Arme würden immer länger und man wüßte nicht mehr, wohin mit den Händen. Aus dieser Verlegenheit kommen meistens die eben genannten Fehlhaltungen zustande. Die natürlichste Haltung ist immer die beste: Wenn man die Arme einfach herunterhängen läßt, wird niemandem die Haltung auch nur zum Bewußtsein kommen. Jede andere, wenn sie zu häufig eingenommen wird, wirkt als Pose, selbst eine zunächst unauffällige wie die, wenn man mit der einen Hand das andere Handgelenk umfaßt und die Arme vor dem Körper herunterhängen läßt. Sehr viel leichter ist es für den Redner, wenn er ein Rednerpult, einen Tisch oder wenigstens einen Stuhl vor sich hat, dessen Lehne ihm zugekehrt ist. Hier hat er stets die Möglichkeit, gelegentlich die eine Hand leicht aufzulegen, ohne daß er sich mit seinem ganzen Körpergewicht darauf stützen sollte.

Für den Kontakt zu den Hörern ist es übrigens besser, wenn man auf ein **Rednerpult** verzichtet, das den größten Teil des Redners verdeckt. Bedarf der Redner nur eines Stichwortzettels, so wird er immer Gelegenheit finden, ihn auf dem Tisch oder Stuhl vor oder neben sich abzulegen. Ein verstellbares Rednerpult, das der Körpergröße der verschiedenen Redner befriedigend angepaßt werden kann, ist leider nur selten vorhanden. (Im Deutschen Bundestag wird seit 1975 der Sockel hinter dem Rednerpult elektrisch bewegt. Bis dahin mußte ein Saaldiener das Rednerpult mit einer seitlich angebrachten Kurbel hinauf- oder herunterschrauben, wodurch störende Geräusche entstanden, die durch das Mikrophon noch verstärkt wurden.) — Bei keinem Rednerpult sollte am unteren Ende der schrägen Pultfläche eine sogenannte Fangleiste fehlen, die das peinliche Herunterrutschen des Manuskripts verhindert.

Doch zurück zur Haltung der Arme und Hände! Wir haben bisher nur von der Ruhehaltung gesprochen, nicht jedoch von den Bewegungen der Arme, die — freilich mehr bei der Rede als beim Vortrag — der Unterstreichung eines gerade geäußerten Gedankens dienen sollen. Grundsätzlich wird man sich davor hüten müssen, zuviel des Guten zu tun. Man kann sich durch den Versuch leicht davon überzeugen, wie lächerlich alle **Gesten** wirken, wenn der Redner dabei nicht sein Publikum, sondern sein Manuskript ansieht. Zu jeder Geste gehört also der Augenkontakt mit den Zuhörern. Hinzu kommt der Grundsatz:

Keine Geste, wenn man nicht spricht.

Der Ungeübte versucht oft, das ihm im Augenblick fehlende Wort durch eine Handbewegung zu ersetzen, weil ihn die Verlegenheitspause zu dieser Äußerung anderer Art drängt.

Es gibt keine feststehenden Gesten, die man lehren und wie gymnastische Bewegungen einüben könnte; denn jede

Bewegung des Körpers beim Reden muß aus der Persönlichkeit des Redners fließen. Merkt man ihr an, daß sie unecht und einstudiert ist, so verfehlt sie ihre Wirkung völlig.

Dennoch können wir wie ein guter Gärtner das Wachstum hier und da in die rechten Bahnen lenken. Redeanfängern muß man oft erst Mut machen, überhaupt zu gestikulieren. Ein überzeugend gesprochener Satz verlangt oft geradezu nach einer unterstreichenden Handbewegung, und diese wieder gibt dem Satz noch mehr Schwung und Kraft. So wirkt eins auf das andere stimulierend.

Andere Redebeflissene dagegen neigen zu gar zu vielen Gesten, die dann aber selten gezielt und bis zum Ende durchgeführt werden. Und das ist eine Grundregel beim Gestikulieren: Eine Geste muß aus dem Inhalt der Rede begründet sein und dann *ganz* durchgeführt werden. Die Bewegung darf weder mittendrin stehenbleiben noch mit zu geringer Energie angesetzt werden, d. h. sie darf nicht aus dem Ellenbogen kommen, sondern aus dem Schultergelenk; sonst wirkt sie ängstlich, befangen und linkisch. Übrigens sollte man nicht vergessen, daß man zum Gestikulieren *zwei* Arme zur Verfügung hat. Wenn man sie auch nur gelegentlich gleichzeitig benutzen wird, so sollte man doch nicht ständig mit derselben Hand agieren, während die andere tatenlos herunterhängt.

Das Gebiet der Gestik und der Mimik beim Reden entzieht sich naturgemäß am stärksten der schriftlichen Darstellung. Es ist in seiner Bedeutung für die unterschwellige Wirkung einer Rede bisher kaum erforscht worden. Der vor allem in den USA seit den 50er Jahren entwickelte Wissenschaftszweig der »Kinesik« hat sich die Deutung der »Körpersprache« zum Gegenstand gewählt. Der Einsatz von Videorecordern wird auch hier Forschung und Lehre weiterhelfen. Ergänzende Hinweise im Redekursus sind in jedem Falle unumgänglich; nur lassen sich die Teilnehmer mit der Wiedergabe von Videobandaufzeichnungen ihrer Reden sehr viel leichter überzeugen.

Zur **Mimik** gehört in erster Linie ein freundliches Gesicht, das man seinen Zuhörern zuwendet. Das sind nun freilich gleich zwei Forderungen, die sehr vielen Rednern, sogar geübten, gänzlich unbekannt sind. Dabei ist es doch eigentlich kaum mehr als selbstverständlich, daß der Redner den Menschen, die extra zu ihm und in seinen Vortrag kommen, ein freundliches Gesicht zeigt.

Bei einem großen Publikum, dessen Gesichter der Redner kaum noch unterscheiden kann, ist es freilich nicht ganz leicht. Und darum hatte es sich ein großer amerikanischer Zauberkünstler zur Regel gesetzt, sich immer vor dem Aufgehen des Vorhangs einen Augenblick lang auf den Gedanken zu konzentrieren: »Mein liebes, liebes Publikum!« Mit dieser *inneren* Einstellung, von der das Lächeln nur der äußerlich wahrnehmbare Ausdruck ist, betrat er dann die Bühne. Selbst wenig aufgeschlossene Zuhörer lassen sich durch ein offenes, herzliches Lächeln — das natürlich nicht zu einer grinsenden Maske erstarren darf — allmählich gefangennehmen.

Ähnlich bekennt der Pianist Arthur Rubinstein am Ende seines langen Lebens, mit welchen Gedanken er stets das Podium betrat: »Ich bin dankbar, ich bin gerührt, daß sie alle gekommen sind, die Plätze einzunehmen, Geld dafür zu bezahlen und mir armem Kerl zwei Stunden zuzuhören. Mit diesem Gefühl ist von mir eine Liebe zum Publikum ausgegangen, die das Publikum sofort mitfühlt.«

Und damit berühren wir die zweite der beiden genannten Forderungen: Der Redner muß den **Hörer ansehen**; nicht immer einen und denselben natürlich, im Gegenteil: Jeder Zuhörer muß das Gefühl haben, daß der Redner persönlich zu ihm spricht. Auf keinen Fall darf der Redner seine Gedanken »von der Zimmerdecke« holen, während des Sprechens aus dem Fenster sehen, als ob ihn sein eigener Vortrag langweile, oder »über die Köpfe der Hörer hinwegsprechen« zur gegenüberliegenden Wand des Saales.

Dem Blick der vielen Zuhörer standzuhalten ist für den Redeneuling keine leichte Aufgabe. Aber er muß sich von Anfang an daran gewöhnen, wenn er nicht nur seinen Text abhaspeln, sondern in eine »Unterhaltung« mit seinen Hörern eintreten will (auch wenn die Unterhaltung scheinbar von ihm allein bestritten wird).

Der Augenkontakt mit den Hörern wirkt sich auch auf den Ton der Rede aus: Soll die Rede sie berühren, so muß er auf die Hörer gerichtet sein und sie in den Dialog einbeziehen. Selbst wenn der Redner seinem Publikum einmal den Rücken zuwenden muß (um bei Schaubildern, an der Wandtafel oder bei einem Diavortrag auf etwas hinzuweisen), darf er den Kontakt mit seinen Zuhörern nicht verlieren. Der Ton muß ihnen zugewandt bleiben, sonst wird die Rede wirklich zu einem *Monolog*. Wie solch ein »gerichteter Ton« klingt, können Sie deutlich hören, wenn Sie eine Mutter beobachten, die gerade ihr kleines Kind ins Bett gebracht hat und es nun zur Ruhe bringen will. Hier beherrscht der Wunsch nach intensiver Kommunikation völlig die Aussage.

Je kleiner der Vortragsraum ist, desto mehr wird das Publikum auf jede Stirnfalte, auf jedes Heben der Augenbrauen oder ein Herunterziehen der Mundwinkel achten. Umgekehrt muß auch der Redner solche stummen Äußerungen seiner Zuhörer — das »Feedback« — deuten lernen und sie im Fortgang seiner Rede berücksichtigen. Ganz besonders wichtig ist diese Kunst, die Gedanken und Gefühle seines Gesprächspartners von dessen Gesicht abzulesen, natürlich bei Verhandlungen im kleinsten Kreise.

Oft hat der Redner während seiner Rede einen Kampf mit der »Tücke des Objekts« zu bestehen. Wenn man einige dieser Gefahrenpunkte vorher kennt, kann man ihnen besser begegnen. Da ist zunächst der **Fußboden**, auf dem der Redner steht. Er möge vor der Rede (wenn noch keine Zuhörer im Saal sind) ausprobieren, ob die Bretter knarren und wo gegebenenfalls ein günstigerer Platz für Podium und Mikrophon wäre.

Bei **Lautsprecher**verstärkung muß der Redner unbedingt vorher die Lautstärke, aber auch die Standfestigkeit des Mikrophons prüfen. Übrigens sollte er vor dem Mikrophon seine Stichwortzettel besonders leise handhaben, weil jedes Rascheln, durch das dicht vor ihnen angebrachte Mikrophon übermäßig verstärkt, störend auffällt. Die Zuleitung zum Mikrophon muß so gelegt werden, daß der Redner beim Weg zum Rednerpult nicht darüber stolpern kann. Beim Gastvortrag eines berühmten englischen Historikers verlief das Kabel mitten hinter dem Rednerpult, so daß sich der Gelehrte, um nicht bei seinem Vortrag dauernd darauf zu treten, breitbeinig darüberstellte und jede Bewegung seiner Beine ängstlich vermied.

Auch die **Pultbeleuchtung** kann einem Redner viel Kummer machen, wenn er sie nicht rechtzeitig kontrolliert hat. Er muß sich vorher ansehen, wo sie eingeschaltet wird und ob sie nicht flackert. Bei Lichtbildvorträgen muß er wissen, wie die Saalbeleuchtung bedient wird, und er muß dafür sorgen, daß die Fenster rechtzeitig verdunkelt werden. Bei einem Festvortrag wurde einmal die langsam, aber laut arbeitende Verdunklungsapparatur just in dem Augenblick in Gang gesetzt, als der Redner mit seinen ersten Worten begonnen hatte. — Grundsätzlich darf *hinter* dem Redner kein Licht brennen (was in einem kleineren Raum durch Wandlampen leicht vorkommen kann); denn dadurch werden die Zuschauer geblendet und können das Gesicht und die Mimik des Redners nicht beobachten.

Der Vortrag wendet sich nur an das Ohr des Zuhörers. Die weitaus meisten Menschen nehmen aber durch das Auge leichter auf als durch das Ohr allein. Und am besten lernt man durch Auge und Ohr gleichzeitig. Wo also die Möglichkeit besteht, einen Vortrag — für Reden wird das weniger in Betracht kommen — durch **visuelle Hilfsmittel** zu beleben, sollte man sich diese förderliche Wirkung nicht entgehen lassen. — Als eine vielseitig verwendbare Hilfe bietet sich zunächst die *Wandtafel* an. Die Kunst, auf ihr flott und leserlich zu schreiben — vielleicht sogar mit verschiedenfarbiger Kreide —, will allerdings geübt sein! Die Zeit zum Anschreiben oder -zeichnen muß so bemessen sein, daß die Zuhörer diese winzige Unterbrechung als angenehme Atempause empfinden; keinesfalls darf währenddessen der Kontakt mit den Hörern verlorengehen. Dann ist es schon besser, man beschreibt die Tafel *vorher* und klappt sie erst in dem Augenblick auf, wenn ihr Inhalt gebraucht wird.

Sinngemäß gilt diese Empfehlung auch für Karten, Bilder oder grafische Darstellungen. Sie alle sollten erst dann dem Publikum sichtbar werden, wenn der Redner sie braucht. Sonst lenken sie die Aufmerksamkeit unnötig ab. — Leicht wird der Redner übrigens durch diese Hilfsmittel dazu verführt, sich »mit ihnen zu unterhalten«; d.h. er sieht und spricht sie an, statt mit dem Sprechen so lange zu warten, bis er sein Gesicht wieder seinen Zuhörern zugewandt hat.

Sehr viel praktischer und einfacher zu handhaben als die Wandtafel ist in vielen Fällen die *Flanelltafel.* Das auf der Rückseite mit Schaumgummi versehene Haftpapier in verschiedenen Farben und beliebigem Format wird vorher mit Filzschreiber in vorbildlicher Schrift beschrieben und braucht im gegebenen Augenblick lediglich durch Darüberstreichen an das Flanelltuch geheftet zu werden. Die Blätter lassen sich jederzeit leicht wieder abnehmen und auch neu gruppieren.

Besonders für Zeichnungen und grafische Darstellungen wird die Wandtafel heute mehr und mehr vom *»Tageslichtprojektor«* (Over-Head-Projector, nach der DIN-Norm »Arbeitsprojektor« genannt) abgelöst, in den man vorbereitete Folien einlegt, die aber auch während des Sprechens mit dem Filzschreiber ergänzt werden können, ohne daß man dabei den Hörern den Rücken zuwenden müßte.

Wenn es nötig ist, eine **Anwesenheitsliste** im Saal kursieren zu lassen, möge man dafür die Zeit vor oder nach dem Vortrag wählen. Denn jeder einzelne wird nicht nur abgelenkt, solange er sich einträgt, sondern oft auch dadurch, daß er suchen muß, an wen die Liste nun weiterzugeben sei.

Noch stärkere Störung verursacht die **Kellnerbedienung** im Saal. Wenn irgend möglich, sollte man auch sie für die Zeit des Vortrags unterbinden.

Eine leidige Frage ist das **Rauchen** bei solchen Veranstaltungen. Ein geöffnetes Fenster nützt wenig gegen den Rauch, schadet aber sehr, weil sich die akustischen Verhältnisse und damit die Verstehbarkeit ändern, sobald der Raum nicht mehr völlig abgeschlossen ist. Raucher leiden zwar sehr, wenn sie ein Stündchen auf ihren Genuß verzichten müssen, aber wie es auch viele andere Veranstaltungen gibt, bei denen sie nicht rauchen dürfen — im Theater, im Konzert, in den meisten Kinos, in Kunstausstellungen, im Gottesdienst und sogar in manchen öffentlichen Verkehrsmitteln —, sollte der Redner (oder der Veranstalter) auch während der Rede dafür sorgen, daß die Luft nicht unnötig verschlechtert wird. Der Hinweis gleich zu Beginn der Versammlung auf eine Pause zwischen Referat und Korreferat oder zwischen Rede und Diskussion wird selbst starke Raucher meist trösten.

Als letztes sei die Unsitte des **Wassertrinkens** genannt. Schon vom stimmhygienischen Standpunkt aus ist es nicht ratsam, den durch das Reden erhitzten Mund und Rachen durch kaltes Wasser zu gefährden. Aus unerfindlichen Gründen wird bei solchen Gelegenheiten auch fast immer Mineralwasser benutzt, dessen Kohlensäuregehalt sich beim weiteren Sprechen unangenehm bemerkbar machen kann. Für die Zuschauer wirkt der Anblick des einsam da vorn stehenden Menschen mit dem Glas in der Hand lächerlich, und auch hier fehlt nicht die »Tücke des Objekts«: Ich habe einmal erlebt, wie das leere Glas auf dem leicht schrägen Pult nicht mehr stehen wollte und der Redner es so lange festhalten mußte, bis sich jemand seiner erbarmte und es ihm abnahm.

Kaum je wird ein Redner so viel Selbstironie aufbringen wie der spanische Kulturphilosoph Ortega y Gasset in einem öffentlichen Vortrag, der wegen Überfüllung noch in einen anderen Saal übertragen wurde. Er hob das Glas mit einem leisen »Prost!« gegen seine Zuhörer.

VII. Übungsreden und ihre Kritik

Wie man eine Rede vorbereitet und aufbaut, wie man als Redner das rechte Wort findet und wie man sich bei einer Rede zu verhalten hat — darüber haben wir vieles gehört; aber sind wir damit schon Redner? Nein, das war nur das unerläßliche theoretische Rüstzeug. Jetzt heißt es, planvoll zu üben, damit wir unsere theoretischen Kenntnisse durch praktische Erfahrungen ergänzen. Wie bei allen Fertigkeiten ist auch beim Reden die *Anwendung* des Gelernten das A und O:

> **»Reden lernt man nur durch Reden.«**

Aber worüber sollen wir reden? Wenn wir nicht leere Worte machen, sondern sinnvoll reden wollen, müssen wir unser Thema beherrschen, ja, wir müßten ein Mehrfaches von dem sagen können, was wir in der Regel wirklich sagen. Wir wissen schon: In einem einzigen Vortrag läßt sich keine Sache erschöpfend darstellen.

Gibt es denn Gebiete, auf denen wir so zu Hause sind, daß wir unseren Hörern etwas Neues zu sagen hätten? O gewiß! Jeder von uns hat einen Beruf, und die meisten haben auch ein Hobby. Wenn wir nicht gerade im Kreise von Fachkollegen zusammen sind, haben wir damit unseren Zuhörern das Wissen um ein großes Fachgebiet voraus und dürfen uns darum ungeniert zutrauen, vor unsere Hörer hinzutreten und ihnen etwas darüber zu sagen, selbst wenn der eine oder andere schon einiges davon wissen sollte. Wer könnte denn in einem Vortrag lauter Neuigkeiten bringen? Das wäre sogar unklug, denn einer solchen Überforderung wären unsere Hörer gar nicht gewachsen.

Daß wir durch unseren Beruf oder durch unser Hobby von vornherein der »Fachmann« in unserem Kreise sind, enthebt uns natürlich keineswegs einer gründlichen Vorbereitung, sondern dieses Gefühl soll nur unser Selbstbewußtsein stärken und uns Mut machen zu unseren ersten

Redeversuchen. Später werden wir von selbst auf Dinge stoßen, wie wir *auch* beherrschen und über die zu reden wir uns deswegen zutrauen dürfen.

In welchem Kreise sollten solche Redeübungen stattfinden? Wer eignet sich als Zuhörer dafür? Das ist eine wichtige Frage, denn nicht jeder kann uns mit seiner Kritik weiterhelfen, sondern nur, wer selbst eine rednerische Ausbildung genossen hat und mit uns gemeinsam den Weg zur Vervollkommnung im Reden geht. Wohlwollende gute Bekannte oder Verwandte ohne Sachkenntnisse auf unserem Gebiet können uns allenfalls bei unseren ersten öffentlichen Reden eine seelische Stütze sein, wenn wir in den ersten Minuten unserer Rede gelegentlich in ihr vertrautes und wohlmeinendes Gesicht blicken können. Eine echte Hilfe zur Weiterbildung sind nur Gleichgesinnte.

Wir müssen uns also in einer möglichst kleinen »Arbeitsgemeinschaft« zusammenfinden, in der wir unter Führung eines Fachmannes zur Erkenntnis der guten und der schlechten Seiten einer Rede geführt werden. Unser Prinzip »Reden lernt man nur durch Reden« müssen wir also dahingehend erweitern, daß wir sagen: Auch durch Anhören und Kritisieren anderer lernen wir selbst. Natürlich muß jemand da sein, der uns an unseren Reden und denen anderer immer wieder vor Ohren führt, wodurch diese oder jene Stelle bei den Zuhörern richtig »ankam« und wie eine andere wirkungsvoller hätte gestaltet werden können.

Eine ständige Kontrolle unserer Übungsreden durch Tonbandaufnahmen ist eine nahezu unerläßliche Hilfe. Das Tonband — und noch besser das Videoband — ist ein unbestechlicher Zeuge unserer Redeleistung: Es gibt uns nicht nur — wie ein Stenogramm — unsere Worte wieder, sondern auch ihren Tonfall, die Ausspracheweise und die Pausen, das Videoband dazu noch unsern optischen Eindruck auf die Zuhörer.

In der rednerischen Praxis haben wir aber dieses bequeme Hilfsmittel nicht mehr zur Verfügung. Und darum dürfen wir auf unserem Wege zum erfolgreichen Redner nicht die andere Seite des Redens vergessen: das Zuhören nämlich. Ohne Zuhörer, und zwar aufmerksame Zuhörer, wäre jede Rede von vornherein nutzlos; es gäbe überhaupt keine Redner, wenn nicht andere bereit wären zuzuhören. Selbst ein Monolog wäre sinnlos, wenn nicht einer (in diesem Fall der Redner selbst) zuhörte. In einem Gespräch ist die Tugend aufmerksamen Zuhörens besonders wichtig; denn wie will man sich einigen, wenn nicht einer auf die Worte des anderen achtete und auf sie einginge? In einer Diskussion muß vor allem der Leiter aufpassen, ob der Diskussionsredner stets zur Sache spricht und nicht etwa den Streitpunkt verschiebt.

In der amerikanischen Erwachsenenbildung hat man zur Übung im aufmerksamen Zuhören besondere Kurse eingerichtet. Das klingt zunächst merkwürdig; wer aber einmal versucht hat, z.B. einem Kurzvortrag im Rundfunk aufmerksam zu folgen und den Inhalt anschließend in eigenen Worten knapp, aber getreu wiederzugeben, wird die Schwierigkeiten kennen. In einer Diskussion sollte sich niemand zu Worte melden, der nicht in der Lage wäre, die Grundgedanken seines Vorredners korrekt wiederzugeben. Würde diese Forderung von allen Teilnehmern erfüllt, könnte jede Diskussion von viel unsachlichem Gerede befreit werden.

Ein Redner muß auch **schweigen** können, will er in den Augen seiner Mitmenschen nicht als Vielredner oder als Schwätzer erscheinen. Wem das Schweigen schwerfällt, muß diese Tugend gerade als Redner pflegen. Von einem berühmten Redelehrer der Antike wird berichtet, er habe einmal zwei Schüler aufgenommen, die von ihm in der Kunst der Rede unterwiesen werden wollten. Von dem einen aber — es war ein Schwätzer — verlangte er doppelt soviel Honorar wie vom anderen. Als dieser meinte, er könne doch schon reden und erwarte darum sogar eine geringere Honorarforderung als die übliche, erwiderte der Rhetor: »Im Gegenteil! Dir muß ich erst das Schwatzen abgewöhnen, ehe ich dich im Reden unterweisen kann. Das macht doppelte Mühe.«

Wir haben uns in diesem Kapitel schon darüber geeinigt, daß das Halten von Reden nur der eine Teil unserer Übung ist, der andere besteht aus der **Kritik** dieser Reden. Selbst für erfahrene Redner gilt, daß jede Rede durch Kritik noch verbessert werden kann. Mit Kritik ist natürlich nicht gemeint, daß wir eine Rede mit verletzender Schärfe verreißen oder uns spottend über einen mißlungenen Versuch erheben, sondern wir wollen dem Redner durch eine aufbauende, positive Kritik helfen, sich zu verbessern. Auch die zusammenfassende Kritik einer Übungsrede ist selbst schon wieder eine Redeleistung, und zwar sogar eine Rede aus dem Stegreif. In unserer kleinen Arbeitsgemeinschaft sollte also reihum jeder einmal das Recht zu einer ersten zusammenfassenden Kritik bekommen, und der Leiter sollte erst zum Schluß ergänzend eingreifen. Es ist zweckmäßig, vom Eindruck der Rede als einem Ganzen auszugehen und Einzelheiten zunächst noch zurückzuhalten. Der Kritisierte wird für Verbesserungsvorschläge sehr viel aufgeschlossener sein, wenn sein Kritiker mit dem beginnt, was an der Rede lobenswert war, und irgend etwas Gutes wird über *jede* Rede zu sagen sein. Daß der Kritiker den Redner mit seinem Namen nennt (und nicht so unpersönlich mit »der Redner« oder gar mit »er« bezeichnet), ist eine Frage des Anstandes, die wir hier kaum zu erwähnen brauchen.

Damit die kritisierenden Zuhörer keine der vielen Möglichkeiten, an denen die Kritik anzusetzen hat, außer acht lassen, hat sich eine Zusammenstellung solcher Punkte (wie sie auf der folgenden Seite abgedruckt ist) bewährt. Die Zuhörer brauchen die Zahlen dann nur mit einem Plus- oder einem Minuszeichen zu versehen, um sich damit ein Stichwort für ihre Kritik zu merken.

Auch auf Stilfehler, nichtssagende Phrasen und Lieblingswörter, die in einer längeren Rede bald auffallen und lächerlich wirken, sollte der wohlmeinende Kritiker aufmerksam machen. Außerhalb unserer Kurse wird schwerlich jemand das Recht haben oder den Mut aufbringen, uns auf solche Unschönheiten hinzuweisen, die die Wirkung unserer Worte beeinträchtigen können, weil sie die Aufmerksamkeit des Hörers vom Redeinhalt ablenken.

Zu dieser Kritik durch andere muß sich aber auch eine dauernde kritische Einstellung sich selbst gegenüber gesellen. Ein gewisses Maß an Selbstbewußtsein ist zwar für den Redner unerläßlich, denn seine ruhige Zuversicht trägt dazu bei, daß er und seine Worte glaubhaft werden. Trotzdem muß er stets wachsam gegenüber seinen eigenen rednerischen Schwächen bleiben.

Kritik an Übungsreden

(Positives zuerst nennen!)

Gesamteindruck	1. »Rede«
	2. Zwecksatz
	3. überzeugend
	4. Sprechdenken
	5. Tempo — Pausen
Sprache	6. Atmung
	7. Lautstärke
	8. Hochlautung
	9. Sprachschicht
	10. Sprechstil
	11. Sprechmelodie
	12. Wortschatz
	13. überschaubare Sätze
	14. Satzbrüche
	15. Verbesserungen ▷

Aufbau
16. Gliederung
17. Anrede
18. Einleitung
19. Schluß
20. anschaulich
21. Fragen
22. Humor

Äußeres
23. Augenkontakt
24. Haltung
25. Mimik
26. Gestik
27. Handhabung des Stichwortzettels
28. Redezeit

VIII. Ratschläge für den Redner

An dieser Stelle möchte ich die Ratschläge abdrucken, die
Kurt Tucholsky schon 1930 den Rednern seiner Zeit ans
Herz gelegt hat. Sie haben inzwischen nichts von ihrer
Gültigkeit verloren. Die ironischen »Ratschläge für einen
schlechten Redner« sind nicht nur amüsanter zu lesen,
sondern auch ergiebiger, weil er in ihnen eine Reihe der
häufigsten Redeunarten zusammengestellt hat.

Ratschläge für einen schlechten Redner

Fang nie mit dem Anfang an, sondern immer drei Meilen vor
dem Anfang! Etwa so:
»Meine Damen und meine Herren! Bevor ich zum Thema des
heutigen Abends komme, lassen Sie mich Ihnen kurz ...«
Hier hast du schon so ziemlich alles, was einen schönen Anfang
ausmacht: eine steife Anrede; der Anfang vor dem Anfang; die
Ankündigung, daß und was du zu sprechen beabsichtigst, und
das Wörtchen kurz. So gewinnst du im Nu die Herzen und die
Ohren der Zuhörer.
Denn das hat der Zuhörer gern: daß er deine Rede wie ein
schweres Schulpensum aufbekommt; daß du mit dem drohst,
was du sagen wirst, sagst und schon gesagt hast. Immer schön
umständlich. Sprich nicht frei — das macht einen so unruhigen
Eindruck. Am besten ist es: du liest deine Rede ab. Das ist sicher, zuverlässig, auch freut es jedermann, wenn der lesende
Redner nach jedem vierten Satz mißtrauisch hochblickt, ob auch
noch alle da sind. Wenn du gar nicht hören kannst, was man dir
so freundlich rät, und du willst durchaus und durchum frei sprechen ... du Laie! Du lächerlicher Cicero! Nimm dir doch ein Beispiel an unsern professionellen Rednern, an den Reichstagsab-
geordneten — hast du die schon mal frei sprechen hören? Die
schreiben sich sicherlich zu Hause auf, wann sie »Hört! hört!«
rufen ... ja, also wenn du denn frei sprechen mußt:
Sprich, wie du schreibst. Und ich weiß, wie du schreibst.
Sprich mit langen, langen Sätzen — solchen, bei denen du, der
du dich zu Hause, wo du ja die Ruhe, deren du so sehr benötigst,
deiner Kinder ungeachtet, hast, vorbereitest, genau weißt, wie
das Ende ist, die Nebensätze schön ineinandergeschachtelt, so

daß der Hörer, ungeduldig auf seinem Sitz hin und her träumend, sich in einem Kolleg wähnend, in dem er früher so gern geschlummert hat, auf das Ende solcher Periode wartet ... nun, ich habe dir eben ein Beispiel gegeben. So mußt du sprechen.

Fang immer bei den alten Römern an und gib stets, wovon du auch sprichst, die geschichtlichen Hintergründe der Sache. Das ist nicht nur deutsch — das tun alle Brillenmenschen. Ich habe einmal in der Sorbonne einen chinesischen Studenten sprechen hören, der sprach glatt und gut französisch, aber er begann zu allgemeiner Freude so: »Lassen Sie mich Ihnen in aller Kürze die Entwicklungsgeschichte meiner chinesischen Heimat seit dem Jahre 2000 vor Christi Geburt ...« Er blickte ganz erstaunt auf, weil die Leute so lachten. So mußt du das auch machen. Du hast ganz recht: man versteht es ja sonst nicht, wer kann denn das alles verstehen, ohne die geschichtlichen Hintergründe ... sehr richtig! Die Leute sind doch nicht in deinen Vortrag gekommen, um lebendiges Leben zu hören, sondern das, was sie auch in den Büchern nachschlagen können ... sehr richtig! Immer gib ihm Historie, immer gib ihm.

Kümmere dich nicht darum, ob die Wellen, die von dir ins Publikum laufen, auch zurückkommen — das sind Kinkerlitzchen. Sprich unbekümmert um die Wirkung, um die Leute, um die Luft im Saale; immer sprich, mein Guter. Gott wird es dir lohnen.

Du mußt alles in die Nebensätze legen. Sag nie: »Die Steuern sind zu hoch.« Das ist zu einfach. Sag: »Ich möchte zu dem, was ich soeben gesagt habe, noch kurz bemerken, daß mir die Steuern bei weitem ...« So heißt das.

Trink den Leuten ab und zu ein Glas Wasser vor — man sieht das gern. Wenn du einen Witz machst, lach vorher, damit man weiß, wo die Pointe ist.

Eine Rede ist, wie könnte es anders sein, ein Monolog. Weil doch nur einer spricht. Du brauchst auch nach vierzehn Jahren öffentlicher Rednerei noch nicht zu wissen, daß eine Rede nicht nur ein Dialog, sondern ein Orchesterstück ist: eine stumme Masse spricht nämlich ununterbrochen mit. Und das mußt du hören. Nein, das brauchst du nicht zu hören. Sprich nur, lies nur, donnere nur, geschichtele nur.

Zu dem, was ich soeben über die Technik der Rede gesagt habe, möchte ich noch kurz bemerken, daß viel Statistik eine Rede immer sehr hebt. Das beruhigt ungemein, und da jeder imstande ist, zehn verschiedene Zahlen mühelos zu behalten, so macht das viel Spaß. Kündige den Schluß deiner Rede lange vorher an, damit die Hörer vor Freude nicht einen Schlaganfall bekommen. (Paul Lindau[1]) hat einmal einen dieser gefürchteten Hochzeitstoaste so *angefangen*: »Ich komme zum Schluß.«) Kündige den Schluß an, und dann beginne deine Rede von vorn und rede noch eine halbe Stunde. Dies kann man mehrere Male wiederholen.

Du mußt dir nicht nur eine Disposition machen, du mußt sie den Leuten auch vortragen — das würzt die Rede.

Sprich nie unter anderthalb Stunden, sonst lohnt es gar nicht erst anzufangen.

Wenn einer spricht, müssen die andern zuhören — das ist deine Gelegenheit! Mißbrauche sie.

Ratschläge für einen guten Redner

Hauptsätze. Hauptsätze. Hauptsätze.

Klare Disposition im Kopf — möglichst wenig auf dem Papier.

Tatsachen, oder Appell an das Gefühl. Schleuder oder Harfe.

Ein Redner sei kein Lexikon. Das haben die Leute zu Hause.

Der Ton einer einzelnen Sprechstimme ermüdet; sprich nie länger als vierzig Minuten. Suche keine Effekte zu erzielen, die nicht in deinem Wesen liegen. Ein Podium ist eine unbarmherzige Sache — da steht der Mensch nackter als im Sonnenbad.

Merk Otto Brahms[2] Spruch: Wat jestrichen is, kann nich durchfalln.

---

1) Heute vergessener Modeschriftsteller der zweiten Hälfte des vorigen Jahrhunderts.
2) Um die Jahrhundertwende der bedeutende Leiter des Deutschen Theaters in Berlin.

Quellenhinweise

Gottfried Benn, »Einsamer nie« (S. 147): aus Gottfried Benn, »Statische Gedichte«, Arche Bücherei 190/191, Verlag der Arche Peter Schifferli, Zürich.

Rudolf G. Binding, »Der Opfergang« (S. 153): aus Rudolf G. Binding, »Die Geige«, vier Novellen, Verlag C. Bertelsmann, Gütersloh

Thomas Mann, »Die Betrogene« (S. 154): aus Thomas Mann, sämtliche Erzählungen, S. Fischer Verlag, Frankfurt/Main, 1963

Thomas Mann, Felix Krull, S. Fischer Verlag, Frankfurt/M. 1954

Siegfried Lenz, »Lehmanns Erzählungen — oder So schön war mein Markt« (S. 155): aus Siegfried Lenz, »Lehmanns Erzählungen — oder So schön war mein Markt, aus den Bekenntnissen eines Schwarzhändlers«, Hoffmann und Campe Verlag, Hamburg 1964

Rainer Maria Rilke, »Brief aus Paris« (S. 157): aus Rainer Maria Rilke, »Brief aus Paris«, Insel-Verlag, Frankfurt/Main

Wolfgang Borchert, »Das Brot« (S. 159): aus Wolfgang Borchert, Das Gesamtwerk, Rowohlt Verlag GmbH, Hamburg 1949

Carl Friedrich von Weizsäcker, »Gedanken über die Zukunft des technischen Zeitalters« (S. 165): aus Carl Friedrich von Weizsäcker, »Gedanken über unsere Zukunft«, Vandenhoeck & Ruprecht, 3. Auflage 1968 (Kleine Vandenhoeckreihe 246)

Günter Stegner, »Geld als Wertausdrucksmittel« (S. 167): aus »Grundriß der Volkswirtschaftslehre«, herausgegeben von Heinz Frisch u.a., Band 1, Verlag Dr. Max Gehlen, Bad Homburg 1972

Gregor von Rezzori, aus »Idiotenführer durch die Deutsche Gesellschaft« © Rowohlt Verlag GmbH, Reinbek 1962

Pieter Breughel der Ältere, »Blinde von einem Blinden geführt« (S. 216): Aus Wilhelm Hausenstein, »Begegnungen mit Bildern«, R. Piper & Co. Verlag, München, 1954

»Was für Menschen, diese Artisten …« (S. 228): aus Thomas Mann, »Bekenntnisse des Hochstaplers Felix Krull«, Copyright by Querido Verlag N. V., Amsterdam, 1937

»Wir müssen uns überlegen, wieweit das Elternrecht …« (S. 231): aus H. Iwand in: Maria Meyer-Sevenich, »Elternrecht und Kindesrecht«, Sozialismus heute, Heft 1/2, Europäische Verlagsanstalt GmbH, Frankfurt/Main

»Ratschläge für einen schlechten Redner« und »Ratschläge für einen guten Redner« (S. 279): aus Kurt Tucholsky, »Gesammelte Werke«, Band III, Seite 600 Rowohlt Verlag GmbH, Reinbek 1961

Die auszugsweisen Abdrucke erfolgten mit freundlicher Genehmigung der genannten Verlage.

KOMPAKTWISSEN

Programmänderungen vorbehalten.

**Wilhelm Heyne Verlag
München**